学前教育专业新形态系列教材

U0740635

学前儿童
社会教育与活动指导

第2版

卢红青 李存兰 ◎ 主编

人民邮电出版社

北　京

图书在版编目（CIP）数据

学前儿童社会教育与活动指导 / 卢红青，李存兰主编. -- 2版. -- 北京：人民邮电出版社，2024.1
学前教育专业新形态系列教材
ISBN 978-7-115-63491-7

Ⅰ. ①学… Ⅱ. ①卢… ②李… Ⅲ. ①学前儿童－社会教育－高等学校－教材 Ⅳ. ①G610

中国国家版本馆CIP数据核字（2023）第254294号

内 容 提 要

本书从学前教育专业课程改革的实际情况出发，依据《幼儿园教育指导纲要（试行）》和《3—6岁儿童学习与发展指南》编写，将理论与实践并举，旨在培养幼教工作者在学前儿童社会教育领域的专业能力与职业素养。

本书共10章，主要内容包括学前儿童社会教育概述、学前儿童自我意识的发展与教育、学前儿童社会认知发展与社会行为规范教育、学前儿童情绪情感的发展与归属感教育、学前儿童人际关系的发展与教育、学前儿童道德发展与教育、学前儿童社会适应与安全教育、学前儿童多元文化与民族团结教育、学前儿童社会问题行为与特殊教育，以及学前儿童社会教育评价。

本书既适合作为职业院校及幼儿师范类院校学前教育专业相关课程的教材，也可以作为广大幼儿园和其他幼教机构一线教师继续教育和进修的参考书。

♦ 主　　编　卢红青　李存兰
　　责任编辑　楼雪樵
　　责任印制　王　郁　彭志环
♦ 人民邮电出版社出版发行　　　　北京市丰台区成寿寺路11号
　　邮编　100164　电子邮件　315@ptpress.com.cn
　　网址　https://www.ptpress.com.cn
　　三河市中晟雅豪印务有限公司印刷
♦ 开本：787×1092　1/16
　　印张：13.75　　　　　　　　　　2024年1月第2版
　　字数：377千字　　　　　　　　　2024年1月河北第1次印刷

定价：49.80元

读者服务热线：(010)81055256　印装质量热线：(010)81055316
反盗版热线：(010)81055315
广告经营许可证：京东市监广登字20170147号

党的二十大报告提出："培养什么人、怎样培养人、为谁培养人是教育的根本问题。育人的根本在于立德。全面贯彻党的教育方针，落实立德树人根本任务，培养德智体美劳全面发展的社会主义建设者和接班人。"学前教育是启蒙教育，学前教育对于孩子的社会性、性格品质、思维认知等的发展具有重要意义。

学前儿童社会教育是指通过各种途径和渠道，引导学前儿童了解社会和人际关系，掌握社交技能和相应的社会行为准则，培养良好的人际关系和合作意识，提高社会适应能力和生活素养。

学前儿童社会教育教学活动设计与实施的质量直接影响学前儿童对自己、对他人、对社会的认识程度。幼教工作者只有系统地掌握学前儿童社会性发展的规律，明确学前儿童社会教育的主要内容，懂得采用多元化的教育教学策略，才能帮助学前儿童获得丰富的社会生活经验，树立正确的人生观和价值观，从而使其社会性获得良好的发展。

本书立足实践，以应用为导向，以学前儿童的身心发展为中心，旨在指导幼教工作者对学前社会教育课程进行系统的学习，为培养新时代学前儿童成为未来合格的社会公民进行正确的引领。本书遵循学前儿童社会性发展规律和教育教学原则，在第 1 版的基础上对相关内容进行了修订，修订主要体现在以下几个方面。

- 顺应时代发展，融入新教育理念，精选大量真实教学案例进行解读，更加注重理论与教学实践的结合。
- 对部分章节内容进行了增删，新增了归属感教育、民族团结教育、多元文化教育、特殊教育等内容，使知识体系更完善，更符合当前学前教育专业课程的教学要求。
- 扩充了学前社会教育活动案例指导，有助于幼教工作者掌握教育方法，并将其运用到学前社会教育的教学活动设计与实施中。

与第 1 版内容相比，本版内容更加符合学前教育专业课程改革发展的要求，更加突出指导性、示范性和实践性，强调学、做一体化，具有更高的学习和参考价值。

此外，本书还提供了丰富的立体化教学资源，包括 PPT、教案、教学大纲、课程标准、习题答案等，选书教师登录人邮教育社区（www.ryjiaoyu.com）即可下载获取教学资源。

本书由钦州幼儿师范高等专科学校卢红青、曲靖职业技术学院李存兰主编，曲靖职业技术学院张冬妮参与了本书的编写。由于编者水平有限，书中难免存在不足和疏漏之处，恳请广大读者批评指正。

编　者

2023 年 8 月

目录
CONTENTS

01

第一章
学前儿童社会教育概述

知识目标

> ➤ 了解学前儿童社会教育的内容与目标。
> ➤ 了解学前儿童社会教育的意义与原则。
> ➤ 了解学前儿童社会教育实施的途径。
> ➤ 掌握学前儿童社会教育的 3 种方法。
> ➤ 掌握学前儿童社会教育活动的设计。

能力目标

> ➤ 能够使用正确的方法开展学前儿童社会教育活动。
> ➤ 能够按照正确的步骤设计学前儿童社会教育活动。

素养目标

> ➤ 坚定文化自信，让优秀传统文化焕发新时代生机。
> ➤ 树立正确的教育理念，以高度的责任心对待学前教育工作。

　　良好的社会性发展对学前儿童的身心健康和学习能力、智力等方面的发展都有重要的影响。学前儿童在社会领域的学习与发展过程是其不断完善社会性并奠定健全人格基础的过程。幼儿教师要注意学前儿童的生长发育规律及各年龄段的特点，并据此制定相应的学前儿童社会教育活动目标，设计活动内容，综合运用各种社会教育方法，科学、有效地对学前儿童进行社会教育。

第一节　认识学前儿童社会教育

引导案例

　　很多学前儿童经常把衣服穿反，当教师、家长对其进行纠正时，他们常常困惑不解："为什么我那样穿是错的？"因此，某幼儿园举办了主题活动——"我把衣服穿反了"，让小朋友们在每个月的某一天反穿衣服来上学，同时教师也会反穿衣服，他们把这一天称为"衣服反穿日"。当然，教师也不失时机地告诉小朋友们如何不把衣服穿反。

　　此外，这些学前儿童经常分不清鞋子的左右，教师也允许他们穿反左右鞋，然后对其进行指导，使其明白如何不把鞋子穿反。另外，教师还为他们示范如何系鞋带、如何拉拉链等，培养他们的生活自理能力。

　　学前儿童社会教育是儿童全面发展教育的重要组成部分，以发展学前儿童的社会性为目标，以增进学前儿童社会认知、激发学前儿童社会情感、引导学前儿童社会行为、培养学前儿童社会技能为主要内容，旨在促进学前儿童社会化，使其从出生时的自然人逐渐成长为适应社会生活的社会人。

一、学前儿童社会教育的相关概念

　　学前儿童社会教育是一个综合性的、有着丰富内涵的教育概念，它兼具常识性、道德性、生活性与人文性，只有综合理解才能恰当地把握其真正内涵。在充分理解其内涵之前，需要明确以下几个关键概念。

（一）社会性

人的需要是多样的，按照人的发展过程，人的需要可以归为两大类别，即生物性需要与社会性需要。生物性需要即生理性需要，是指保存和维持有机体生命及延续种族的需要，如饮食、运动、休息、睡眠、排泄等需要，也称原发性需要；社会性需要是指与人的社会生活相联系的需要，如工作、交往、认知、审美、成就等需要。

社会性需要是后天习得的，源于人类的社会生活，并因社会生活条件的不同而有所不同。拥有社会性需要是人类与动物的根本区别，人类在不同的发展阶段都要满足这种需要，否则会产生焦虑、痛苦等情绪，长期如此甚至会出现人格障碍。

（二）社会化

人出生时，身上还没有任何人类社会的烙印，只是一个自然的客观存在，这时的人通常被称为"自然人"。自然人生活在社会环境中，与人进行某种形式的交往，学习该社会所认可的行为方式、价值取向等，并把这种行为方式、价值取向等转化为自己的行为准则，使自己逐渐适应周围的社会生活，这个过程叫作社会化。

（三）社会教育

社会教育有广义和狭义之分。广义的社会教育是指旨在有意识地培养人，使人进行有益于身心发展的各种社会活动；狭义的社会教育是指学校和家庭以外的社会文化机构，以及相关的社会团体或组织对社会成员所实施的教育。

（四）学前儿童社会教育

教育部在 2001 年印发了《幼儿园教育指导纲要（试行）》（以下简称《纲要》），在 2012 年印发了《3—6 岁儿童学习与发展指南》（以下简称《指南》），在 2016 年发布了《幼儿园工作规程》（以下简称《规程》），其内容充分体现了国家对学前儿童社会教育的关注与重视。学前儿童社会教育发展至今并没有统一的定义，国内学者只是从各自的研究角度和立场对其概念进行阐释或表述。

1. 从学前儿童社会教育的内容与目标角度

学前儿童社会教育主要是指对学前儿童进行社会认知、社会情感、社会行为等方面的教育，具体是指帮助学前儿童正确地认识自己、他人和社会（社会环境、社会活动、社会规范、社会文化），形成积极的自然情感和社会情感，掌握与同伴、成人交往及与周围环境相互作用的方式，以使其能有效地在社会中生存与发展的教育。

2. 从教育的实施方式与途径角度

学前儿童社会教育是教育者按照社会的价值取向，通过多种实施方式与途径不断向学前儿童施加多方面的教育影响，使其逐渐适应社会环境的过程。

综合以上内容，我们可以将学前儿童社会教育定义为：以社会文明为引导，以学前儿童的社会生活及社会知识为基本内容，在尊重学前儿童生活、遵循其社会性发展规律的基础上，由教育者创设有教育意义的环境与活动等，以此来陶冶学前儿童的性情，使其形成良好的社会认知力、社会情感与品德及行为能力，成长为完整、健康的社会人的教育过程。

二、学前儿童社会教育的内容

学前儿童社会教育的内容是根据学前儿童社会教育的目标选取的，是实现学前儿童社会教育目标的重要载体和保证。学前儿童社会教育的内容分为 4 个方面，即自我意识、人际交往、社会认知和社会文化。

（一）自我意识

自我意识是对自己的认识。学前儿童经常会提出"我是从哪里来的？""为什么我是男孩/女孩？"等问题，他们渴望了解自己，幼儿教师应因势利导，引导他们从各个方面认识自己，逐渐学会客观评价自己，增强其自尊心和自信心。自我意识的引导包括以下几个部分。

其一，帮助学前儿童认识自己的表面特征，了解自己的身体、面貌和喜好等基本特征，包括形成性别认知，例如，让学前儿童懂得"我是女孩，我喜欢玩拼图""我的手很小，妈妈的手很大"等。

其二，让学前儿童认识并接纳自己的优缺点，知道每个人都有优缺点，都会犯错误，犯了错误只要改正就是好孩子。

其三，帮助学前儿童了解自己的情绪反应，并初步学会控制情绪。幼儿教师要让学前儿童知道，人们更喜欢与活泼开朗、文明礼貌的小朋友交往；在遇到事情时，表现出高兴或生气等情绪都是很正常的，但要用合理的方式表达出来；适当地教学前儿童一些简单的调控情绪的方法，如唱歌、运动等。

其四，让学前儿童勇于表达自己的看法和感受，比如遇到不懂的问题要大胆提问。幼儿教师要给学前儿童表达的机会，不能只重视教学而忽略学前儿童主动发展的需要。

其五，使学前儿童初步形成对自己的行为负责的意识。幼儿教师要尝试使学前儿童独自选择活动内容及形式，给予其自主安排活动和选择同伴的机会，使其独立性和自主性得到发展。

（二）人际交往

人际交往既是学前儿童社会教育的内容，也是学前儿童社会性发展的途径，学前儿童在人际交往中获得的积极经验有利于其社会性发展，尤其是自我意识的发展。人际交往的教育包括以下几个部分。

其一，使学前儿童建立与人交往的意愿，学会互助、分享、合作，富有同情心。

其二，培养学前儿童关心、理解、尊重和赞赏他人的品格，让其学习并掌握基本的交往技能。

其三，帮助学前儿童学习协调自己与他人的兴趣的方法，初步了解双方存在不同想法时的解决策略，让其学会与他人友好相处。

（三）社会认知

社会认知主要包括对社会环境、社会道德规范与行为准则的认知。

对社会环境的认知是指学前儿童生活在特定的社会环境下，如家庭、幼儿园、社区及其他公共场所，对其中特定的物质设施、人物关系、职业角色及行为准则的认知。

对社会道德规范与行为准则的认知包括对环保意识、公德意识、文明礼貌用语、文明行为规范及日常卫生习惯等的认知。

社会认知发展的一大特征是能够区分自己与他人观点的不同，进而根据当前或过去的有关信息对他人的观点做出准确推导。

（四）社会文化

社会文化主要是指人类社会中具有稳定的价值取向、行为方式、精神风貌，以多种表现形式呈现的，在发展过程中被创造出来的精神财富与物质财富的总和。在高度开放的当今社会，社会文化呈现出多元化的特征，主要表现为民族文化与世界文化高度融合、共同发展。

幼儿教师要引导学前儿童尊重、热爱民族文化，同时接触和了解世界文化，如图1-1所示。

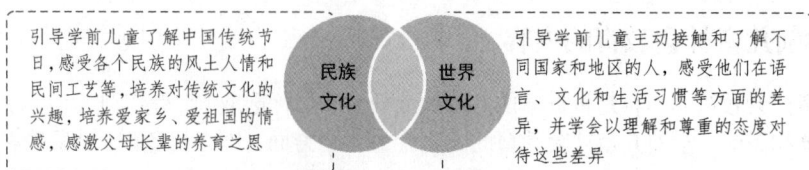

引导学前儿童了解中国传统节日，感受各个民族的风土人情和民间工艺等，培养对传统文化的兴趣，培养爱家乡、爱祖国的情感，感激父母长辈的养育之恩

民族文化　世界文化

引导学前儿童主动接触和了解不同国家和地区的人，感受他们在语言、文化和生活习惯等方面的差异，并学会以理解和尊重的态度对待这些差异

图1-1　引导儿童了解社会文化

三、学前儿童社会教育目标

学前儿童社会教育目标的制定是幼儿教师开展学前儿童社会教育的起点，也是整个学前儿童社会教育课程设计的首要环节。

教育目标规定了教育所要达到的目的、标准，也就是设置教育内容的依据。教育目标必须是科学的。教育目标一经确立，就成为教育内容的纲领，并通过教育内容来体现。

学前儿童社会教育目标是指人们对社会教育活动给学前儿童身心发展带来的变化的标准与要求的预期制定。学前儿童社会教育目标可以从纵向和横向两个角度分析，如图1-2所示。

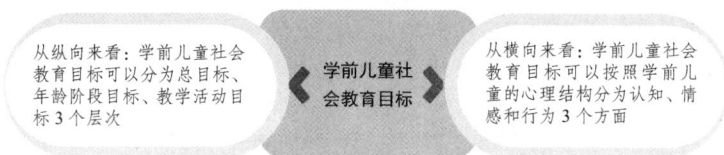

从纵向来看：学前儿童社会教育目标可以分为总目标、年龄阶段目标、教学活动目标3个层次 ◀ **学前儿童社会教育目标** ▶ 从横向来看：学前儿童社会教育目标可以按照学前儿童的心理结构分为认知、情感和行为3个方面

图1-2　学前儿童社会教育目标

当然，学前儿童社会教育目标也可以按照不同的内容板块分为自我意识、人际交往、社会认知、社会文化4个方面。

下面从纵向角度分析学前儿童社会教育的目标。

（一）学前儿童社会教育目标

《纲要》中对于幼儿园对学前儿童社会教育的目标有如下表述。

- 能主动地参与各项活动，有自信心。
- 乐意与人交往，学习互助、合作和分享，有同情心。
- 理解并遵守日常生活中基本的社会行为规则。
- 能努力做好力所能及的事，不怕困难，有初步的责任感。
- 爱父母长辈、老师和同伴，爱集体、爱家乡、爱祖国。

通过对学前儿童社会教育目标的内容进行分析，可以得出学前儿童社会教育有以下几个取向。

1. 价值取向

以学前儿童为本。上文的目标是从学前儿童学习的角度来表述的，如"能主动地参与""乐意与人交往"；将"主动"与"自信"放在幼儿园社会教育目标的第一条，符合学前儿童社会性发展的特点，也符合学前儿童学习自主建构的特点。

2. 目标取向

以学前儿童的情感发展为基础。在《纲要》的这5条目标中，有4条使用了情感属性词：第一条和第四条的"能"体现出目标重在培养学前儿童的行为与态度意愿；第二条的"乐意"与"同情心"、第五条的"爱"都是情感词。相对于知识和技能，情感与态度是更为内在的目标取向，它能为学前儿童一生的发展提供方向与动力。

3. 内容取向

以建构社会关系为维度。学会恰当地处理各类人际关系，是学前儿童成长为一个"人"的基本条件。学前儿童社会教育目标的内容是从各类关系——人与自我、与他人以及与群体和社会的关系展开的。这几类关系构成了学前儿童作为一个人的基本关系类型。

（二）学前儿童社会教育年龄阶段目标

学前儿童社会教育年龄阶段目标是目标在各年龄阶段的具体体现，是目标的具体化，而且不同年龄阶段的目标之间应该是连续与相互衔接的。

1. 小班社会教育目标

小班社会教育目标主要有以下 11 点。

（1）初步了解自己身体主要部位的主要特征和功能，初步懂得自我保护。

（2）知道自己是幼儿园的小朋友，初步萌发独立性，具备最基本的自我控制能力。

（3）逐步熟悉集体生活环境，认识集体中的同伴与成人，初步了解他们与自己的关系，适应集体生活。

（4）保持愉快的情绪，不好哭、不怕生，愿意与他人交往，积极参与集体生活。

（5）掌握日常生活中常用的礼貌用语，能有礼貌地同他人交往，见了老师和长辈会问好。

（6）了解和掌握基本的卫生要求，初步养成卫生习惯。

（7）懂得简单的交通安全常识。

（8）初步培养学习习惯，遵守最基本的学习活动规则。

（9）初步具有自我服务的兴趣，初步了解父母和老师的劳动性质。

（10）懂得不提无理要求，不乱发脾气。

（11）与同伴共同活动，不争夺或独占玩具。

2. 中班社会教育目标

中班社会教育目标主要有以下 12 点。

（1）初步认识自己与他人的异同。

（2）初步了解自己与他人的情绪，懂得同情和关心他人。

（3）提高自我控制能力和自我保护能力。

（4）初步了解周围主要的社会机构、设施，初步知道它们与人们生活的关系。

（5）初步了解重大节日，感受节日背后的文化内涵，体会节日氛围。

（6）产生与他人交往的愿望，在与同伴及成人的交往中能准确地使用礼貌用语。

（7）懂得与他人合作，懂得分享和谦让。

（8）学做一些力所能及的事，初步养成爱劳动、爱惜劳动成果的习惯。

（9）敢于表达自己的见解，能克服困难，完成任务，有始有终地做一件事。

（10）初步学会评价自己与同伴，能承认错误、改正缺点。

（11）初步养成诚实、守纪律等良好的品德。

（12）初步感受我国的民间艺术文化及优秀传统文化。

3. 大班社会教育目标

大班社会教育目标主要有以下 13 点。

（1）初步了解自己的成长历程，知道劳动的辛苦，产生劳动兴趣，萌发热爱劳动和尊重他人劳动的情感。

（2）初步学会控制自己的情绪和行为，学会紧急情况下的应变办法。

（3）了解自己所在的集体，懂得对集体做有益的事，初步培养集体荣誉感和责任感。

（4）主动、准确地使用礼貌用语，能以恰当的方式与他人交往，和同伴友好相处。

（5）主动照顾关心小班和中班的小朋友。

（6）了解周围的社会生活，初步了解社会机构、社会成员和他们的劳动及其与人们生活的关系。

（7）初步了解我国的民族及丰富的物产，萌发热爱祖国的情感。

（8）初步了解国家间的友好往来，萌发爱好和平的情感。

（9）初步学会分辨是非，懂得向榜样学习，萌发爱憎情感。

（10）遵守各项规章制度，会以规章制度对照自己与他人的行为。

（11）喜欢从事力所能及的劳动，懂得爱惜劳动成果、爱惜公物。

（12）初步感知家乡的自然和人文景观，了解我国主要的自然和人文景观，萌发对家乡和民族的热爱及保护环境的意识。

（13）初步感知世界著名的人文景观及艺术精品，萌发对世界文化的兴趣。

（三）学前儿童社会教育教学活动目标

学前儿童社会教育教学活动目标是总目标和年龄阶段目标的具体化，是幼儿教师通过一定的方法和途径可以直接实现的目标。学前儿童社会教育教学活动目标一般由幼儿教师自己制定，其主要特点是可操作性强，该目标可以通过具体的教和学的行为、师幼互动及其与环境的相互作用实现。

学前儿童社会教育教学活动目标包括主题教育目标与课时教育目标。主题教育目标的系统性和综合性较强，主要包括与主题相关的各教学单元、各教学活动紧密结合而形成的完整的目标系统，而课时教育目标是具体的教育活动目标。

由于学前儿童社会教育总目标、年龄阶段目标和主题教育目标都要通过具体的教学活动才能实现，因此幼儿教师要根据学前儿童社会性发展的实际情况，以总目标、年龄阶段目标和主题教育目标为指导，制定具体的教学活动的目标。

四、学前儿童社会教育的意义与原则

《纲要》要求："各领域的内容相互渗透，从不同的角度促进幼儿情感、态度、能力、知识、技能等方面的发展。"也就是说，幼儿园要初步引导学前儿童掌握一定的社会行为规范及行为技能、养成良好的行为习惯、具备让自己终身受益的品质。

（一）学前儿童社会教育的意义

学前儿童社会教育的意义主要体现在以下两个方面。

1. 促进学前儿童发展

学前儿童社会教育最直接的意义是促进学前儿童发展，主要体现在促进学前儿童社会化与完整发展两个方面。

（1）促进学前儿童社会化，提高其社会化发展水平

社会化是个体通过与周围环境的相互作用，由自然人转化为社会人的过程。幼儿园应为学前儿童创设宽松自由的环境，从兴趣和需要出发，引导他们主动参与，自主选择，使其将外部规则逐渐内化，从他律走向自律。

（2）促进学前儿童完整发展，为幸福人生奠基

完整发展是指学前儿童在内容、结构与时间上的完整发展。从内容上来看，学前儿童的完整发展是指德、智、体、美、劳的全面发展；从结构上来看，完整发展是指认知、情感、意志的统一发展；从时间上来看，完整发展是终生的。社会教育可以让学前儿童学会合作，学会如何生活、如何与人相处，从而适应社会的要求，最终实现智力与社会性的和谐发展，受益终身。

2. 促进社会发展

社会教育是整个社会的职责，是社会有意为之的一种独立的教育活动。学前儿童社会教育是社会教育的一个细分类型，其对社会发展的意义主要体现在以下两个方面。

（1）培养合格公民，促进社会和谐稳定

为社会培养合格公民是学前儿童社会教育的重要任务之一。学前儿童社会教育的关键是培养学前儿童的社会交往技能，使其在与同伴、成人进行交往的过程中，通过观察、模仿、学习，不断调整自己的交往策略，做出适当的行为反应，从而提升自己的交往能力、解决冲突的能力、移情能力等，发展自己的社会性，促进社会和谐稳定。

（2）实现社会文化的延续，推动人类社会发展

公民是承载一定文化传统、积极参与社会生活的人。学前儿童社会教育就是要把社会文化知识、社会规范与技能、社会文明传授给学前儿童，使学前儿童吸纳接受，将其内化为自身的规则，因此对学前儿童的公民意识的培养，既要注重其对优秀传统文化的继承，也要引导其产生参与现代全球化生活的意识，这样才能实现社会文化的延续，推动人类社会发展。

（二）学前儿童社会教育的原则

学前儿童社会教育属于教育活动的一部分，因此必须遵循教育活动的一般原则，如因材施教原则、量力而行原则等。

此外，《纲要》明确提出社会教育的指导要点："1. 社会领域的教育具有潜移默化的特点。幼儿社会态度和社会情感的培养尤应渗透在多种活动和一日生活的各个环节之中，要创设一个能够使幼儿感受到接纳、关爱和支持的良好环境，避免单一呆板的言语说教。2. 幼儿与成人、同伴之间的共同生活、交往、探索、游戏等，是其社会学习的重要途径。应为幼儿提供人际间相互交往和共同活动的机会和条件，并加以指导。3. 社会学习是一个漫长的积累过程，需要幼儿园、家庭和社会密切合作，协调一致，共同促进幼儿良好社会性品质的形成。"

由此可知，学前儿童社会教育很容易受到外部环境的影响，且很注重体验和实践。因此，在开展学前儿童社会教育时还要注意以下原则。

1. 正面教育原则

正面教育原则指在学前儿童社会教育中，幼儿教师利用表扬、树立榜样、陶冶情操、说服等积极的教育方法，从正面引导学前儿童辨别是非，掌握正确的行为准则，即教育学前儿童"怎样做人，做什么样的人"。正面教育原则是学前儿童社会教育活动的基本原则，其核心是在尊重学前儿童的前提下对其提出要求，直接体现了"以学前儿童为本"的教育理念。

坚持正面教育原则，要求幼儿教师树立正确的榜样，即在学前儿童社会教育过程中严格要求自己，提高自己的品行修养，使学前儿童接触正面的言行举止，接受积极情感思维的熏陶；幼儿教师要选择正向积极的教育内容，向学前儿童提供正面的教育案例，使其直接接触和学习正面的观点和行为方式；幼儿教师要采用积极的教育方式，在学前儿童社会教育中直接提出希望学前儿童"如何做"和"做什么"的要求。

2. 实践性原则

实践性原则指在学前儿童社会教育中，幼儿教师要在实践活动中对学前儿童进行社会认识观念和社会规则的教育，以培养他们的社会认识，激发其产生积极的社会情感，培养其正确的社会行为。

学前儿童的社会化过程最终是由学前儿童自己完成的，因此贯彻实践性原则，要求幼儿教师必须为学前儿童提供多种形式的实践活动，教会学前儿童具体的社会实践技能，鼓励学前儿童勇于尝试，犯错之后积极改正。

3. 生活教育原则

生活教育原则是指幼儿教师在真实的社会生活中开展学前儿童社会教育活动，培养学前儿童主动适应社会环境、适应群体生活的能力。因此，生活教育是基于日常生活，并且为了使学前儿童适应日常生活而进行的教育活动。

贯彻生活教育原则，要求幼儿教师必须重视渗透教育，将学前儿童社会教育渗透到教育活动与一日生活中，使学前儿童在潜移默化中受到教育。

4. 结合性原则

幼儿教师要注意将学前儿童的主体性与社会集体性相结合，对学前儿童进行社会教育。学前儿童的主体性是指在师幼互动的过程中，以学前儿童为本，尊重学前儿童的天性，鼓励学前儿童自主

探索、积极实践。社会集体性体现在学前儿童一日生活的方方面面，如服从幼儿教师的安排、遵守幼儿园规定、参与集体活动等。

学前儿童的主体性意识与社会集体性意识的培养不仅不冲突，反而是相辅相成的。学前儿童所有的主体性意识和学习行为效果都必须在集体生活中才能得以体现。在社会教育活动中注重学前儿童主体性与社会集体性的结合，使学前儿童作为独立的个体参与集体活动，能够确保其更好地学习社会规律。图 1-3 所示的晨读故事活动，发挥了学前儿童的主观能动性，使其社会性在与教师、同伴的互动交流中得到了发展。

图 1-3　晨读故事活动

第二节　学前儿童社会教育实施的途径

引导案例

幼儿园的小朋友们在活动结束后进洗手间洗手，李老师在外面整理教具，只听"哇"的一声，有一个小朋友哭了。

听见哭声，李老师赶紧跑进去，看见琪琪正把大哭的萱萱扶起来，一边扶一边说："没关系，以后当心一点儿就行了。"

小朋友们你一言我一语地安慰起萱萱来，李老师意识到这是一个很好的教育契机。于是，她表扬了琪琪和其他几个安慰萱萱的小朋友，并鼓励他们今后还要这样做。小朋友们都高兴地拍起了小手。

学前儿童社会性的发展是一个循序渐进的过程，会受到多方面因素的影响。对学前儿童进行社会教育时，幼儿教师既要尊重学前儿童的生长发育规律及其各个年龄段的特点，又要善于把握教育时机，懂得捕捉发生在身边的真实事件，利用学前儿童的亲身体验使其产生情感共鸣，通过多种途径科学、有效地实施社会教育。

一、专门性活动

专门性活动是指学前儿童家长或幼儿教师根据学前儿童社会教育目标，选取系统、集中的教育内容，采用科学、合理的教育教学方法，对学前儿童进行社会教育的方式。专门性活动往往具有明确的目标性、针对性和一定的计划性。活动中幼儿教师对学前儿童的组织和指导作用更加直接、明显。

专门性活动主要有以下两种形式。

（一）综合教育活动

综合教育活动是指幼儿教师的教育活动并不局限于某种单一形式和手段，而是综合运用课堂讲解、游戏娱乐、谈话引导、实地参观等多种教育形式和手段对学前儿童实施社会教育活动。

综合教育活动的主题形式具有灵活性，幼儿教师可以根据时间、季节、节日以及学前儿童的兴趣来灵活地确定主题，可以先确定较长期的大主题，再根据情况将其分为不同的小主题，进而一一完成。这些活动既能锻炼学前儿童的口头表达能力、语言组织能力，又能提高他们与幼儿教师、同伴的沟通交流水平。

（二）游戏活动

游戏活动是学前儿童认识社会、参与社会生活的一种独特方式。通过游戏活动，学前儿童不仅可以认识不同的社会角色、了解不同的社会规则、体验社会生活的快乐，还可以学会与同伴协商、分配角色、处理纠纷等，进一步提高社会交往技能，发展合理的社会行为。

幼儿教师应重视游戏活动在学前儿童社会化过程中的教育功能，保障学前儿童参加游戏活动的时间和机会，并有意识地引导他们在游戏活动中发展社会交往技能。

例如，幼儿园大班组织的"种豆豆"户外游戏，不仅能锻炼学前儿童的协调能力和反应能力，还能培养学前儿童的团队合作意识，如图1-4所示。

图1-4　幼儿园大班组织的"种豆豆"户外游戏

幼儿教师要充分利用有利的教育时机，积极主动地在游戏活动中寻找和创造教育机会，充分发挥学前儿童在游戏活动中的主体性，通过语言、表情等引导其积极参与到游戏活动中，同时引导他们思考、分析与讨论，充分发挥游戏活动在学前儿童社会教育方面的积极作用。

二、随机教育

随机教育是指幼儿教师在学前儿童日常生活中随时随地抓住教育时机，善于捕捉教育机会，对学前儿童进行即时教育。随机教育是专门性活动的延伸、补充和深入，是学前教育必不可少的组成部分，在学前儿童社会教育中具有重要的意义。

（一）幼儿园一日生活中的社会教育

学前儿童在幼儿园的一日生活的各个环节，包括入园、进餐、盥洗、值日、整理、如厕、午睡等都蕴含了许多社会教育的元素。一日生活皆课程，在一日生活中渗透的社会教育，主要是以社会公德、言谈举止、待人接物等为主要内容，旨在培养学前儿童自觉遵守社会公德和行为规范，养成良好的道德品质和行为习惯，幼儿园一日生活是实施社会教育的重要途径。表 1-1 所示为一日生活中渗透的社会教育内容。

表 1-1　一日生活中渗透的社会教育内容

一日生活各环节	社会教育内容
入园	礼貌教育
进餐	爱惜粮食，文明进餐
盥洗	讲卫生、排队意识、节约用水
值日	独立自主、克服困难、服务他人意识
整理	爱劳动、做事认真
如厕	生活自理能力，文明如厕
午睡	穿脱衣服的正确动作，正确睡姿

一日生活各个环节的完成情况可以反映学前儿童的社会化水平，一个在一日生活的各个环节中自主、负责的学前儿童，往往能够理解幼儿园规则，对幼儿园有感情，懂得如何处理自己与他人的关系。

由于幼儿园一日生活中的大部分环节都由保育教师负责，所以对保育教师社会教育意识的培养尤为关键。要充分提升保育教师的专业化水平，使其在辅助学前儿童参与幼儿园一日生活时充分考虑学前儿童的认知水平、情感需求和实际社会能力，将幼儿园一日生活与社会教育的结合落到实处。

（二）家庭日常生活中的随机教育

除去在园时间，学前儿童大部分时间是与家庭成员一起度过的，所以抓住家庭日常生活中对学前儿童随机教育的契机也十分重要。在家庭日常生活中，对学前儿童进行随机教育主要有以下几种形式。

（1）带学前儿童到大自然、社会中接受教育。

（2）利用电视、儿童读物、节日活动等进行教育。

（3）组织学前儿童参与劳动，培养学前儿童的劳动意识和生活技能。

（4）创设良好的家庭物质环境和精神环境。

（三）幼儿园其他领域的教育活动中的随机教育

幼儿园的教育内容十分广泛，可以划分为健康、语言、社会、科学和艺术 5 个领域，各领域的内容相互渗透，从不同的角度促进学前儿童情感、态度、能力、知识、技能等方面的发展。5 个领域的内容都不应脱离学前儿童的生活实际。社会与其他领域教育活动的结合，无论是在单独领域的教学活动中，还是在主题式的系列教学活动中都有所体现。虽然其他领域教育活动的主要目标不在于社会教育部分，但它们都要以社会生活为背景，选择贴近学前儿童生活实际的内容来教学。

幼儿园其他领域的教育活动中同样蕴含着丰富的社会教育契机，幼儿教师要在开展其他领域的教育活动时提高社会教育意识。例如，在户外活动中，幼儿教师可以通过"爬虫竞走"等活动培养学前儿童团结一致的合作精神，如图 1-5 所示。

图 1-5 幼儿户外活动"爬虫竞走"

三、区域活动

区域活动是根据学前儿童发展需求和主题教育目标创设立体化育人环境，充分利用各类教育资源，有效运用集体、分组和个别相结合的活动形式，组织学前儿童进行自主选择、合作交往、探索发现的学习、生活和游戏活动。

（一）活动材料的准备

幼儿教师通过区域活动对学前儿童进行社会教育，主要是通过活动材料的投放来实现教育功能，让学前儿童在与活动材料、环境、同伴的互动中实现社会性发展。因此，创设有利于学前儿童社会性发展的环境，尤其是投放相应的活动材料就显得非常重要。幼儿园应为学前儿童准备数量充足的活动材料，还应根据学前儿童的年龄特点和发展阶段准备不同种类的活动材料。

（二）教育环境的创设

在教育活动中，幼儿教师还应注意创设良好的教育环境，并利用社区教育资源来辅助进行社会教育，这也是幼儿园社会教育活动的组成部分。从一定意义上说，学前儿童的社会教育就是一种环境教育。通过创设教育环境来教育儿童，这是现代学前儿童社会教育的一大进步。

教育环境的创设包括物质环境创设与精神环境创设。

1. 物质环境创设

幼儿园园区应力求设计合理、美观、和谐，有利于陶冶学前儿童的性情，培养其品格；空间密度适当，避免过分拥挤或者空间过大，既要有集体活动的空间，又要有自由活动的空间，如图 1-6 所示。

图 1-6 幼儿园物质环境创设

鼓励和引导学前儿童参与物质环境创设也是对其进行社会教育的手段。学前儿童参与物质环境创设的过程也是其学习、表现、交流与创造的过程，这本身就是接受社会教育的过程。

2. 精神环境创设

幼儿园的精神环境具体体现在幼儿教师与学前儿童、学前儿童与同伴、幼儿教师与幼儿教师之间的相互关系给学前儿童带来的影响。幼儿教师应创设良好的班级气氛，引导学前儿童进行人际交往，使他们彼此之间的关系融洽、友好，从而产生归属感和安全感。

区域活动为学前儿童营造了宽松、自然的活动氛围，能够引起学前儿童极大的兴趣，也能让他们学会共享与交流。区域活动的形式有很多种，如话吧、故事角、手工角、植物角等。

四、家园合作

在日常生活中，学前儿童大部分时间是与家人在一起的，家庭的社会教育对学前儿童具有潜移默化的作用——家庭的氛围、家长的个人素质和教养方式等都会在无形中影响学前儿童社会性的发展。在对学前儿童的社会教育中，幼儿园要争取获得家长的理解、支持。家园合作，共同承担社会教育任务。

家园合作的具体途径如下。

（一）加强与家长的日常沟通

幼儿园可以经常邀请家长参加幼儿园组织的活动，如节日庆祝活动、亲子运动会等，但不能只流于形式，要让家长真正参与进来，切实感受学前儿童在幼儿园的真实生活。

幼儿教师应主动加强与家长的日常沟通，充分利用家长开放日或平时家长接送孩子的机会，积极与家长交流，鼓励家长参与教育活动，使家长成为幼儿园教育的合作者。在沟通中，幼儿教师还应主动倾听家长对教育的想法和建议，采纳他们的有益意见，获得家长的教育助力。另外，幼儿教师还可以了解学前儿童在家中的表现，使家长的角色由被动转为主动，从而全面关注学前儿童的整体发展。

（二）建立家园联系册

家园联系册是幼儿教师为每一位学前儿童建立的，其中包含学前儿童入园前的基本情况介绍、家园日常联系记录、学前儿童个案追踪记录、学期评估、学年评估等，便于家长在关注学前儿童成长的同时，及时配合幼儿园发挥作用。

在完善家园联系册时，幼儿教师应真实记录学前儿童在幼儿园中的细微变化，在记录过程中不断与家长密切联系，与其共同关注学前儿童的转变。家长也要通过家园联系册把学前儿童在家里的表现反馈给幼儿教师，积极参与学前儿童的教育，帮助学前儿童树立正确的人生观和价值观。家园联系册作为家长与幼儿园之间的桥梁，可以促进家园相互交流，增进家园共识。

（三）亲子活动

亲子活动是指家长和学前儿童共同参与幼儿园组织的活动，是家园合作的重要途径。除幼儿园内组织的大型集体活动外，亲子活动大多是以班级为单位，根据社会教育的教学需要开展的。

在亲子活动中，家长可以和幼儿教师、学前儿童一起实践，分享活动成果，体验成功的喜悦。每次亲子活动都是一次家园间情感的互动，家长、幼儿教师和学前儿童都能在其中深深体验和谐与温暖，收获浓浓的爱意。

（四）重视家庭教育资源

幼儿教师要认识到各位家长具有不同的职业、经历、爱好和特长，可以充分利用家庭教育资源来丰富幼儿园的社会教育活动，加强家园联系。

家庭教育资源来自社会各个层面，是多方位的，大大超出了幼儿教师的想象和能力范围。例如，在"中华美食"主题活动中，幼儿园邀请家长为学前儿童讲解各地的特色美食及其简单的制作方法，如图1-7所示。

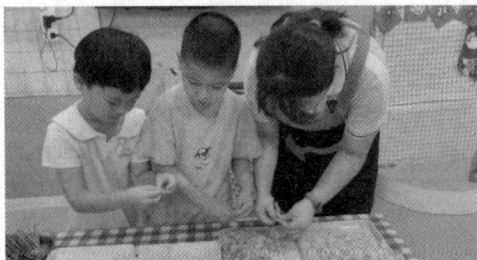

图1-7　家长带领学前儿童制作特色美食

（五）网络平台上的家园合作交流

随着信息技术的不断发展与应用，幼儿园与家庭沟通的渠道不再局限于家园联系册、家长会、家长开放日、电话等，尤其是网络平台为家园合作交流开辟了崭新的途径。

例如，幼儿教师可以建立班级群，方便与家长联系。幼儿教师可以随时随地把学前儿童在幼儿园的日常表现发布到班级群里，使家长时刻了解到孩子在幼儿园的学习与活动内容，增强家长参与学前儿童社会教育活动的积极性和可能性。

家园合作交流是幼儿园开展学前儿童社会教育工作必不可少的环节，它能有效促进学前儿童身心全面发展。幼儿园与家庭在沟通的基础上进行互动合作，能够充分利用家庭中的教育资源，更好地实施学前儿童社会教育。

五、幼儿园与社区合作

社区是学前儿童进行社会教育学习的"第三课堂"。幼儿教师和家长要树立大教育观，充分认识到学前儿童社会教育不等同于幼儿园社会教育，而应以幼儿园为中心，将其扩展到家庭和社区。意大利瑞吉欧教育体系就充分利用广大的社区资源，以学前儿童的学习为中心，打造了一个由幼儿园、家庭和社区共同组成的"教育社会"，三者相互信任，密切合作，使社区生活成为学前儿童社会教育的一部分。

学前儿童社会教育的最终目的是帮助学前儿童适应社会，因此学前儿童社会教育必须培养符合社会需要的人才。幼儿园应充分利用社区中的资源来扩展学前儿童的学习空间，例如，充分利用社区的教育资源，对学前儿童进行爱家、爱幼儿园、爱社区、爱居住环境等渗透教育。幼儿园作为社区成员，也要尽力为社区提供服务，共同提高社区的文明水平，同时积极引导学前儿童参与社区服务，培养其公民意识，帮助其走向社会，在社会中学习，最终融入社会。

幼儿园与社区合作的方式主要有：动员不同工作岗位的从业人员，如警察、医护人员、科研人员等，邀请他们为学前儿童开展相关的社会教育主题活动，拓宽学前儿童的视野，使其增长知识；充分利用社区的各类资源、设施，为学前儿童提供合适的玩具、教具材料或场所，为他们创设探索的条件；构建幼儿园与社区间的定期联系制度，加强幼儿园与社区的合作。

⚙ 实战训练

请同学们前往幼儿园做调查研究，访问幼儿园的在职教师，询问其常规的学前儿童社会教育方式。如果有条件，可以实习生的身份参与幼儿园的学前儿童社会教育，记录实习时的所见所闻，加深对学前儿童社会教育实施途径的认识。

第三节 学前儿童社会教育的方法

引导案例

星期一，轩轩带来了一个漂亮的鱼缸，里面有许多小鱼，小朋友们非常高兴，自由活动时全围在鱼缸旁看小鱼，还讨论明天带什么给小鱼吃。

小琪说："明天带一块糖。"

程程说："我带一块面包。"

轩轩说："小鱼才不会吃这些东西呢！"

那小鱼吃什么呢？小朋友们你看看我，我看看你，不知道答案，于是向李老师请教："老师，小鱼吃什么呀？"

趁这个机会，李老师给小朋友们讲解了一些养鱼的知识，例如，怎样给小鱼换水、小鱼吃什么等。小朋友们睁着好奇的眼睛问这问那，一场关于养鱼的讨论在教室里开展起来。

只要善于观察就会发现，开展社会教育活动的时机有很多，而且很多事物都有教育价值。幼儿教师要善于捕捉教育契机，观察学前儿童的行为和表现，发现和支持学前儿童自发的探索活动。学前儿童社会教育不应局限于幼儿教师专门组织的教学活动，也应存在于各种游戏活动中，而且要特别注意使用正确的教育方法。学前儿童社会教育主要有下面 3 种方法。

一、语言引导法

语言引导法是指以幼儿教师和学前儿童的口头语言活动为主的教育方法。语言是一种交际工具，它是学前儿童社会教育活动中非常重要的媒介。

语言引导法主要包括谈话法、讲解法、讨论法和行为评价法，如图 1-8 所示。

谈话法	讲解法
谈话法是指幼儿教师有目的、有计划地引导学前儿童围绕一个生活中的主题，回忆已有生活经验并进行交流的教育方法	讲解法是指幼儿教师向学前儿童说明一些简单的、基本的知识和道理，让其了解规则及其意义，使其清楚一些基本的事实，了解判断事物的基本标准
讨论法是指幼儿教师指导学前儿童就某些社会问题或现象相互启发、相互学习、交流意见的教育方法	行为评价法是指幼儿教师对学前儿童的社会行为表现给予积极或消极的评价，以强化其好的行为或削弱、消除其不好的行为的教育方法。行为评价法分为积极的行为评价和消极的行为评价
讨论法	行为评价法

图 1-8 语言引导法的具体类型

二、情境教学法

情境教学法是指幼儿教师根据一定的教育目的，为学前儿童创设一定的教育情境，使学前儿童在情境实践中掌握社会知识，获得情感体验，并产生共鸣，促使其养成良好的社会性行为习惯的教育方法。

情境教学法主要有移情训练法、角色扮演法和陶冶法。

（一）移情训练法

移情是指设身处地地从别人的角度去体验别人的情绪、情感。移情训练法可以使学前儿童理解、分享别人的情绪、情感体验，使其在日后的生活中会对别人类似的情绪、情感体验产生习惯性的理解和分享。移情训练法的主要途径有讲故事、编故事、生活情绪体验、情景表演等。

（二）角色扮演法

角色扮演是个人试着设身处地地去扮演另一个在实际生活情景中不属于自己的角色的行动过程，在这个过程中会习得角色所需要的某些经验和行为习惯。

在学前儿童社会教育过程中，角色扮演是指幼儿教师创设现实生活中的某种情境，让学前儿童扮演相应的社会角色，表现与这一角色一致且符合这一角色规范的社会行为，并在此过程中感受他人的角色，感知和理解他人的感受，学习其行为经验，从而掌握自己扮演的角色所应遵循的社会行为规范和道德要求。角色扮演法是学前儿童积累社会认知的重要方法。

（三）陶冶法

陶冶法是指利用环境条件、生活气氛，以及幼儿教师自身的言行举止等，潜移默化地影响学前儿童的社会态度和社会行为的方法。学前儿童社会学习的两大特点是随机性和无意性，陶冶法的特点是在潜移默化中"陶情""冶性"，陶冶法是学前儿童容易接受的教育方法。

三、直接知觉法

直接知觉法也可称为直观方法，主要是指幼儿教师通过实物或直观材料的演示、组织参观等使学前儿童形成正确认识的教育方法。这类方法具有形象性、具体性、直接性和真实性，可以让学前儿童利用视觉、听觉、触觉等多种感官通道感知周围事物。

直接知觉法主要包括参观法、实践法、演示法和调查法，如表1-2所示。

表1-2　直接知觉法的类型

直接知觉法的类型	具体说明
参观法	参观法是指幼儿教师根据社会教育的目的与任务，组织学前儿童在园内或园外对实际事物和现象进行观察、思考，进而获得新的社会知识与社会规范的教育方法
实践法	实践法是一种通过真实的生活事件和生活情境培养学前儿童的基本社会生活能力和技能，并增进学前儿童的相关知识，激发其社会情感的教育方法，如日常生活中的礼貌行为练习、就餐规范练习等
演示法	演示法是指幼儿教师有计划、有目的地通过实际表演或实物、教具展示，引导学前儿童思考或理解社会知识，使其从中明白道理，培养其社会情感的教育方法
调查法	调查法是指幼儿教师带领或引导学前儿童围绕社会环境、社会事务、社会现象等，通过多种途径广泛地搜集有关材料，并对材料进行思考、分析，从而发现社会现象存在的状态、社会问题产生的原因或社会现象之间的联系的教育方法

第四节　学前儿童社会教育活动的设计

引导案例

新学期开始了，小朋友们看见操场上多了几个滑梯，欢呼雀跃，纷纷迫不及待地想去玩。

在滑梯入口，小朋友们你推我挤，有几个小朋友跌倒了。

这时，王老师说："你们看，现在这样谁也玩不好，还让小朋友跌倒了。大家想一想，怎样才能更好地玩滑梯呢？"

孩子们说："要不快不慢。""不能推，不能挤。""一个跟着一个排好队。"最后，孩子们按照自己制定的规则开展游戏，既保障了安全，又玩得尽兴。

学前儿童社会教育活动设计是社会教育活动的一个重要环节，也是最为繁杂的工作之一，其设计内容应当以学前儿童社会教育目标为主要依据，还应当与社会价值观、学前儿童身心发展特点一致，使教育活动达到最终的教育效果，促进学前儿童社会性的发展。学前儿童社会教育活动设计是学前儿童家长和幼儿教师确保教育活动顺利实施的重要保障和前提条件。

一、学前儿童社会教育活动设计的构成要素

学前儿童社会教育的内容是依据社会教育的目标确定的。在不同的社会现实及特定的文化背景下，学前儿童社会性发展的目标有所不同，教育内容也随之改变。因此，学前儿童社会教育内容应当依据社会现实的要求和学前儿童本身的特点来确定。

一般情况下，学前儿童社会教育活动设计的构成要素包括活动名称、活动目标、活动准备、活动过程、活动延伸和活动评价，如表1-3所示。

表1-3　学前儿童社会教育活动设计的构成要素

构成要素	具体说明
活动名称	活动名称即学前儿童社会教育活动的名称，通常活动名要紧扣活动主题，并且能概括整个社会教育活动的内容，同时要符合学前儿童的认知水平，如"感恩母亲节""粽香端午节"等
活动目标	活动目标是教育活动的预期结果，即教育活动所要达到的具体目的，例如，要让学前儿童形成怎样的认知、培养怎样的情感、提高哪些能力等
活动准备	活动准备是活动实施前幼儿教师与学前儿童应做的准备工作，主要包括：经验准备，即幼儿教师的活动经验及学前儿童已具备的经验；物质准备，即环境创设，活动中所需要的教学挂图、多媒体软件、操作材料等
活动过程	活动过程是学前儿童社会教育活动的核心部分，是对社会教育活动的最终展示，通常包括活动导入、活动展开、活动总结3个步骤
活动延伸	活动延伸是指幼儿教师基本完成本次活动的教学内容、学前儿童初步达到既定目标后，幼儿教师为巩固学前儿童所学的内容，更好地实现活动目标所设计的一切活动
活动评价	活动评价是在活动结束后进行的，主要是指幼儿教师根据制定的活动目标对本次活动进行评价和反思，分析成功之处和有待改进的地方

二、学前儿童社会教育活动设计的要求

在开展学前儿童社会教育活动时，因为受众的年龄较小，心理不成熟，教育活动也相应地具有复杂性和不可控制性，因此，幼儿教师在教学设计过程中应对每个教学环节和教学步骤进行严密、谨慎的规划，既要有预定的教育教学计划和步骤，也要提前准备备用方案。

总体来看，学前儿童社会教育活动设计的要求如下。

（一）活动设计要合理、易于操作

在设计社会教育活动时，幼儿教师要提前考虑清楚本次社会教育活动的具体教学内容、教育活动方法的运用、教育活动时间的分配，以及活动细节的处理等诸多问题，要在活动设计方案中做出明确、操作性较强的规划和安排，同时还要考虑班级现有的教学资源以及学前儿童心理及社会性发展的程度。

（二）活动设计要经济、高效

在设计活动时，幼儿教师要充分考虑实施学前儿童社会教育活动的资金来源和材料来源，要以班级现有资源为限，不能为了某一次活动而增加幼儿园和家长的负担，要在考虑经济可控性的同时，力求以最少的人力、财力、物力来获得最佳的教育效果，实现活动设计的高效性。

（三）活动中的语言要具体、准确、易懂

幼儿教师在实施学前儿童社会教育活动时，既要使用口头语言，又要使用肢体语言。幼儿教师的语言要具体、准确、易懂。幼儿教师尽量不要使用专业术语和成人化的语言，也不要使用模棱两可或者学前儿童难以理解的口头语言和肢体语言，确保与学前儿童的沟通有效、明确，使教育活动紧凑、顺利地进行下去。

（四）要为学前儿童提供参与活动的机会

在活动中，学前儿童是主体，幼儿教师在进行活动设计时，要为学前儿童提供更多动手操作的机会，鼓励更多的学前儿童参与到活动中来，让其获得更丰富的感知体验。只有真正地参与活动，学前儿童才能通过自己的独立思考和实践练习，将幼儿教师所教授的社会规则和社会技能消化，从而实现社会教育活动的目的。

三、学前儿童社会教育活动设计的步骤

学前儿童社会教育活动设计一般分为以下5个步骤。

（一）确定活动主题

首先，列出活动主题名称；其次，分析确定这一活动主题的理由，如符合学前儿童的兴趣与需要、包含多方面的教育价值、涉及各个学习领域、具有可行性等；最后，确定这一主题活动大致需要的时间。一般来说，活动主题的选择需要考虑以下几个因素。

（1）根据学前儿童的现实生活以及相关问题确定活动主题。

（2）根据社会热点问题确定活动主题。

（3）根据《纲要》与《指南》确定活动主题。

（二）确定主题单元活动的目标

幼儿教师在确定主题单元活动的目标时，需要注意以下几点。

（1）以学前儿童的现有发展水平为基础。

（2）学会分解学前儿童社会发展目标。

（3）主题单元活动的目标应该全面、准确、具体。

（4）主题单元活动的目标应该与社会教育的总目标、各年龄阶段的目标一致。

（5）注意主题单元活动目标的连续性和一致性，及其与其他领域发展目标的联系。

（三）形成主题单元活动网络

主题单元活动网络是一种图解模型。幼儿教师将主题进行分析和分解，找到次级主题，然后

根据次级主题寻找合适的教育内容，通过教育内容的展开，有机联系的主题单元活动网络就形成了。

主题单元活动网络打破了学科之间的界限，将各种学习内容围绕一个"中心"有机连接起来，让学前儿童通过该活动网络获得与"中心"有关的较丰富的知识经验。其实很多学习内容之间存在内在联系，如"认识各种船""认识各种车辆"等，幼儿教师可以将"交通工具"作为活动主题，将次级主题确定为"水上交通工具""陆地交通工具"等，在次级主题之下分类呈现各种船只的名称和各种车辆的名称。

幼儿教师在实际操作过程中应注意，主题单元活动网络要紧紧围绕活动目标，要贴近学前儿童的生活，要符合学前儿童社会性发展的已有水平。

（四）拟定主题活动纲要，分析活动内容

拟定主题活动纲要，分析活动内容与目标是否对应；活动内容是否符合学前儿童的兴趣与需求，是否包含主要的课程领域；活动内容具体实施的难易程度如何；活动内容是否顾及季节性、地方性以及文化传承等问题。

（五）选择合适的活动方法，确定活动的流程衔接

明确活动方法的选择是否考虑到学前儿童的学习特点，是否考虑到内容的特殊性，是否考虑到活动中可能出现的问题；活动流程的衔接是否合适；教具或资源的使用是否合适。

四、学前儿童社会教育活动设计案例

幼儿园大班社会教育活动——"我的祖国"

（一）活动目标

（1）知道中国的全称和首都的名称，能在世界地图上找到中国。
（2）知道中国疆域辽阔，有灿烂的文化和悠久的历史，萌发作为中国人的自豪感。
（3）乐于探索、交流与分享。
（4）能清楚地表达自己的想法。

（二）活动准备

世界地图、中国地图若干张，有关中国的文字、文化特产和国庆阅兵式、升国旗活动等的图片或音视频资料。

（三）活动过程

（1）展示世界地图，了解中国的地理位置。
① 将幼儿分组，教师和幼儿共同在世界地图上找到中国的地理位置，并做标记。
② 引导幼儿说出中国的全称和首都的名称。
③ 引导幼儿说出中国人的长相特征。
小结：中华人民共和国是我们的祖国，我国的首都是北京，我们是黑头发、黑眼睛、黄皮肤的中国人。
（2）展示中国地图，认识我们的祖国。
① 说说我们国家的轮廓在地图上像什么？
② 引导幼儿根据地图上不同的颜色，找出祖国的高山、河流、城市等。
③ 请幼儿说说我国有哪些高山、河流、城市等。

小结：我国的地图轮廓像一只雄鸡，我国地理面积很广，人口众多，有 56 个民族，14 亿多人口。我国有许多高山、河流和城市，喜马拉雅山脉的主峰珠穆朗玛峰是世界上最高的山峰，长江是我国最长的河流，首都北京是世界各国朋友向往的城市，我们的国家很了不起。

（3）了解祖国的国旗、国歌、语言、文字、特产等。

① 幼儿分组开展活动。

② 集体讨论，谈谈自己在活动中看到了什么，听到了什么。

（4）欣赏歌曲《我和我的祖国》，在音乐中结束本次活动。

（四）活动延伸

幼儿观看《故宫》《长城》等视频，让他们了解这些古代建筑都是我国劳动人民创造出来的，是我国劳动人民智慧的结晶，激发他们的民族自豪感与自信心，培养他们的爱国情怀。

（五）活动评价

通过此次活动，幼儿了解了中国的地理位置，知道中国大陆的轮廓就像一只雄鸡；知道祖国的全称是中华人民共和国，首都是北京；了解了我国一些著名的城市、高山、河流，初步掌握了关于中国的常识；最后了解了我国的文化，拓展了知识经验。

整个活动层次分明、环节清晰，让幼儿知道了祖国疆域辽阔，拥有灿烂的文化，增强了幼儿作为中国人的自豪感。

课后习题

一、选择题

1. 下列学前儿童社会教育内容中，属于自我意识的是（   ）。

　　A. 培养关心他人的品格

　　B. 学会文明礼貌用语

　　C. 勇于表达自己的看法和感受，遇到不懂的问题能大胆提问

　　D. 学习互助、分享、合作

2. 下列学前儿童社会教育的方式中，属于幼儿园与社区合作的是（   ）。

　　A. 家长带学前儿童到大自然、社会中接受教育

　　B. 构建幼儿园与社区间的定期联系制度

　　C. 鼓励和引导学前儿童参与环境创设

　　D. 家长和学前儿童共同参与幼儿园组织的活动

3. 下列学前儿童社会教育的方法中，不属于语言引导法的是（   ）。

　　A. 谈话法　　　　B. 行为评价法　　　　C. 讲解法　　　　D. 陶冶法

4. 下列学前儿童社会教育的方法中，不属于直接知觉法的是（   ）。

　　A. 讨论法　　　　B. 参观法　　　　　　C. 演示法　　　　D. 调查法

二、判断题

1. 相对于情感和态度，知识与技能是更为内在的目标取向，它为学前儿童一生的发展提供方向与动力。（   ）

2. 正面教育原则是学前儿童社会教育活动的基本原则，其核心是在尊重学前儿童的前提下对其提出要求。（   ）

   3．贯彻生活教育原则，要求幼儿教师必须重视渗透教育，将学前儿童社会教育渗透到教育活动与一日生活中，使学前儿童在潜移默化中受到教育。（　　　）

   4．家庭日常生活中的随机教育要创设良好的精神环境，而非物质环境。（　　　）

   5．幼儿园虽然不是社区成员，但也要尽力为社区提供服务。（　　　）

三、简答题

   1．简述家园合作的具体途径。

   2．简述学前儿童社会教育活动设计的要求。

02

第二章

学前儿童自我意识的发展与教育

知识目标

> ➢ 了解学前儿童自我意识教育的目标与内容。
> ➢ 掌握学前儿童自我认知的发展与教育。
> ➢ 掌握学前儿童自我体验的发展与教育。
> ➢ 掌握学前儿童自我控制的发展与教育。
> ➢ 掌握学前儿童性别角色的发展与教育。
> ➢ 掌握学前儿童自我意识教育活动的设计要点。

能力目标

> ➢ 能够设计并实施学前儿童自我发展教育活动。
> ➢ 能够灵活运用培养学前儿童自我概念、自我评价、自我控制发展的方法。
> ➢ 能够灵活运用学前儿童的性心理和行为问题的应对策略。

素养目标

> ➢ 树立新型的学前儿童观，尊重学前儿童是独立的个体，着眼于学前儿童未来的生活。
> ➢ 帮助学前儿童树立自尊、自信的意识。

自我意识是指主体对自身的认识，包含主体在实践活动中对自己以及自己与自然、自己与他人、自己与社会等关系的意识活动。良好的自我意识教育是个体实现社会化目标、完善人格特征的重要基础和保证。学前儿童的自我意识是指学前儿童在与人交往过程中逐步形成的对自身的认识，不仅反映了学前儿童对自己所在的环境和在社会中所处地位的认识，还反映了其评价自身的价值观念。

第一节 学前儿童自我意识教育的目标与内容

引导案例

冰冰今年4岁了，可是他在幼儿园时，无论做什么事，总是等着老师来帮忙。吃饭的时候冰冰总是哭诉："我夹不住菜，我舀汤的时候总是洒，我不要自己吃饭……"

午睡起床时，别的小朋友都在努力尝试自己穿外套、叠被子，唯有冰冰总是等老师来帮他穿衣服，如果老师要求他自己穿，他就会坐在床上哭诉："我不行的，我不会穿。"

在一些动手操作的活动中，冰冰也从来不主动去做，而是等着老师来帮忙。一天，老师要求小朋友们利用各种树叶创作一幅自己喜欢的画。别的小朋友都开始动手做了，只有冰冰一动不动地看着别人做，嘴里还一直在念叨："我不会，我做不了，这太难了……"

学前儿童的自我意识教育非常重要。幼儿教师要注重培养学前儿童的自信心和独立能力，促使学前儿童形成正确的自我认识。如果学前儿童做任何事都不自信，还没动手就先否定自己，养成事事依赖别人的习惯，会不利于其自主能力的发展，也会影响其对自我的正确认识。

一、学前儿童自我意识教育的目标

《纲要》中对学前儿童不同领域的教育内容提出了明确的目标，其中社会领域中与儿童的自我意识发展相关的教育目标有：能主动地参与各项活动，有自信心；能努力做好力所能及的事，不怕困难，有初步的责任感；等等。

《纲要》提出，要帮助学前儿童正确认识自己和他人，为学前儿童提供表现自己长处和获得成功的机会，增强其自尊心和自信心；支持学前儿童自主地选择、计划活动，不轻易放弃克服困难的尝试；学习自律。这都为促进学前儿童树立自我意识提供了良好的引导和示范。

《指南》中与学前儿童自我发展相关的目标有：具有自尊、自信、自主的表现；具有初步的归属感；遵守基本的行为规范；等等。学前儿童自我发展教育的主要目标如下。

（一）小班儿童自我意识教育的目标

小班儿童自我意识教育的主要目标如下。

（1）能根据自己的兴趣选择游戏或其他活动。

（2）为自己的良好行为或活动成果感到高兴。

（3）自己能做的事情愿意自己做。

（4）喜欢承担一些小任务。

（5）体会自己是家庭或团队的一员。

（6）能说出自己家所在的街道、小区的名称。

（7）在提醒下，能遵守游戏和公共场所的规则。

（8）知道未经允许不能拿别人的东西。

（9）在成人的提醒下，爱护玩具和物品。

（二）中班儿童自我意识教育的目标

中班儿童自我意识教育的主要目标如下。

（1）能按自己的想法进行游戏或其他活动。

（2）知道自己的一些优点和长处，并对此感到满意。

（3）自己的事情尽量自己做，不愿意依赖别人。

（4）敢于尝试有一定难度的活动和任务。

（5）喜欢自己所在的班级和幼儿园，积极参加活动。

（6）能说出自己家所在的省、市、县名称。

（7）知道自己是中国人。

（8）不私自拿不属于自己的东西。

（9）知道接受任务就要努力完成。

（三）大班儿童自我意识教育的目标

大班儿童自我意识教育的主要目标如下。

（1）能主动发起活动或在活动中出主意、想办法。

（2）做了好事或取得了成功后还想做得更好。

（3）自己的事情自己做，不会做的愿意学。

（4）主动承担任务，遇到困难能够坚持克服而不轻易求助。

（5）与别人的看法不同时，敢于坚持自己的意见并说明理由。

（6）能感受到自己的发展变化，并为此感到高兴。

（7）知道自己的民族，为自己是中国人感到自豪。

（8）爱惜物品。

（9）能认真、负责地完成自己所接受的任务。

（10）做了错事敢于承认。

二、学前儿童自我意识教育的内容

学前儿童自我意识教育的内容主要包括自我认知、自我体验与自我调控3个方面。

（一）自我认知

自我认知的教育内容包括自我观察、自我分析和自我评价等方面。

自我观察是自我认知的起始阶段，主要是感知自己和观察自己，例如，让学前儿童通过多种感官认识自己身体的各个部分、自己整体的形象特征、自己的内部状态等。

自我分析是对自身的思想和行为进行综合分析，找出自己有别于他人的重要特点。幼儿教师可以通过让学前儿童识别自己的特点、情感、情绪、心理活动等来培养其自我分析的能力。

自我评价是学前儿童对自己的想法、行为、个性等多个方面的分析、判断和评估。幼儿教师可以通过多样性的活动来帮助学前儿童顺利从依从性评价发展到独立性评价，从对外部行为的浅层次评价发展到对内部品质的深度评价，从主观情绪性的片面性评价发展到较为客观的评价，提升学前儿童自我评价的能力。

（二）自我体验

自我体验的教育内容主要是激发学前儿童的自尊，增强学前儿童的自信。

1. 激发自尊

激发自尊主要是围绕学前儿童自身的经历、体验等各种活动，让学前儿童分析、知觉、评估自己各方面的表现，如反应、经验、行为等。幼儿教师可以给学前儿童安排一些小任务，让他们独立或合作完成，如打扫卫生、照顾动植物、收拾玩具或其他物品等。

2. 增强自信

自信又称自信心、自信感，是推动学前儿童走向成功的重要体验，可以帮助学前儿童获得成就感和满足感。对学前儿童来说，如果能从一件事中获得自信，那么他们将会有充沛的内在动力去坚持完成更有难度和挑战的任务。因此，自信对学前儿童来说非常重要，它能帮助学前儿童发展勇敢、坚韧、乐观、积极、主动等良好的个性品质。

幼儿教师可以在各种游戏活动中鼓励学前儿童独立、自主地探索和完成各种小任务，在游戏活动中给予他们充分的自主权和选择权，让他们有自我实现的机会，给予他们更多的积极反馈。设计组织实施多样性的社会教育活动有助于增强学前儿童的自信。

（三）自我调控

自我调控的教育内容包括自我检查、自我监督和自我控制等方面。学前儿童自我调控的能力与其年龄有着密切的关联。小班阶段的学前儿童的自制能力很差，他们到了中班、大班才基本具备一定的自制力。自我调控是个体自觉地选择目标并有意识地控制自身的行为，对自我进行组织、协调、矫正和调节，以保证实现目标。

学前儿童的自我调控具体体现在情绪、认知、动作及运动等方面，所以自我发展的教育活动也可以从这几个方面入手，以发展学前儿童的自我调控能力。例如，幼儿教师可以通过趣味游戏、角色扮演等活动让学前儿童认识并学习如何调控自己的情绪。

第二节　学前儿童自我认知的发展与教育

引导案例

在一次音乐活动中，幼儿园中班的李老师让孩子们辨别乐音与噪音。当播放优美、抒情的乐音时，孩子们一致认为这是好听的音乐，而当播放噪音时，孩子们都捂住了耳朵。

播放了噪音后，李老师问："你们觉得这些声音好听吗？"大部分孩子说不好听，只有欣欣大声地说："这些声音好听！"

李老师有些惊讶地问欣欣："你为什么会觉得这么吵闹的声音好听呢？"

李老师正要批评欣欣，却看到她一脸委屈，便语气温和地问道："你可以告诉老师为什么觉得这些声音好听吗？"

欣欣轻声地说："您不是说过聪明的孩子和别人想的答案不一样吗？"李老师一时无言以对。过了一会儿，李老师让欣欣认真地听噪音，告诉她要说出自己最真实的感受，欣欣摇了摇头说："我不喜欢这些声音。"

学前儿童处在自我认知的初步形成时期，其自我认知具有依存性，即根据成人对自己的评价来进行自我判断。自我认知是个体对自己身心特征和活动状态的认知和评价。自我概念和自我评价是自我认知中比较重要的两个方面，能够反映个体自我认知的发展水平。

一、学前儿童自我概念的发展特点

自我概念作为自我认知中基础的部分，表明了个体对自己的看法和态度，主要回答"我是谁""我能干什么"的问题，是人格的核心组成部分之一。

自我概念指个体心中对自己的认识，包括对自己的存在、身体能力、性格、态度、思想等方面的认识，是由一系列态度、信念和价值标准所组成的有组织的认知结构。学前儿童的自我概念有积极和消极之分。自我概念会影响其行为表现、身心健康、人际关系和发展状况等。

了解学前儿童自我概念的发展特点，并适当引导其发展是教育者的责任。学前儿童建立积极的自我概念是极为重要的。积极的自我概念如图 2-1 所示。

觉得自己是有价值的人，受到别人的重视　　　　　　觉得自己是有能力的人，可以影响周围世界

积极的自我概念

觉得自己是独特的人，受到别人的爱护　　　　　　对外界的人和事物充满好奇心和认识的兴趣

图 2-1　积极的自我概念

自我概念不是人生来就有的，而是一个逐渐发生、发展的过程。自我概念最初发生在婴儿期，以动作的发展为前提。通过动作，1 岁左右的幼儿开始把自己的动作和动作的对象区分开来，开始知道自己和物体的关系，认识到自己的存在和力量，并产生自信心。

自我概念的真正出现是和言语的发展相联系的。2—3 岁的时候，掌握人称代词"我"是幼儿自我概念萌芽的重要标志。学前儿童自我概念的发展具有年龄特点。布洛克认为，学前儿童在 2 岁左右基本获得稳定的自我识别能力，开始发展各种情感和社交能力，出现争斗和亲社会行为。韦尔曼发现，3—4岁的学前儿童对心理活动的理解已在辨别性、组织性和精确性上达到系统水平，开始领会信念、行为和愿望的关系，形成与成人接近的心理观，出现自尊感。

随着学前儿童内心世界的发展，他们逐渐构建起自我概念，客体自我不断扩展，将自己作为思考的对象，即思考关于我是谁、我有什么样的性情、态度及价值观等。

3—4岁学前儿童的自我概念还处于非常具体的阶段，多建立在自身身体特征、表现、活动能力及拥有的物品上，即"身份自我"或"生理自我"。当一个3—4岁的学前儿童描述自己时，他很可能这样说："我叫明明，今年4岁。我妈妈给我买了件新衣服，我有很多很多的玩具，我能够自己穿衣服……"从这些描述中可以看出，学前儿童的自我概念是非常具体的，他们用来描述自我的是可以观察到的特征，如名字、拥有的事物及日常行为。

5—6岁学前儿童的自我概念已经有了很大的发展，他们不仅能够区分出外在的"生理自我"，知道每个人的生理特征都是不一样的，还能了解不同性别的生理特征，进而发展出一定的"社会自我"意识。例如，他们不仅知道以后女孩可能做妈妈、男孩可能做爸爸，更能理解在公共场所男孩和女孩要使用不同的卫生间。

二、学前儿童自我概念的培养

幼儿期（1—3岁）是自我概念的萌芽阶段，随着学前儿童认知水平的提高和社会互动的增加，学前儿童自我概念逐渐发展，包括从对身体的识别到自我的社会性认知，最终对自我特征和能力产生丰富、全面的认识。

自我概念的形成是一个逐步累积的过程。自我概念是通过主体与客体的相互作用，以及人际的社会交往逐步建立和发展起来的。幼儿期恰好是个体自我概念萌芽与初步形成的重要阶段，因此帮助学前儿童形成积极的自我概念是学前儿童社会教育的一项重要内容。

（一）营造轻松、和谐的环境，帮助学前儿童初步建立自我认知

幼儿教师要给学前儿童营造轻松、和谐的环境，让学前儿童在平等、被尊重、信任的环境中生活。对那些缺乏自信心、胆小畏缩、缺乏上进心的学前儿童，幼儿教师更要多给予一些关爱。

例如，早晨入园时，幼儿教师要微笑着问候学前儿童；幼儿教师离园时要帮他们梳头、整理衣装；与他们交谈时，幼儿教师要蹲下身，与他们目光平视或抚摸他们的头，握握他们的小手，这些行为都可以让他们感受到来自幼儿教师的爱。

为帮助学前儿童正确认识自己，幼儿教师可以引导他们说出自己的姓名，或者照着镜子说出自己的主要特征（如性别、年龄、外貌、衣着等）；还可以让他们通过"找朋友"的游戏讨论好朋友与自己的不同之处，这样可以让学前儿童逐渐了解自我的主要特征。

（二）让学前儿童进行正确的自我评价，深入了解自己

幼儿教师要帮助学前儿童正确认识自我，进行正确的自我评价。通过开展一些活动，幼儿教师要让学前儿童认识到自己是独特的个体，自己有许多优点，可以做很多事情，例如，能自己穿衣服、吃饭；自己也有一些缺点，要学会正视自己的缺点，并努力改正自己的缺点，做个好孩子。

（三）进行正面的外部评价，增加成功体验，获得积极的自我概念

学前儿童的自我评价能力不高，常常依赖于成人的评价，而且他们的自我评价会受认知水平影响，因此幼儿教师要多正面评价学前儿童，对其评价要客观、具体。鼓励性的评价能够增加学前儿童的成功体验，让他们获得积极的自我概念。

如果学前儿童长期遭受挫折和失败的打击，就会感到自己不如别人，否定自己，对自身的能力丧失信心，导致以后遇到困难不再努力，失去动力，以一种消极的态度面对一切，很容易形成消极的自我概念。相反，如果学前儿童经常取得成功并得到表扬和鼓励，就会产生愉悦和满足的情绪，

同时自信心也得到增强，肯定自我存在的价值，容易形成积极的自我概念。

（四）建立家园合作，巩固学前儿童积极的自我概念

幼儿教师要与家长经常性地沟通与联系，加强家园合作，从而巩固学前儿童积极的自我概念。一般来说，家园合作可通过以下途径进行。

（1）通过"家园联系册"、家访、半日开放活动，以及入园、离园时与家长交流等方式，帮助家长正确、全面地了解学前儿童，让他们做学前儿童社会教育的帮手。

（2）通过讲座、家长会、家园联系栏等形式向家长宣传幼教知识，帮助家长树立正确的观念，引导他们帮助学前儿童正确认识自己。

（3）指导家长用恰当的语言评价学前儿童，发现学前儿童的优点，及时给予鼓励，并找出学前儿童的不足之处，给予指导和帮助，使其全面发展。

三、学前儿童自我评价的发展特点

自我评价是自我意识的一种表现，是个体重要的心理素质之一。恰当的自我评价是个体行为的积极调节因素，有利于个体形成正确的自我意识。学前儿童自我评价是随着年龄的增长而发展的。学前儿童在 2 岁时开始产生自我形象认知，能够把主体和客体分开，能够在初期的人际交往与他人对自己的评价中学会自我评价。

学前儿童自我评价的发展特点如下。

（一）由对成人的外部评价的简单重复发展为独立的自我评价

在学前儿童尚年幼时，其对自己的评价往往是对成人外部评价的简单重复，并且是不加思考地绝对相信成人的评价更权威。随着年龄增长，学前儿童不再轻易相信成人的评价，对成人的评价逐渐持批判的态度。此时，如果成人对他们的评价不准确、不恰当，不符合他们对自己的评价，他们还会表示不满和抗议。

（二）从对外部行为表现的评价到对内在品质的评价

学前儿童的自我评价主要集中于自我的外部行为表现，即对自己的某种具体行为进行评价。学前儿童大多能评价自己的外貌特征——高矮、胖瘦。如果问他们："你为什么是好孩子？"他有可能会说："因为我不撒谎，不挑食，不骂人，所以我是好孩子。"

"不挑食""不骂人"都属于学前儿童对自己外部行为的评价，而"不撒谎"则是学前儿童对自己内在品质——诚实的评价。只有少数大班学前儿童在自我评价中会涉及对内在品质的评价，但这仍处于过渡的中间状态，还不是真正地对自己的内在品质进行自我评价。由于学前儿童在认知上尚未获得守恒，无法理解"好孩子"是个包含多种维度的概念，所以在自我评价时自然会把"好孩子"等同于"不骂人"等。

当自我评价发展到对内在品质的评价时，如果问他们："你为什么是好孩子？"学前儿童会说："因为我很善良，我看到可怜的猫咪就会给它们一些食物，所以我是个好孩子。"其中，"我很善良"就属于对自己内在品质的评价。

（三）由主观情绪性的自我评价到客观的自我评价

学前儿童在自我评价和对他人评价时常常带有个人的主观情绪，而在自我评价中这种主观情绪更强烈。他们往往不是从事物的客观角度进行评价，而是以自己的情绪体验、情感好恶作为评价的依据。当有人问他们："你们班谁是好孩子？"他们会回答："明明。"当被问及原因时，他们回答："他很可爱，我喜欢跟他玩。"不过，随着年龄的增长，主观情绪性的自我评价会逐渐转化为客观的自我评价。

（四）由笼统的评价到具体、细致的评价

充足的词汇储备是学前儿童开展具体、细致的自我评价的前提。学前儿童的自我评价一开始往往是比较简单、笼统的，然后慢慢发展为具体、细致的。例如，学前儿童在一开始进行自我评价时往往说"我很棒""我很厉害"等，至于"如何棒""如何厉害"，则无法做出具体、细致的解释。

随着年龄的增长，学前儿童在评价自己时会变得具体，如"我能自己完成一个手工作品，所以我很棒""我做手工时遇到点儿小困难，没有胶水了，后来我借了其他小朋友的胶水，终于做好了，我觉得自己真的好棒"。可以看出，学前儿童在做自我评价时使用的论据越来越充分，其客观性也越来越强。

（五）由局部的自我评价到比较全面的自我评价

学前儿童的自我评价是一个逐步全面化的过程。在进入幼儿园中班前，学前儿童对自己的评价大多是局部的、片面的、零碎的，只是局限于能够表述自己的年龄、性别和名字，也有部分学前儿童能简单地说出一些自己会做的事情，如"我会跳舞"。

到了中班、大班以后，学前儿童的语言基础逐渐扎实，语言表达能力进一步提高，逐渐可以进行比较全面、整体的自我评价，如"我跳舞不好，但唱歌好听"。

四、学前儿童自我评价能力的培养

学前儿童自我评价能力在 3 岁时还不明显，在 4 岁左右开始萌芽，而 5 岁的大多数学前儿童已能进行自我评价了。学前儿童只有学会正确地评价自己，才能知道自己的长处和短处，找到适合自己的游戏和生活方式，扬长避短，自信地生活，进而得到他人的认同，发展良好的人际关系。

培养学前儿童自我评价要从以下 3 个方面着手。

（一）采用积极的评价方式，给予正面评价

学前儿童的自我评价有时依赖成人的评价，所以成人要多采用积极的评价方式，多给他们一些积极、正面的评价，使其接受自己，从而敢于尝试，充满自信。

（二）评价语言要具体、客观

运用具体、客观的评价语言，更有助于学前儿童理解，从而让他们在自我评价中掌握更客观的标准，最终形成稳定的自我评价标准。

（三）加强正面引导，鼓励学前儿童进行自我评价

父母或老师要在与学前儿童的日常沟通与交流中加强正面引导，了解他们的想法和做法，鼓励他们思考和评价自己，避免因不了解前因后果而造成错误判断和误解。

第三节　学前儿童自我体验的发展与教育

引导案例

午休的起床铃声响起来了，孩子们起床了，各自做着自己的事情。这时，乐乐走到王老师身边，不好意思地对老师说："王老师，我被子湿了。"看到他紧张的样子，王老师马上意识到，他可能是尿床了，但又不好意思对老师说。

王老师随他来到床前，看到被子湿了好大一片，便安慰道："被子湿了没关系，一会儿

我帮你把被子晾干就行了，你先去上洗手间吧！"过了一会儿，王老师悄悄地把他带到无人的消毒室里，帮他换上了干净的裤子，他腼腆地笑着说了一声："谢谢老师。"

　　学前儿童自我意识发展尚不完善，自我控制能力差，尿床现象时有发生。乐乐因尿床而产生羞愧的自我体验，不好意思说出口，故以"被子湿了"掩饰，王老师领会其意，没有说出尿床的真相，维护了他的自尊心。

　　自我体验是伴随自我认识而产生的内心体验，是自我意识在情感上的表现，即主我对客我所持有的一种态度。自我体验主要包括自尊、自信、自卑、自豪感、内疚感、自我欣赏等。自我体验在3岁的学前儿童中还不明显，发生转折的年龄在4岁，5—6岁的学前儿童大多已表现出自我体验。下面主要就自尊和自信两个方面展开论述。

一、学前儿童自尊的发展与教育

　　自尊即自我尊重，也就是对自我价值的积极认同。自尊作为一种与自信和进取以及有责任感、追求荣誉感密切联系的积极的个性品质，是促使一个人不断向上发展的原动力。学前儿童的自尊是指学前儿童依据社会（成人和同伴）的评价对自身的感受和认同，对自己有信心，认为自己有价值且重要，因而接纳自己、肯定自己和适当地控制自己。学前儿童的自尊感若得到满足，就会感到自信，肯定自我价值，从而产生积极的自我肯定。

（一）影响学前儿童自尊发展的主要因素

　　影响学前儿童自尊发展的主要因素如下。

1. 自身因素

　　学前儿童的自身因素对其自尊发展具有不可忽视的影响，这些因素主要包括学前儿童的性别、年龄、外貌等。例如，学前儿童对自己的外貌是否满意，自我感觉如何。

2. 家庭关系

　　如果家庭关系和谐、民主，学前儿童能够感受到父母的支持、关爱、尊重和帮助，就容易形成较高的自尊水平。得到父母的情感温暖和理解越多，学前儿童的自尊水平就越高。

3. 师生关系

　　融洽、和谐的师生关系，如幼儿教师对学前儿童的支持、关心、鼓励与期望会促进学前儿童自尊的发展。

4. 同伴关系

　　在同伴中拥有一定权威和地位的学前儿童，其自尊水平较高；对同伴的失败和痛苦具有同情心，对同伴的成功、喜悦感到高兴的学前儿童，其自尊水平也较高；对同伴具有攻击性和破坏性的学前儿童，其自尊水平较低。

5. 教养方式

　　民主型的教养方式有助于学前儿童形成较高的自尊水平，而专断型的教养方式则容易降低学前儿童的自尊水平。

6. 个体的成功或失败的体验

　　学前儿童经历过的成功或失败的体验会直接影响其对自身价值、能力等方面的评价和体验，从而影响其自尊水平。

（二）学前儿童自尊的发展特点

　　学前儿童自尊的发展特点如下。

1. 自尊感随年龄的增长而逐渐发展

学前儿童在 3 岁左右自尊感开始萌芽，例如，犯了错误会感到羞愧，怕别人嘲笑，不愿被人当众训斥等。随着学前儿童身体、智力、社会技能和自我评价能力的发展，其自尊感也会得到发展。

2. 自尊发展具有不稳定性

研究发现，3—8 岁儿童的自尊呈现显著的年龄差异，在 3—4 岁时呈上升趋势，在 4—7 岁时呈下降趋势，在 7—8 岁时又呈上升趋势。4 岁和 7 岁是两个关键年龄。

3. 自尊发展存在某些性别差异

3—6 岁儿童的自尊分为 3 个维度：重要感、自我胜任感和外表感。研究表明，该年龄段儿童的自尊整体发展存在较为明显的性别差异：从总体上来看，女孩的自尊发展水平显著高于男孩。

（三）学前儿童自尊的培养

在培养学前儿童自尊的过程中，幼儿教师要注意以下几点。

1. 增加学前儿童的成功体验

成功体验是学前儿童获得积极的自我评价的前提，对提高其自尊感具有举足轻重的作用。由于学前儿童年龄较小、心理脆弱，只有使他们获得较多的成功体验，并感受到成功后的喜悦，他们才能不断增加自信，增强自尊感；反之，挫败感会使他们的心灵遭受创伤，影响自尊感的培养。

在培养自尊的过程中，幼儿教师要能够依据"最近发展区"的原则，为学前儿童制定切实可行的目标及标准。例如，只要他们能够洗干净一双袜子，就可以算作成功。幼儿教师应结合实际情况，尽可能多地为学前儿童创造获得成功的机会。学前儿童的自尊培养是一个渐进的过程，在具体实践中，幼儿教师和家长对其制定的目标及标准要适当，要考虑其特点和认知水平，切忌好高骛远，把成功的标准定得太高。

2. 尊重学前儿童，对其充分信任

要尊重学前儿童，首先就要保护他们的各项权利。学前儿童开始形成自尊心时，会对自己做得不好的事情感到羞愧，并希望成人能尊重自己，为自己保守秘密。随着学前儿童生理和心理的进一步成熟，他们会越来越多地表现出独立的思想与行为。幼儿教师和家长要能敏锐地捕捉其思想与行为表现，承认他们现有的发展水平和能力，并给予充分的尊重和信任，加以正确的引导，鼓励他们在力所能及的范围内独立发展，为他们的独立发展创造条件。

3. 防止形成自负性格

自负是一种消极的心理品质，在培养和增强学前儿童自尊感的同时，幼儿教师要注意防止他们形成自负性格，应引导其树立集体观念，正视自己的能力素质，避免盲目自大。

二、学前儿童自信的发展与教育

自信是一种反映个体对自己是否有能力成功地完成某项活动的信任程度的心理特性，是一种积极、有效地表达自我价值、自我尊重、自我理解的意识特征和心理状态。自信能够促使学前儿童建构积极人格，成为健康、有智慧、不断超越自我的人；自信还能够促使学前儿童形成正确的世界观、人生观和价值观，是学前儿童终身发展的动力。

（一）自信的发展

研究表明，3—9 岁儿童的自信发展水平是随着年龄增长而不断发展变化的，呈非直线上升趋势。其中，3—4 岁是儿童自信发展最迅速的时期，4—5 岁和 5—6 岁儿童的自信发展均处于缓慢上升期，5—6 岁儿童自信发展的速度略快于 4—5 岁儿童。

（二）自信教育的原则

自信教育是指培养和发展学前儿童自信的教育过程，其目的是使学前儿童学会学习、做事、交往、做自己。

自信教育要遵循以下原则。

1. 平等性原则

平等对待每一位学前儿童，为每一位学前儿童提供同等的表现"我能行"的机会；建立平等的师幼关系，使学前儿童感到安全、平等，真正实现"人人自信，个个成才"的目标。

2. 差异性原则

承认学前儿童存在个体差异，对不同的学前儿童应采取不同的教育方法及评价尺度；要最大限度地发挥学前儿童的潜能，让每一位学前儿童达到不同的上限。

3. 激励性原则

保持对学前儿童的关注和赞赏，发现点滴进步即强化其相应的良好行为；运用"迁移"技巧促使学前儿童从某一方面的"我能行"迁移到其他方面的"我能行"。

4. 主体性原则

学前儿童是社会教育教学活动的主体，幼儿教师要尊重学前儿童，给予其参与、表现的机会与权利，让他们在参与中充分体验自我价值，树立信心，感到"我能行"。

5. 创造性原则

学前儿童在社会教育教学活动中拥有创造的权利，幼儿教师要给学前儿童留足创造的时间和空间，使其获得创造的体验，并从中获得鼓励与启示，在创造中发展并增加自信。

（三）学前儿童自信的培养

自信是进取的支柱，对学前儿童的健康成长和各种能力的发展都具有十分重要的意义，所以不管是家庭、幼儿园还是社会，都要注重培养学前儿童的自信。

1. 家庭是培养学前儿童自信的第一场所

一个人自信的产生与发展与其成长环境有直接的关系，尤其是家庭环境，它是学前儿童身心健康发展极其重要的条件。由于学前儿童成长的前期大部分时间是与家长相处的，家长的一言一行都在潜移默化地影响其心理，家长的教育方式直接影响其自信的形成。家庭教育类型不同，就会产生不同的教育结果，也会使学前儿童呈现不同的自信状态，如表 2-1 所示。

表 2-1　家庭教育类型与学前儿童的自信心状态

家庭教育类型	儿童的自信状态
专制型	最容易缺乏自信
溺爱型	往往盲目自信
放任型	行为不合大众要求，被他人忽视，严重缺乏自信
民主型	充满自信

2. 幼儿园是培养学前儿童自信的主要场所

3—6 岁的学前儿童大部分时间都在幼儿园。幼儿园阶段是一个人自信培养的黄金时期。幼儿教师要充分认识到自信教育的重要性，将自信教育内容列入学前儿童社会教育计划中，落实到行动上。幼儿教师要从整体上策划自信教育的实施方案，在课程、活动、教育评价、物质文化与精神文化的建设中与家长形成教育合力，促使学前儿童形成自信心，使其心理健康发展。

3. 社会是学前儿童自信发展的实践场所

在竞争日益激烈的当今社会，要增强学前儿童的竞争意识，培养其自尊心、自信心、上进心和耐挫力，这样才能使其适应社会的发展。幼儿教师要对学前儿童进行意志品格的教育和训练，使他们明白在成长的过程中难免会遇到挫折和困难，但只要持之以恒，总会获得成功。幼儿教师要正确引导学前儿童，帮助他们树立正确的竞争态度，使他们充分相信自己，学会放松，以从容、自如的心态应对各种竞争。

第四节　学前儿童自我控制的发展与教育

引导案例

在手工课上，琪琪看别的小朋友在剪纸，自己也很想剪，但由于不懂其中的技巧，手眼协调性较差，一剪就坏，于是放弃了剪纸。

形形和琪琪不一样，她一直坚持剪纸，不会就问别的小朋友："这个地方该怎么剪啊？"在与小朋友的讨论和实践中，形形很快掌握了剪纸的要领，剪出了自己满意的图形，积累了剪纸的经验，同时也收获了乐趣。

从幼儿阶段开始，儿童就表现出不同的自我控制能力，有的儿童坚持性强，自制力突出，做事情有条不紊；而有的儿童缺乏耐性，很难做好一件事情，总是出现问题行为。因此，在学前阶段培养儿童的自我控制能力具有重要的意义。

自我控制是自我意识的意志成分，主要表现为个人对自己的行为、活动和态度的监督与调控。进行自我控制，调节自己的行为，能够促进良好人际关系的建立和维持，使行为符合群体规范和社会道德要求。

一、学前儿童自我控制的概念

自我控制是指对优势反应的抑制和对劣势反应的唤起。优势反应是指对学前儿童具有直接、即时吸引力的事物或活动所引起的学前儿童想要获得该事物或参加该活动的冲动，劣势反应与此正好相反。

自我控制反映了学前儿童对自己行为、情绪的调节控制能力，是自我发展最直接的行为表现，主要体现在两个方面：一是对自己想做某事的冲动的抑制，即"我不能"，例如学前儿童对自己说"我不能吃手"；二是对自己本不想做的某件事的坚持，即"我必须"，例如学前儿童为了不长蛀牙，对自己说"我必须刷牙"。

学前儿童的自我控制主要表现为自制力、自觉性和坚持性。

（一）自制力

自制力是指学前儿童通过抑制短期的、直接的欲望而抑制冲动的能力。自制力的发展关键在于抑制冲动，它是学前儿童自我控制能力发展的基础。在幼儿园里，大班的学前儿童即使很喜欢别人的玩具，但如果别人不愿意分享，也能控制自己不去抢别人的玩具。

由于学前儿童抑制冲动的能力还达不到高度灵活、能够进行自我监督和调节的水平，他们的行为还缺乏思考，所以很容易冲动，例如，在与他人发生意见分歧时使用武力。在成长的过程中，学前儿童需要逐渐抑制冲动，学会控制自己，主要表现为对动作、认知活动、情绪情感的控制。

自制力的表现包括抗拒诱惑与延迟满足。

1. 抗拒诱惑

抗拒诱惑是指抑制自己，不去利用机会从事能够得到满足但被社会禁止的行为，它表现为在有人或没人在场的情况下都拒绝对其具有诱惑力但被社会禁止的行为。4 岁以前的学前儿童的抗拒诱惑能力与惩罚力度呈正相关，4 岁以后的学前儿童的抗拒诱惑能力则与说理水平关系密切。

2. 延迟满足

延迟满足是一种为了更长远且有价值的结果而放弃即时满足的自我控制能力，在学前儿童自我控制结构中居于高层次的地位。3—6 岁是学前儿童延迟满足迅猛发展的关键期，3 岁左右的学前儿童能够在短时间内延迟满足自己的需求，4—5 岁的学前儿童能够尝试用语言调控自己的行为并逐渐延长时间，5—6 岁的学前儿童能够有意识地调控自己的行为，自我控制语言也逐渐从外部语言过渡到内部语言，并且能够维持较长的时间。

（二）自觉性

自觉性是指学前儿童在无人监管的情况下，仍能提醒自己按成人的要求做。3—5 岁是学前儿童自觉性迅速发展的关键期。在这个时期，学前儿童根据外界要求调节自己行为的能力显著提高，例如，午饭过后，学前儿童自觉地躺在床上安静地睡觉。

（三）坚持性

坚持性是指在某种困难情境中，为了达到某一目的而坚持不懈的行为倾向。坚持性是自我控制的重要维度，是对自制力的深化和发展，并且和意志力明显相关。坚持性要求学前儿童不断地控制和调节自己的情绪和行为，以符合外界的要求。

二、学前儿童自我控制的表现类型

学前儿童并不是一出生就具备自我控制的能力，而是在生理不断成熟的条件下，借助成人的指导教育，通过与外界环境的不断交互发展各种心理能力，并逐渐克服冲动性，才逐渐学会控制自己的行为。

学前儿童的行为缺乏思考，其主要特点是具有冲动性。西方心理学家主要从对动作和运动的控制、认知活动的控制和情绪情感的控制等方面来研究学前儿童自我控制的表现类型。

（一）对动作和运动的控制

对机体自身动作和运动的控制是自我控制发展的第一步。另外，学前儿童自我控制能力的发展不仅包括对动作和运动的简单控制，还包括更进一步地根据需要调整自己的活动节奏和速度。相对来说，学前儿童可以快速地进行某种活动，但让其缓慢地进行某种活动就困难得多。随着年龄的增长，学前儿童对自己动作和运动的控制能力会不断增强。

（二）对认知活动的控制

卡根等人的研究将人划分为冲动型和熟虑型，其研究结果表明，冲动型的人会很快做出反应，但错误率很高，缺乏自我控制能力；熟虑型的人做出反应相对较慢，但错误率低，具有较好的自我控制能力。学前儿童自我控制能力的提高可以通过成人对其自我认知施加影响而实现。如果成人帮助学前儿童在自我认知上确信自己是正直诚实、有耐心、能够自律的个体，便可以促进其自我控制能力的发展。

（三）对情绪情感的控制

在对情绪情感的控制方面，延迟满足实验有着重要的影响。实验发现，对学前儿童来说，抵制眼前奖励的诱惑而有耐心地等待是相当困难的，而学龄期儿童延迟满足的能力则逐渐增强。10—12 岁的儿童能够轻易达到延迟满足的要求。

三、学前儿童自我控制能力的发展

大多数研究者认为，自我控制能力最早产生于婴儿出生后的 12—18 个月；也有一些研究者认为，自我控制能力最早可产生于婴儿 6—12 个月时，是伴随着注意机制的成熟而出现的。注意机制的成熟是自我控制能力发生与进一步发展的重要基础，从幼儿 12 个月大时维持注意的能力可以预测其 24 个月大时的自我控制水平。

学前儿童自我控制能力的产生必须具有一定的认知基础。

（1）学前儿童必须具有自主性，将自己视为独立的个体，这是学前儿童控制自己行为的基础。

（2）学前儿童必须具备一定的心理表征与记忆能力，能够将得到的指示或要求内化到自己的行为中。早期学前儿童自我控制的最典型表现是对母亲指示的服从和延迟满足。

（一）自我控制能力的发展过程

2—3 岁是幼儿自我控制形成和发展的重要时期。对 1 岁之前的婴儿下命令，学前儿童是不可能执行的，但随着年龄的增长，幼儿对自己行为的控制力，以及根据外界要求调节自己行为的能力都显著地提高。

在 2 岁左右，随着幼儿认知能力的提升，尤其是心理表征能力的发展，幼儿的自我控制能力也逐渐地发展起来。这时的幼儿能够在没有外界监督的情况下服从父母的要求，并根据他人的要求延缓自己的行为。

大约从 3 岁时开始，学前儿童逐渐获得了自我连续性和自我统一性的认识，开始把自己的行为与父母的要求联系起来。由于这些能力的发展，这时的学前儿童有可能根据自己的动机进行自我调节。

自我控制能力的发展过程如图 2-2 所示。

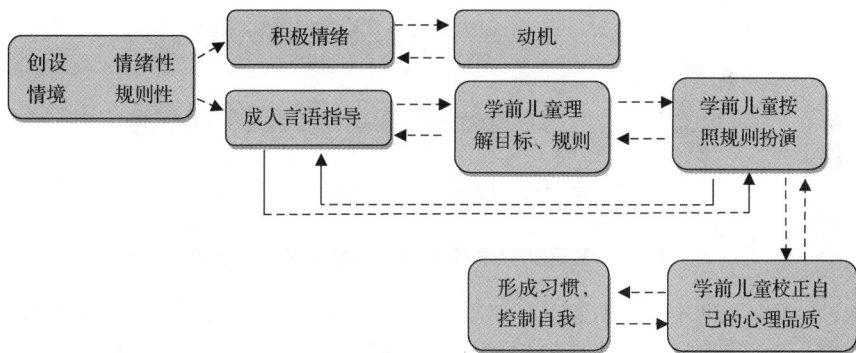

图 2-2　自我控制能力的发展过程

（二）自我控制程度

自我控制要有一个适宜的程度。学前儿童自我控制程度过低或过高都不利于其身心的健康成长。最适宜的自我控制程度被称为有弹性的自我控制。不同类型的自我控制程度具有不同的特点及表现，如表 2-2 所示。

表 2-2　不同类型的自我控制程度的特点及具体表现

不同类型的自我控制程度	特点	具体表现
自我控制程度过低	容易分心，无法延迟满足，易冲动，攻击性强	这类学前儿童在诱惑和心理欲望面前无法把控自己，例如，看到糖果就要立马吃到嘴里，不能等待，否则就会哭闹不止
自我控制程度过高	表现出很强的抑制性（极力抑制个体的需要和情绪表达）和一致性（与成人的要求保持统一）	这类学前儿童平时很少在幼儿园和家里惹麻烦，容易被成人忽视，容易焦虑、抑郁、不合群

续表

不同类型的自我控制程度	特点	具体表现
有弹性的自我控制	"管得住，放得开"，能随着环境的变化改变自我控制程度，具有很强的灵活性	面对诱惑和心理欲望，能够自我把控，也可以延迟满足，例如，知道糖吃多了对身体不好，能够按照家长的要求每次只吃一颗糖，不会因为家长控制吃糖的数量而哭闹

四、学前儿童自我控制能力的培养

大量研究表明，学前儿童早期的自我控制能力会对其成长过程中的身体健康水平、学业成绩、社会技能，乃至成年后的社会地位等产生重要影响。自我控制能力对学前儿童的发展具有举足轻重的作用，对其学业与事业成功与否的影响甚至超过了智力，因此培养学前儿童自我控制能力成为家长和教育工作者的一项重要任务。

培养学前儿童自我控制能力主要有以下几种策略。

（一）利用言语指导加强自我控制训练

利用言语指导对学前儿童进行自我控制训练，对其自我控制能力的发展有着重要作用，如图 2-3 所示。

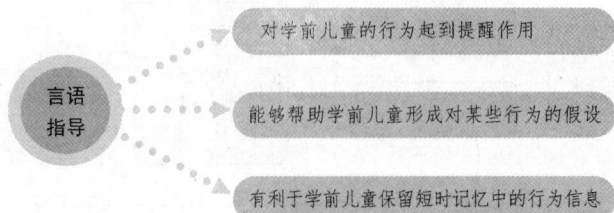

图 2-3　言语指导对学前儿童自我控制能力发展的作用

言语指导主要分为两类，一类是他人言语指导，另一类为自我言语指导。研究发现，他人对 4 岁以内的学前儿童给予明确且具体的言语指导，可以很好地促进其自我控制能力的发展，尤其在涉及身体运动方面。

除了来自他人的言语指导外，学前儿童自身的言语活动也可以促进其自我控制能力的发展，维持其在某一活动上的专注性和持久性。伴随语言能力的发展，学前儿童到 5 岁时就拥有对自我言语做出恰当反应的能力。针对这一年龄段的学前儿童，幼儿教师应鼓励并指导他们多用自我言语指导策略，如堆积木时不断复述"我要建高高的大房子"，这样可以有效地维持学前儿童在活动中的注意力，更好地提高其自我控制能力。

（二）提升学前儿童的延迟满足能力

提升延迟满足能力是发展学前儿童自我控制能力的重要组成部分。在日常生活中，当学前儿童提出某一要求时，成人不能立刻满足他们，而应等待一段时间再予以满足，让学前儿童因为等待而可能获得更大的利益，这使他们有机会学习忍耐，培养抵抗诱惑的能力。

延迟满足能力的培养在具体操作过程中如果成效不大，通常是因为成人忽略了以下两点。

1. 任务难度应适中

若任务难度过小，学前儿童的自我控制能力没有发展空间；若任务难度过大，学前儿童无论如何努力都无法获得成功，就会丧失信心。

2. 成人要兑现承诺

在学前儿童经过努力成功满足条件后，成人应言而有信地满足其要求，兑现承诺，否则学前儿童在付出努力后无法得到应有的回报，会严重地破坏其自我控制能力的发展，使其不再相信努力的意义，转而采取其他方式寻求满足。

（三）利用模仿榜样的作用

班杜拉的观察学习理论强调了社会模仿对儿童自我控制能力的影响，突出了榜样的作用。将社会能力较强的学前儿童与社会能力弱的学前儿童放在一起，社会能力弱的学前儿童会主动将社会能力强的学前儿童作为模仿对象，在日后类似的问题情境中表现出良好的社会行为。因此，成人要时刻以自己的良好言行做示范，使学前儿童的自我控制能力得到良好发展。

（四）给予爱抚和关怀，形成温暖、和谐的家庭氛围

缺乏自我控制能力的学前儿童会表现得任性、易激怒、爱发脾气、令人厌恶，很难得到父母的疼爱、拥抱，而这正是他们所需要的。因此，父母要多对学前儿童表示亲昵，给予其爱抚和关怀，充分满足他们的心理需求，这样做可以增进亲子感情，同时也有利于学前儿童自我控制能力的发展。

一开始要求学前儿童自己的事情自己做时，他们难免会在遇到困难时需要家长在一旁对其进行指导和鼓励。在温暖、和谐的家庭氛围中，学前儿童得到关注与爱，在控制自己的不良习惯和冲动的过程中会得到良好支持，他们在发展自我控制能力的过程中就会形成良好的自我效能感。

（五）利用各种游戏

学前儿童的活动以游戏为主，不同的游戏对其自我控制能力的训练也不同。操作性游戏，如穿珠等，训练学前儿童的小肌肉；娱乐性游戏突出的是情绪体验，有情节、角色、音乐伴奏等，使学前儿童在遵守规则的前提下学会控制自身的情绪；运动性游戏以锻炼学前儿童的大肌肉为主，让他们按照一定的情节及竞赛要求来进行，在走、跑、跳等基本动作中培养运动的灵活性；智力游戏可以培养学前儿童遵守规则的意识及抵抗诱惑、干扰的能力。

在情节生动的游戏活动中，假如幼儿教师让学前儿童担任一定的角色，调动其积极性，增强其责任感和自信心，鼓励其克服困难，那么他们的自我控制能力也会大大增强。

第五节　学前儿童性别角色的发展与教育

引导案例

轩轩上幼儿园后，发现了很多自己觉得非常好奇的问题，例如，"为什么男孩都站着小便，女孩却蹲着小便？""我是从哪里来的？""为什么我是男孩子？"等。妈妈却从不正面回答他的问题，总是敷衍过去。

有一次，妈妈带着轩轩在公园里玩，没过一会儿，轩轩急着要小便。妈妈为了照顾他，要把他带进女厕所，谁知道轩轩宁愿憋着也不愿进去，还嚷着说："我是男孩子，应该进男厕所！"妈妈只好请他人帮忙带轩轩去了男厕所。

不仅如此，随着年龄的增长，轩轩开始喜欢冒险、探索活动，他觉得男孩就要大胆、勇敢，他想成为"小小男子汉"。

性别角色是以性别为标准进行划分的一种社会角色，指特定社会对男性和女性社会成员所期待的适当行为的总和，决定着一个人的行为模式，是学前儿童自我意识发展的重要方面，也是学前儿童不断社会化的产物。

一、学前儿童性别角色意识发展的意义

学前儿童性别角色意识的发展是学前儿童自我意识和社会性发展的主要表现。由于性别的差异和社会文化的影响，学前儿童产生了不同的性别角色。学前儿童性别角色意识的发展在学前儿童发展过程中具有重要的意义与价值。

（一）性别角色意识的形成有助于促进学前儿童社会适应能力的发展

学前期是学前儿童性别角色意识形成的关键期，学前儿童在此阶段获得的关于性别角色的信息不仅会影响自身行为，还会影响其对同伴及他人的行为判断。学前儿童会依据其自身对性别角色的理解来加工社会信息，进而产生相应的社会行为。因此，学前儿童性别角色意识的形成对促进其社会适应能力的发展有着不可忽视的、直接的、持久的影响。

（二）正确的性别角色意识为学前儿童正确处理两性关系奠定坚实的健康人格基础

学前儿童树立正确的性别角色意识，可以为其健康人格的发展奠定坚实的基础。如果学前儿童在其性别角色意识形成的关键期未形成正确的性别角色意识，就会影响其成年后的人格发展。因此，正确的性别角色意识不仅关乎个体本身的身心健康，还会影响个体成年后对两性关系的正确处理。

二、学前儿童性别角色意识的发展阶段

研究者将学前儿童性别角色意识的发展分为 4 个阶段：基本性别意识阶段、性别认同阶段、性别稳定性阶段和性别恒常性阶段。学前儿童性别角色意识发展顺序取决于经验和智力的成熟程度，学前儿童之间可能存在年龄差异，但总体发展顺序不变，各阶段有时存在重合的部分。

（一）基本性别意识阶段

性别角色发展的第一阶段始于婴儿出生之际。婴儿从出生起就开始频繁地听到成人把自己描述为男孩或是女孩，经常听到具有性别标签的话题。0—18 个月的婴幼儿会把成人频繁的性别描述当成对自己认识的标签，尽管他们还无法顺利地表达，但他们能明白这些性别描述指向他们。

经研究发现，婴儿在 6 个月左右就能区分出男性声音和女性声音；8 个月时，正常的婴儿能够区分自己和他人，也能区分诸如大小、性别等。1 岁左右的幼儿能够区分男人和女人的照片，并初步将男人和女人的声音与照片匹配起来。

（二）性别认同阶段

性别认同即一个人根据身体结构和功能来确认自己是男性还是女性。2 岁的幼儿已经开始理解男性和女性的含义，开始将一些活动和性别相联系，能够认识到包括自己在内的所有人是男性还是女性，他们开始理解男性和女性的含义，开始知道一些活动和事物是同男性相联系的，另一些则是同女性相联系的。例如，短头发或系领带的是男性，而长头发或穿裙子的是女性。

到 2 岁半时，幼儿不但能正确回答自己的性别，还能区分其他人的性别，也知道自己与同性别的人更相似。但在这一阶段，他们还不知道性别是不可改变的，即时间、行为和外貌的改变都不能改变一个人的性别。例如，在这一年龄段的很多幼儿认为，如果他（她）想从事女孩（男孩）相关的活动，或如果他（她）穿女孩（男孩）的衣服，男孩（女孩）就能变成女孩（男孩）。到 3 岁时，学前儿童就能精确地说出自己的性别了。

（三）性别稳定性阶段

性别稳定性是指学前儿童对自己的性别认识不随年龄、情境等变化而改变。性别稳定性的发展依赖于学前儿童对其心理、个性特征的感知。

3—4岁的学前儿童对性别角色的认识逐渐增多，例如，能够了解在穿着、玩具偏好和同伴选择方面往往存在性别差异，他们也能接受与性别习惯不符的行为偏差，例如，男孩穿裙子，他们几乎不会认为这是违反了常规，这体现出自我中心性。

到了4—5岁，学前儿童表现出明显的性别刻板印象，他们不仅自己特别愿意遵守社会性别行为规范，还要求别人遵守。例如，学前儿童在观察并认识到不同职业的特征后，认为女孩就应当成为教师，男孩就应当成为警察，且在角色游戏中也按照这一规则来安排角色，不能容忍打破性别刻板印象的任何行为。

（四）性别恒常性阶段

性别恒常性即懂得人的性别不会随服饰、形象或者活动的变化而变化。柯尔伯格认为，性别恒常性是学前儿童性别认知发展中的一个重要里程碑。

近期的研究认为，大部分儿童在5—7岁时就能够达到性别恒常性阶段。他们认识到一个人的外貌或活动的变化与性别无关：女孩即使穿男孩的服装，仍然是女性；男孩即使留长发或对一些女孩的活动感兴趣，也仍然是男性。儿童的性别角色意识随着年龄不断增长，会逐渐从直接的、外在的性别特征向间接的、内在的性别特征转变。

学前儿童性别概念的发展阶段如表2-3所示。

表2-3　学前儿童性别概念的发展阶段

各阶段名称	年龄	特点	测验问题（举例）
基本性别意识阶段	0—18个月	初步认识成人给自己贴的性别标签	妈妈今天穿了漂亮的裙子，宝宝看看，好看吗？
性别认同阶段	18个月—3岁	正确把自己和他人认作男性或女性	你是男孩还是女孩？
性别稳定性阶段	3—5岁	理解人的性别一生保持不变（不用考虑个别现象，否则反而会影响学前儿童的认知）	你长大后当妈妈，还是当爸爸？
性别恒常性阶段	5—7岁	意识到性别不依赖于外表（如头发、服饰等）	如果男孩穿上女孩的衣服，他会是女孩吗？

三、学前儿童性别角色教育

学前儿童根据对身体特征、行为特点等的观察，建立起对自己性别的认识，准确地识别各种性别差异。对学前儿童进行正确的性别角色教育，有助于其形成科学、正确的性别认知，树立性别平等的观念。在学前儿童性别角色意识的发展中，幼儿教师和家长应当积极介入，担负起教育和引导的责任，共同为学前儿童营造适宜的成长环境。

（一）科学解释生命的起源

无论是幼儿教师还是家长，都要从科学的角度引导学前儿童认识生命的起源，明确男女的身体结构有什么不同，以及男女性别分别表现出怎样的个性特征，让学前儿童正确了解自己从哪里来，对自己的性别有正确的认知。

学前儿童从3岁开始逐渐形成性别角色意识，会对有关自己的来源及性别的问题产生好奇，例如，"妈妈，我是从哪里来的？""为什么我是女（男）孩子？"。在传统教育中，很多父母不直接回答学前儿童的问题，总是搪塞、回避或将问题推给其他人，如"你是从垃圾桶里捡来的""你去问爸爸"等，但这样会导致他们很失望或者对这类问题更加好奇。

成人应在学前儿童提问之前做好准备工作，了解胎儿孕育、生产等过程的专业知识，例如，精子和卵子相互结合成受精卵，即未来胎儿生长的基础。虽然学前儿童未必能够理解这些专业术语，但他们仍然非常感兴趣，当被问到这类问题时，成人不需要紧张和隐瞒，而是可以有选择地将生命起源的过程大致介绍给学前儿童。

（二）借助绘本教材等正面解释

关于生命起源的科学话题，用生物科学的语言讲解可能会显得有些晦涩，学前儿童未必能听懂。家长或幼儿教师可以借助生动形象的绘本教材，例如，用《我从哪里来》《我们的身体》等绘本来回答生命起源的问题。这些绘本以诗意的童话的方式给学前儿童讲述了人是怎么来的，以及一颗小小的受精卵发育成人的过程。

（三）正确认识男女身体构造

教育学前儿童正确认识男女身体构造，可以从以下两个方面着手。

1. 利用生物科学素材了解男女身体构造

幼儿教师可以带学前儿童去参观自然生物馆，认识男女身体构造，建立科学概念。幼儿园可以在科学区放置不同性别的塑料人体模型，开展科学探索活动，让学前儿童观察和游戏。幼儿教师可以开展主题课程，将性别教育与绘画、音乐等结合，让学前儿童从中获得对身体构造的感知。

2. 在日常生活中树立性别榜样

家长可以把对男女身体不同构造的教育融入生活中，让学前儿童认识到性别差异是正常的，并从中找到自己的性别榜样。例如，家长给学前儿童洗澡时，可以向学前儿童讲述男女身体构造的不同。

对男孩来说，最好的性别榜样便是生活中的真实男性形象。他们通过与父亲、叔伯、哥哥、男性教师等人的互动，或与同性伙伴的游戏过程，了解男性的性别特征、性格特点、行为方式，掌握与他人合适的交往距离。

对女孩来说，最好的性别榜样便是生活中的真实女性形象。她们通过与母亲、姑嫂、姨母、姐姐、女性教师等人的互动，了解女性的性别特征、性格特点、行为方式，从中获得承担、友爱、包容和细致等良好的性格品质。

四、学前儿童性心理和行为问题的应对策略

学前儿童认识性别差异的途径之一是认识自己的身体。著名的精神分析心理学家弗洛伊德发现，学前儿童在不同的年龄阶段会表现出不同的性心理和行为。学前儿童主要通过观察、接触和控制自己身体部位探索自我性别，认识两性差异，从而满足成长的需要。针对学前儿童出现的性心理和行为问题，成人可以采取以下应对策略。

（一）接纳和认可婴儿的口唇期活动

成人应该接纳和认可婴儿的口唇期活动，对婴儿的吸吮动作不过多限制。每个人都会经历把手指放在嘴里吮吸，从吮吸中获得快感的过程。当婴儿需要吮吸手指时，成人要保证婴儿手部卫生，或提供洁净的硅胶玩具供婴儿吮吸。婴儿可能会把任何物品放在嘴里，这是婴儿探索和认知世界的主要方式，他们通过抓、摸、咬等感知觉确认物品的质感、味道等。

（二）系统训练学前儿童排便

成人应循序渐进地训练学前儿童排便，从学前儿童 2 岁起便可以开始对其进行系统的排便训练，从刚开始训练到能够自主排便需要 2 年左右的时间。在训练中，成人应该为学前儿童提供适合排便

的衣物和器具，观察学前儿童排便的行为特征和时间规律，定时敦促学前儿童如厕，对其成功的排便行为予以鼓励，对其失败的排便行为予以理解和尊重。

（三）树立科学的性别教育观念

成人应树立科学的性别教育观念，引导学前儿童了解身体结构与性别的不同，用健康、正面的态度来看待身体部位，接纳自己对身体的每一种感受和认知。在幼儿园一日生活中，幼儿教师应适当增加学前儿童解决问题的机会，转移学前儿童对性器官的注意力，这样触碰自己性器官的现象便会随学前儿童的成长而逐渐自然消退。

（四）在教育活动中"因性施教"

在组织学习、生活、游戏运动等各种教育活动时，幼儿教师要根据不同性别学前儿童的心理差异进行教育，例如，特别注意培养男孩的自控能力、耐心细致和同情心等品质，培养女孩的自主性、独立性和创造性等品质。慎重选择学前儿童教材和学前儿童读物，建立平衡、多元的男女性别形象，尽量使学前儿童教材和学前儿童读物反映出的性别角色，特别是女性的职业多样化和变通化，尽量避免明显的性别化倾向和性别角色刻板化。

（五）发挥社会教育与大众传播媒介的交互作用

从事媒介传播的工作者应当了解和认同社会性别公平理念，了解男女学前儿童性别差异的特点和影响因素，在媒介传播中降低两性之间的偏差，并通过电视、报纸、广播等各种传媒工具向学前儿童传播正确的性别角色知识，进行合理的性别教育。借助大众传播媒介这种具有特殊功能的媒介物，促进整个社会从社会性别视角、学前儿童权利的角度看问题，可以助推实现男女两性在社会进程中和谐发展的目的。

第六节　学前儿童自我意识教育活动指导

引导案例

> 今天胡老师给小朋友们带来了《我变成一只喷火龙了》的绘本故事。胡老师依据绘本中的图画，引导小朋友们说一说图画中发生了什么，帮助小朋友们从图画和配色中感受小怪兽的情绪变化和生气带来的坏处。
>
> 在这个故事中，一只原本普通的小怪兽，因为经常生气变成了一只喷火龙，胡老师引导大家讨论："小朋友们有没有很生气的时候？那在生气的时候怎样才能'灭火'呢？小朋友们帮忙出出主意吧。"胡老师启发小朋友们想一想解决问题、控制情绪的办法。
>
> 讨论结束后，胡老师还组织大家玩了角色扮演的游戏，让小朋友们体验控制情绪的方法和好情绪带来的美好感受。通过不断地熏陶与感染，胡老师教育小朋友们无论遇到什么事情都要控制好自己的情绪。

幼儿教师应依据所学知识，掌握学前儿童自我意识教育活动设计的要点与方法，有针对性地设计与实施学前儿童自我意识教育活动。

一、学前儿童自我意识教育活动的设计要点

幼儿教师在设计学前儿童自我意识教育活动时应注意以下几点。

（一）细化活动目标，使其符合学前儿童自我意识发展水平

首先，学前儿童的自我意识发展是整体的发展，在进行教育活动设计时应首先考虑学前儿童自我发展的年龄特征和阶段性发展需要，在确定有关自我发展教育的目标时必须先符合该阶段学前儿童的总体发展需要。

其次，《纲要》《规程》《指南》都明确了学前儿童个性品质的总的发展目标，因而在设计具体的自我意识发展教育活动时就要将总的发展目标进行分解和细化，使其在具体的教育活动中能够落地，具有一定的实操性。幼儿教师可以根据学前儿童的自我意识发展水平和活动主题进一步将活动目标细化、具体化。

（二）依据学前儿童需要，设计自我发展的教育内容

自我意识的教育内容大多具有主观体验性的特征，例如，自尊、自信、勇敢、坚韧等既是学前儿童需要培养的良好品质，又属于自我观念。因此，在设计关于自我意识的教育内容时，幼儿教师要根据学前儿童的需要，灵活、有针对性地选择适合学前儿童的教育内容。

例如，对刚入园的小班学前儿童，帮助其树立"自己的事情自己做"的观念，养成学前儿童的独立意识；对中班、大班的学前儿童，引导其挑战有一定难度的任务，并关注学前儿童在活动中的兴趣倾向、做事态度、完成程度等。另外，对不同性格与气质类型的学前儿童，在教育内容上最好也要有所区分，以获得更好的教育效果。

（三）鼓励学前儿童自主决定，主动完成各项任务

自我发展具有很强的主观能动性，需要学前儿童全身心地投入活动。学前儿童通过积极主动地与他人交往以及动手、动脑、动嘴等多种途径进行观察、思考、体验，展现自己的方方面面。幼儿教师在活动过程中应当让学前儿童真正地活跃起来，尽情地参与和享受活动过程。无论幼儿教师设计怎样的自我发展活动，学前儿童都应是活动的主体，他们可以自己进行选择、判断，主动体验、操作和实践，自主、自觉地获得关于自我的经验和认识，提升自身能力。

（四）适时给予积极评价，增强学前儿童的自尊心和自信心

学前儿童在活动中发展自我评价能力，很多时候需要幼儿教师的帮助。在教育实践场景中，部分幼儿教师有时候会给予发展好、表现好的学前儿童多一些表现机会和鼓励，对一些淘气顽皮或者内向腼腆的学前儿童的关注会相对少一些。幼儿教师要遵循机会均等的原则，公平、公正地对待每一位学前儿童。

同一年龄阶段、同一班级里，每位学前儿童的发展速度不同，发展水平也不同，但有一点是相同的，那就是每一位学前儿童都应当获得幼儿教师的肯定和鼓励，尤其是对自我评价能力较弱的学前儿童更需要幼儿教师及时鼓励和表扬。幼儿教师应多给予这部分学前儿童正向评价，重视他们表现出来的想法和愿望，注意保护和增强他们的自尊心和自信心，使他们能够切实感受到自己是被人尊重的。

二、学前儿童自我意识教育活动设计案例

幼儿教师应针对不同年龄阶段的学前儿童设计并实施自我意识教育活动。

（一）中班幼儿——"我很能干"

活动导入：很多幼儿不知道如何分类整理自己的衣服、玩具、图书等，无论是在家里，还是在幼儿园，幼儿的物品经常乱成一团。为了培养幼儿良好的生活习惯，教师引导幼儿亲自操作、体验，完成一些力所能及的事情，并享受完成任务后的快乐，增强幼儿的自信心。

1．活动目标

（1）积极参与活动，体验自己动手完成一件事情的快乐。

（2）通过体验、操作，独立、自信地完成一些力所能及的事情。

（3）跟同伴一起学习用合适的方法整理活动室。

2．活动准备

场景设置：散乱的衣服、图书、玩具，胡乱摆放的桌椅，等等。

3．活动过程

（1）教师引导幼儿观察活动室并讨论。

教师：我们的活动室这么乱，该怎么办呢？

幼儿讨论后，教师引导幼儿进行分工：衣服组、玩具组、图书组、家具组。

（2）幼儿自由选择分组，对活动室进行整理。

① 教师：小朋友们一起动手，让我们的活动室变得更整洁吧！你们可以任选一项你们认为自己能做得好的工作，然后跟伙伴们一起开始整理吧！

② 幼儿整理，教师观察、指导。

③ 教师重点指导，提醒处理同一项工作的幼儿要协调合作，并对收拾有序的小组给予及时肯定。

④ 教师引导幼儿比较哪一组整理得最好，并说出为什么。

（3）带领幼儿参观整理后的活动室，体验成功的喜悦。

教师：你们觉得我们的活动室现在怎么样？是不是变得非常整洁？你们有什么样的感受？这是我们自己的劳动成果，为自己鼓鼓掌吧！

（4）拓展话题讨论

除了今天做的事情，你们还会做哪些事情呢？还有哪些事情你们可以学着做，让自己变得更能干呢？

4．活动延伸

（1）在区域活动中，引导幼儿制作主题为"成长的我"的画册，通过身高、体重的变化感受自己成长的变化；通过记录会做的事情的数量，开展评比活动，鼓励幼儿学做更多的事情。

（2）家园共育：家长在家里鼓励幼儿做力所能及的事情，并为他们提供做事的机会。

5．活动评价

为每位幼儿提供表现自己长处和获得成功的机会，增强其自尊心和自信心，是对全社会领域的要求。自我服务能力增强的中班幼儿可以通过与同伴合作的方式完成力所能及的事情，体验为同伴和集体服务的成就感。这样的方式有助于他们培养自信心和独立性，对他们的社会性发展起到积极作用。

（二）中班幼儿——"我喜欢我自己"

活动导入：很多幼儿对自我概念不清晰，不了解自己，不清楚自己有哪些优点和缺点，不能对自己做出正确的评价，经常出现胆小、畏惧、不敢表现自己或盲目骄傲自大等情况。幼儿教师可以通过教育活动，引导幼儿正确认识自己，使幼儿知道自己既有优点也有缺点，尝试正确评价自己。

1．活动目标

（1）发现自己的长处，能在集体面前大胆地表现自己。

（2）体验喜爱自己的情感，初步树立自信心。

（3）知道自己既有优点也有缺点，全面认识自己，既不骄傲，也不自卑。

（4）尝试正确评价自己和他人。

（5）愿意参与活动，乐于探索和交流。

2. 活动准备

（1）经验准备：事先开展"我的本领大""特别的我"等活动，让幼儿通过谈话、才艺展示等树立自信心。

（2）物质准备：绘本《我喜欢自己》，体现故事内容的桌面教具、铃鼓、大红花，以及各种有特点的人物或动物图片，班内幼儿的照片等。

3. 活动过程

（1）提出问题，导入活动。

小朋友们，你们喜欢自己吗？为什么呢？今天我们班上来了一些小动物，其中一只有着绿绿的衣裳、大大的眼睛，还会做游戏、捉害虫，它是谁呢？（出示小青蛙的图片）小青蛙身体虽小，但本领不小。我们先听听故事中的小动物们是怎么回答这个问题的。故事的名字叫"我喜欢我自己"。

（教师边操作桌面教具，边绘声绘色地讲述故事，幼儿安静欣赏，积极思考）

（2）回顾故事内容，体验小动物们喜爱自己的情感。

教师：故事里的小青蛙、大雁、大象、鹦鹉都喜欢谁啊？

小朋友们：他们喜欢自己。

教师：小青蛙为什么喜欢自己？

小朋友们：小青蛙觉得自己很美，还是农民伯伯的好帮手。

教师：大雁为什么喜欢自己？

小朋友们：大雁很守纪律，在天空中排着整齐的队伍，就和小朋友们出去玩的时候一样。

教师：大象为什么喜欢自己？

小朋友们：大象的长鼻子本领可真大，它们还特别乐于帮助别人。

教师：鹦鹉为什么喜欢自己？

小朋友们：鹦鹉喜欢自己是因为它们爱学习，学习起来很认真。

教师：小动物们都很喜欢自己，因为它们各有各的长处，各有各的本领。

（3）讲述喜欢自己的理由，表达喜欢自己的情感。

① 教师示范表达喜欢自己的情感：老师也很喜欢自己，我不仅会……还会……（现场表演自己的才艺）

② 幼儿表达喜欢自己的情感。幼儿分组，在小组内自由地向同伴讲述喜欢自己的理由。

③ 玩游戏"击鼓传花"。玩法：幼儿随着鼓声传递大红花，鼓声停时，谁拿到大红花就请谁在集体面前展示自我，如背诵古诗、唱儿歌、讲故事、展示绘画作品等，教师引导幼儿给予同伴适宜的评价。

4. 活动延伸

（1）评价其他幼儿。教师与幼儿做游戏，拿一张幼儿的照片，让其他幼儿猜猜这是谁，说说他有哪些特点。

（2）介绍自己，请同伴玩打电话的游戏，可以和家人或其他小朋友一起玩，打电话介绍自己，简述打电话的内容与目的。

（3）鼓励幼儿大胆地向父母或他人表达喜爱自己的情感。

5. 活动评价

自我认识的基础是自我观察，幼儿首先需要对自己有所感知，充分地观察自己，才能对自己进行分析、总结，发现自己的优点。幼儿教师要引导幼儿充分挖掘自己的特点，促使幼儿意识到自己有特别的地方，如优秀的品质、出彩的才艺特长等，引导幼儿全面认识自己，充分表达喜爱自己的情感。

（三）大班幼儿——"我长大了"

活动导入：很多幼儿依赖性很强，独立性较差，对于有些本该自己独立完成的事情却让家人或老师帮忙，如整理书包、收拾书桌等；还有些幼儿由于家长过于溺爱，养成他们不懂得感恩、常以自我为中心的个性。大班幼儿马上就要步入小学了，为培养其独立性，激发其热爱生活、感恩父母、关心他人的情感，幼儿教师可以设计"我长大了"自我发展教育活动，教导幼儿遵守纪律、懂规则，学会控制自己的情绪，懂得尊重、关心、爱护、体谅他人，并增强幼儿的自信心，帮助其形成积极对待事情的态度。

1. 活动目标

（1）体验长大了的自豪感，能自由选择活动形式，将"我"长大了的画面表现出来。

（2）培养动手操作能力，并发挥想象力、创造力。

（3）通过活动明白长大了的意义。

（4）培养不怕困难的意志品质，体验长大了的乐趣。

（5）激发热爱生活的情感，懂得感恩父母、关心他人。

2. 活动准备

（1）幼儿小时候的照片、衣物、鞋子等。

（2）"人的成长过程"的相关视频、图片，卡片纸、彩笔、彩纸、剪刀、胶水等美工材料与工具若干，幼儿小时候的视频资料或小班、中班时在园的视频资料。

（3）音乐、音响等。

3. 活动过程

（1）让幼儿听音乐，做律动。

① 让幼儿观察活动室的环境。

② 教师：小朋友们发现了什么？（小时候的衣服、鞋子等）看看这些你们还能穿吗？

（2）引导幼儿了解自己的成长过程。

① 通过观察比较，幼儿获得了最直接的体验，并在交流过程中增进了对自己和他人的了解；将幼儿分组，让他们分享并进一步深化自己获得的经验，通过制作、绘画、排序的形式表达自己对成长的理解与期盼，体验成长的快乐。

教师：小时候的衣服、鞋子你们现在都穿不进去了，这是为什么？长大后你们都学会了哪些本领？你们学会自己的事情自己做了吗？是谁辛苦把你们养大的？应该怎样对待他们？

小朋友们："学会了自己穿衣服""学会了自己吃饭""学会了自己梳头发"等。

② 自由探索（观察小时候的照片和用品等）。根据幼儿好奇、好动的特点，让幼儿猜猜照片上的人是谁，一起讨论他们为什么猜不出来，从而发现成长的变化。让幼儿看一看、试一试、比一比，真实地感受自己长大了，引导幼儿从更多方面有目的地进行比较。

③ 观看视频资料，积累经验。幼儿对自己是从哪里来的、是怎样长大的充满了好奇。让幼儿观看视频资料，把幼儿带到神秘的生命起源时刻，让他们深深地感受妈妈怀孕的辛苦、父母养育的艰辛，增进他们对父母的感情。

幼儿自由讨论交流，知道自己是从婴儿长大的，现在已经是大班的哥哥、姐姐了；自己能做的事情应该自己做；爸爸妈妈辛苦地把自己养大，自己要懂得感恩。

（3）交流体验。引导幼儿回忆往年趣事，让幼儿讲述自己对小时候记忆深刻的事情，鼓励幼儿积极参与，与同伴交流、分享自己成长的快乐。

（4）为了让幼儿进一步感受自己的成长、了解成长的过程，让幼儿分组操作、自主选择。一组幼儿制作"成长变化图"，即我小时候的样子——我现在的样子——我将来会变成的样子，请幼儿通过绘画来表现自己的成长过程。一组幼儿对图片进行排序，请幼儿给表现自己的成长过程的图片排序，了解自己是怎样变化的，掌握成长规律。一组幼儿在卡片上画出一件自己会做的事情，然后将其贴在指定的地方，比比谁会做的事情更多。

（5）相互欣赏和介绍作品，结束活动。

4. 活动延伸

（1）引导幼儿讨论并分享长大了想干什么、想成为怎样的人，并进行角色扮演游戏，引导幼儿树立远大的理想。

（2）为幼儿播放音乐《我长大了》，引导幼儿感受成长的自豪与快乐。

（3）告诉幼儿，长大不仅包括身体长高了、体重增加了，还包括掌握了更多的本领、学到了更多的知识、自己的事情要自己做、爱自己的家人、关心同伴和老师等。

（四）大班幼儿——"我可以"

活动导入：有些幼儿遇到困难时不能很好地控制自己的情绪，经常会哭闹。幼儿教师针对此类情况，设计社会教育活动"我可以"，使幼儿了解情绪是可以自我控制和调节的，让幼儿明白愉快的心情有益于身体健康，让幼儿学会几种调节情绪的简单方法。

1. 活动目标

（1）了解情绪是可以自我控制和调节的。

（2）学习几种调节情绪的简单方法，有意识地让自己保持较好的心情。

（3）学会保持愉快的心情，培养热爱生活、快乐生活的良好情绪。

（4）学习控制自己的情绪，在难过或疼痛时不哭。

（5）知道心情愉快有益于身体健康。

2. 活动准备

代表喜、怒、哀、乐的面具及不同表情的图片等。

3. 活动过程

（1）谈话导入

教师：小朋友们，你们看看，觉得老师现在的心情怎么样？（做出生气的表情）现在老师的心情看起来又怎么样了？（教师微笑）你们是怎么知道的呢？

小结：幼儿可通过观察老师脸上的表情来了解老师的心情。

（2）出示面具及不同表情的图片，让幼儿做出相应的表情。

① 让幼儿看着面具或表情图片做表情。

教师：我展示一种表情图片，请你们学做上面的表情，比比谁学得最像。

② 请幼儿分别说出各种表情都是由于什么心情引发的。

教师：当我们出现笑的表情时，说明我们的心情是怎样的？

小结：当我们出现笑的表情的时候，说明我们心情愉快、特别开心。

（3）讨论当遇到不开心的事情时，心情是怎样的。

教师创设情境：假如你非常心爱的玩具被别人抢走了，你的心情是怎样的？假如你画的画被别人撕坏了，你的心情是怎样的？

小结：生活中，我们每个人都会遇到一些不开心的事情。当我们遇到不开心的事情时，我们该怎么办呢？我们要学会调节自己的情绪。

（4）通过讨论，了解调节情绪的简单方法。

① 引导幼儿讨论。

教师：什么方法可以帮助我们把不愉快的心情快一点赶跑，让自己高兴、快乐起来呢？（可以

用转移法，例如做一件你喜欢的事情，让自己高兴起来）

② 引导幼儿说说做哪些事情可以让自己高兴、快乐起来。（例如，外出旅游、听音乐、看好看的图书、玩玩具、看喜欢的动画片等）

小结：当我们感到不开心的时候，我们可以去做其他自己喜欢的事情，让自己高兴起来。

（5）请幼儿听音乐、玩好玩的玩具。

教师：你们听听，有什么声音？这里有很多好玩的玩具，请小朋友们来玩吧！小朋友们感觉怎么样？（引导幼儿说出自己的心情）

小结：平时当我们不开心的时候，要尽快让自己心情变好、高兴起来，我们要保持快乐的心情，因为大家都喜欢和快乐的人交朋友。

4. 活动延伸

（1）播放视频《米卡和妞妞的故事》，让幼儿知道在遇到困难时要开动脑筋想办法解决困难，因为办法总比困难多，要相信自己一定行，鼓励幼儿在生活中勇敢面对困难、积极地想办法去解决困难、获得成功。引导幼儿用灿烂的笑容和洪亮的声音说出："相信自己，我可以！"

（2）播放歌曲《相信自己》。让"自信"这一主题贯穿整个活动，让幼儿成长为自信满满、阳光灿烂的人。

5. 活动评价

自信是成功的基石，是一个人对自身力量的充分认识和估计，是一种良好的心理品质。幼儿自信是学前儿童社会性发展的一个重要方面，通过社会教育活动能有效促进幼儿自信心的培养和良好个性品质的形成。

4—5 岁幼儿要知道自己的事情自己做，要敢于尝试有一定难度的活动和任务；5—6 岁的幼儿遇到困难时要能够坚持而不轻易求助。在设计教育活动时要针对以上目标实施。

此活动通过多种形式帮助幼儿树立自信，从心理学的角度来说是一种心理暗示与强化，但要真正培养幼儿自信还需要创设各种机会帮助幼儿获取成功体验，在日常生活中关注幼儿遇到的困难并适时引导，这样才能让其真正拥有阳光的心态，收获自信。

实战训练

请同学们以时间为主题，如"一分钟"，设计学前儿童自我意识发展的教育活动，目的是让学前儿童懂得时间的价值，树立时间观念，知道抓紧时间、珍惜时间，为步入小学做好准备。要求活动设计完整，符合大班学前儿童的发展特点，富有趣味性、启发性，能够促进学前儿童自我意识的发展。

课后习题

一、选择题

1. 自我认知的教育内容包括（   ）等方面的教育活动。

    A. 自我观察、自我检查、自我监督

    B. 自我分析、自尊、自信

    C. 自我观察、自我分析、自我评价

    D. 自我观察、自我分析、自我调控

2. （   ）作为自我认知中基础的部分，表明了个体对自己的看法和态度。

    A. 自我概念   B. 自我评价   C. 自我观察   D. 自我分析

3. （　　）是学前儿童获得积极的自我评价的前提，对提高其自尊感具有举足轻重的作用。

　　　A. 失败体验　　　B. 情感体验　　　C. 安全体验　　　D. 成功体验

4. （　　）即一个人根据身体结构和功能来确认自己是男性还是女性。

　　　A. 角色认同　　　B. 性别认同　　　C. 职业认同　　　D. 身份认同

5. 关于学前儿童自尊的发展特点，下列描述不正确的是（　　）。

　　　A. 自尊发展存在某些性别差异　　　B. 自尊发展具有稳定性

　　　C. 自尊感随年龄的增长而逐渐发展　　　D. 自尊发展受亲子关系的影响

二、判断题

1. 自信是一种积极、有效地表达自我价值、自我尊重、自我理解的意识特征和心理状态。（　　）

2. 提高延迟满足能力是发展学前儿童自我控制能力的重要组成部分。（　　）

3. 近期的研究表明，大部分学前儿童在 4—5 岁时就能够达到性别恒常性阶段。（　　）

4. 成人在面对学前儿童提出的有关性别问题时应尽量回避或巧妙绕开。（　　）

5. 幼儿教师在设计实施学前儿童自我发展教育活动时应始终坚持自己是主体、学前儿童是教育对象的原则。（　　）

三、简答题

1. 简述学前儿童自我控制的表现类型。

2. 简述学前儿童性别角色意识的发展阶段。

3. 简述学前儿童自我意识教育活动的设计要点。

03

第三章

学前儿童社会认知发展与
社会行为规范教育

知识目标

> ➢ 了解学前儿童社会认知的发展。
> ➢ 掌握学前儿童社会认知教育的内容、基本要求和实施方法。
> ➢ 了解学前儿童社会行为规范。
> ➢ 掌握学前儿童幼儿园集体规范教育的实施方法。
> ➢ 掌握学前儿童公共规范教育的实施方法。

能力目标

> ➢ 能够设计并实施学前儿童社会认知教育活动。
> ➢ 能够设计并实施学前儿童幼儿园集体规范教育活动。
> ➢ 能够设计并实施学前儿童公共规范教育活动。

素养目标

> ➢ 爱岗敬业，积极探索教育教学规律，提升自身专业能力。
> ➢ 树立高尚的道德情操和精神追求，成为幼儿成长的指导者和引路人。
> ➢ 举止得体，言行文明，成为幼儿学习的榜样和示范者。

学前儿童对周围世界的认识与成人不同，他们有着自己特定的思路与逻辑结构，而这正是需要成人去探索和了解的学前儿童的社会认知。成人只有了解学前儿童的心理世界与社会认知发展的特点，才能更好地理解学前儿童的所思所想，然后根据他们的需要有针对性地设计并实施社会行为规范教育活动，从而规范他们的社会行为，培养他们的良好品质。

第一节　学前儿童社会认知的发展

引导案例

中（1）班幼儿正在上美术课，班上的琪琪正在画一只大熊，她需要一支棕色笔，而棕色笔在菲菲手里，于是琪琪伸手去抢，菲菲不给，说："我还没用完呢！"

琪琪没抢到，于是她温和地对菲菲说："对不起，我在画一只大熊，我能借用你的棕色笔吗？"菲菲没有借给琪琪，琪琪用很低的声音说："我就画一下，用完了马上还你，好不好？"菲菲点了点头，琪琪拿到了棕色笔，开心地画了起来。

琪琪在与同伴交往的过程中，习得不是自己的东西不能随便拿来就用的经验，懂得借用东西需要征得同伴的同意的道理，这本身就是对同伴关系的认知。

认知是人认识外界事物的过程，或是对作用于人的感觉器官的外界事物进行信息加工的过程。认知的对象包括物理世界、社会世界和精神世界三大部分。目前，发展心理学研究者大多把社会认知发展作为一个相对独立于认知发展的概念提出来，并对这一领域进行相对独立的研究。

一、认识学前儿童社会认知

社会认知是指人对社会性客体及其之间关系（包括人、人际关系、社会群体、社会角色、社会规则和社会生活事件）的认知，以及这种认知与人的社会行为之间关系的理解和推断。

对学前儿童来说，社会认知是指他们对社会性客体（爸爸、妈妈、老师等）及其之间关系（如父子关系、母子关系、师生关系）的认知，以及这种认知与他们的社会行为之间的理解和推断（例如，我生病了，父母会很着急，因为父母很爱我等）。

3—6 岁学前儿童社会认知的分类如表 3-1 所示。

表 3-1 3—6 岁学前儿童社会认知的分类

类别	说明
关于人际关系的认知	对与父母长辈的关系、同伴关系和周围人的关系的认知
关于社会环境的认知	认识周围的世界，主要包括对家庭、幼儿园、社区、家乡、民族和国家，以及其他国家和地区的认知
关于社会角色的认知	对学前儿童来说，主要教育他们获得对自己和他人在不同的社会环境中所担任的不同角色及社会上不同职业人群的认知
关于社会规则的认知	社会规则是每个社会成员都必须理解与遵守的规范，是个体选择社会行为的工具。学前儿童是未来社会的主人，必须了解社会规则，并养成遵守社会规则的行为习惯

二、学前儿童社会认知的发展过程

在社会认知发展过程中，学前儿童通过感受识别来熟悉与认识环境，通过探索操作来验证之前的经验并积累新经验，最终将其应用到生活和学习中，进入能动适应阶段。

学前儿童社会认知的发展过程主要分为以下 3 个阶段。

（一）感受识别

感受识别是学前儿童进入一个新环境或首次接触某个事物时，通过感知觉器官和身体运动来试探、认知、识别的阶段。这个阶段的主要任务就是熟悉和认识环境。

（二）探索操作

学前儿童在熟悉和认识环境后，便开始尝试凭借最初的认知经验接触环境，通过行动来验证最初感受识别阶段的经验，积累新的经验，探索环境内在的规律和特点，为进入第三阶段创造条件。

（三）能动适应

在熟悉且掌握了某些基本规律以后，学前儿童开始发挥自己的能动性，改变自己的被动状态。对刚入园的学前儿童来说，熟悉幼儿园的一日生活的全过程便是其能动适应的表现。

由以上 3 个阶段可以看出，学前儿童通过感性经验的积累，开始逐步熟悉或认知某一个环境或某一个对象。感受识别阶段实际上是学前儿童进入环境的初始阶段。

在探索操作阶段，初入园的学前儿童认识到，教室里的物品是给他们使用的；经过入园后的几天生活他们会发现，并不是任何时候都可以使用教室里的物品，必须在教师允许的情况下才能使用。

熟悉幼儿园一日生活的全过程便是学前儿童能动适应的表现，例如，知道什么时候该做什么，从而提前做好准备；知道想要得到小红花和教师的表扬，就要听教师的话，于是改善自己的行为。学前儿童在生活和学习中好好表现，最后控制了结果，从而到达对环境能动适应的阶段。

三、学前儿童社会认知发展的主要内容

学前儿童社会认知发展过程是学前儿童在与社会性客体，诸如家庭、幼儿园、社区及大众媒介的相互作用中，逐渐掌握有关社会角色、社会规范和社会价值标准的过程。学前儿童社会认知发展的主要内容体现在观点采择能力的发展、移情能力的发展以及对权威和社会规则认知的发展 3 个方面。

（一）观点采择能力的发展

观点采择是指区分自己与他人的观点，进而根据有关信息对他人的观点做出推断及反应，即"从他人的眼中看世界""站在他人角度看问题"。

观点采择能力主要分为以下几类，如图3-1所示。

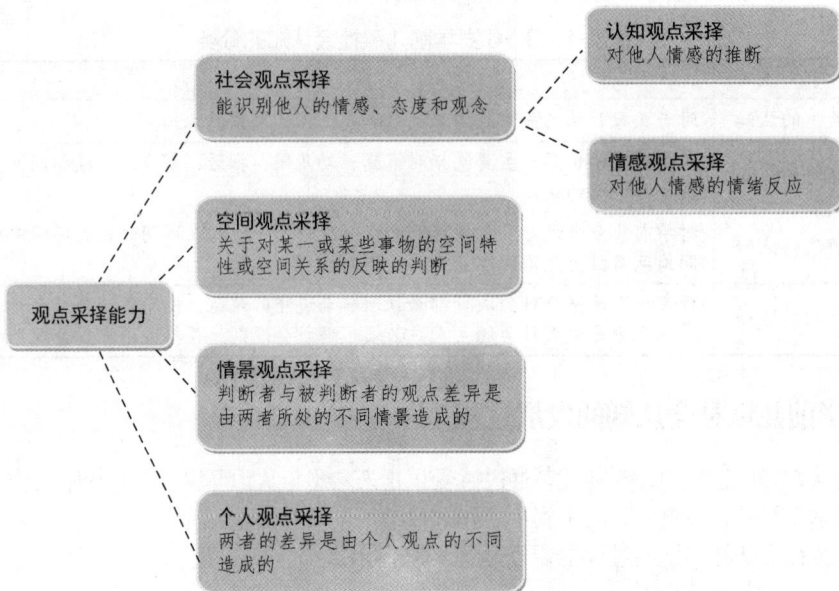

图3-1　观点采择能力分类

塞尔曼认为，儿童认识自己和他人的能力是以对其观点的假设或采择为前提的。要认识一个人，就必须理解他的观点并了解决定其外部行为的思想、情感、动机和意图等内部因素。因此，可以这样认为，观点采择在儿童社会认知发展中处于核心地位。同时，儿童对不同观点的理解、认同和协调能力的发展，标志着其对自我中心思维方式的摆脱，以及对社会关系认知方式的重新构建。

（二）移情能力的发展

移情是一种特殊的观点采择能力。通俗地讲，移情是指个体想象自己处于他人的境地，并理解他人的情感、欲望、思想及活动的能力，即设身处地为他人着想的能力。

儿童移情能力的发展划分为以下4个阶段。

第一阶段：0—1岁，尚未形成自我意识，不具备移情能力。1岁前的婴儿对自己身体和情绪状态的意识还比较弱，不能很好地区分自己及自身之外的事物，因而也难以在认识他人情绪情感的基础上做出适当的反应。

第二阶段：1—2岁，开始注意到他人的情绪变化，移情能力萌芽。此阶段儿童的自我意识逐渐明晰，能够区分自己与外物、意识到他人的情绪变化，但对自己及他人的内在心理活动和情感体验的认识仍然不足，很难深刻把握对方为何会有如此变化，不知应如何应对这些变化。此时的儿童通常从自己的角度出发，用自己喜欢的方式对对方的情感变化做出反应。

第三阶段：2—4岁，理解他人的能力增强，具备一定的移情能力。2岁以后的儿童，活动能力提升，自我意识增强，社交范围扩大，社会经验变得丰富，对他人情绪情感的理解能力提升，开始逐渐摆脱自己的经验和体验，减少以自我为中心，能够从他人的角度对他人的情感变化做出一定的情绪反应。

第四阶段：4—7岁，开始体验较复杂的情绪，移情能力得到进一步发展。4岁以后的儿童，其知识经验和生活体验更为丰富，对事物的认识也更为深刻，所以这一阶段的儿童能够注意到角色地位和经验背景对个体情感的影响，开始理解人在不同情境下会有不同的感受，尤其是注意到即使处于同一情境之下，不同人的感受也可能差别很大。

（三）对权威及社会规则认知的发展

1. 权威认知的发展

对儿童来说，权威主要指父母、教师及有影响力的同伴。权威认知包括对权威关系及权威特征的认知。权威关系是指权威者与权威对象之间影响与被影响、支配与服从的关系。权威认知最早出现在 4 岁，并随年龄的增长而发展。

1977 年，美国心理学家达蒙采用两难故事情节设计对儿童进行了权威认知发展的著名研究，他考察 4—9 岁儿童对父母权威、同伴权威的理解。

达蒙设计了以下两难故事情节，要求儿童作答。

皮皮的妈妈要求皮皮每天清扫自己的房间，在清扫完房间、收拾好玩具之后才能出去玩。有一天，皮皮的朋友小米过来告诉他，其他小朋友正准备去踢球。皮皮想去，但他的房间仍然非常乱。他对妈妈说，他现在没有时间清扫房间，以后会清扫好的。妈妈不同意，因此他只好待在家里，没有去踢球。

提问：皮皮应该做什么？为什么？他妈妈这样做公平吗？如果他偷偷溜出去又没被发现会怎样？

依据达蒙的权威认知理论研究，权威认知的发展被分为 6 个阶段，如表 3-2 所示。

表 3-2　权威认知发展的 6 个阶段

阶段	具体表现	两难故事情节分析
阶段 1	儿童不能区分权威人物的要求与自身的愿望，盲目崇拜和依赖权威，且在行为上无条件服从	儿童将皮皮自己的想法与妈妈的想法混为一谈，认为妈妈要求做的就是皮皮自己想做的，两个人的想法根本不存在冲突
阶段 2	儿童能意识到自身愿望与权威人物的要求之间的冲突，通过单向服从权威消除冲突，避免产生麻烦。权威人物因为身体上的优势特征（如身高和力量）在儿童心目中被合理化，并构成儿童服从行为的根据	妈妈身材高大，像皮皮这样的"小人"应该无条件服从于妈妈，否则会有麻烦
阶段 3	儿童认为权威人物拥有至高无上的地位或优势，无比崇敬权威，恐惧权威的惩罚	无论妈妈提出什么要求，都应该认真去做，不要招致妈妈的惩罚
阶段 4	儿童开始将服从建立在交换和互惠原则的基础上，认为服从是对权威人物过去付出的一种报偿，或是为了获得某种报偿而做出的必要的投资和努力	皮皮的妈妈已经为他付出很多，如果不尊重她的要求，自己在情感上对不起她，因此皮皮应该服从妈妈的要求
阶段 5	儿童开始放弃对权威人物的盲目崇拜和无条件服从，而代之以理性的和有条件的服从。权威和理性在于领导和控制他人的特定能力	妈妈有丰富的教育经验和知识，知道如何安排好孩子的生活，她让皮皮干活，但皮皮因为和朋友们约好了一起去玩，所以可以不服从妈妈的要求
阶段 6	儿童将能为集体成员带来福利、被集体认可的人奉为权威。权威不再是绝对的，而是相对的，在特定情境下具有适当品质和行为的人才可能成为权威	皮皮必须服从妈妈，是因为妈妈拥有丰富的教育经验和知识，知道他最应该干什么

总之，儿童对权威的认知随年龄的增长而表现出上升的趋势。这种趋势不仅伴随着公正感、平等感的日益增强，而且表现了理智成分参与的递增、情绪冲动成分参与的递减。

成人身份、知识和社会职责或地位是被儿童看重的 3 种权威特征，对儿童的影响随儿童年龄的增长而变化。年幼儿童较看重成人身份，不太看重社会职责；随着年龄的增长，儿童对社会职责的认同程度越来越高，到 13 岁时，对社会职责的认同程度占据了主导地位，而此时成人身份仍被儿童所看重，对知识的认同程度则降为最低。

2. 社会规则认知的发展

人类社会发展需要规则，规则是社会秩序得以维持的必要条件。社会规则是人们在社会生活、学习和工作中必须遵守的科学、合理、合法的行为规范和准则。社会要有组织、有秩序并能够健康、协调地发展，就需要有完备的行为准则、规章制度、道德法律和价值标准等社会规则。

社会规则的遵守主要依靠社会成员内心对社会规则的尊重。尊重和遵守社会规则是一种教养、风度、文化，也是一个现代人必须具备的品格。

社会规则认知是儿童社会化的主要内容，是学前儿童作为"自然人"向"社会人"的转变过程中必须形成并发展的认知因素，也是衡量儿童社会性发展的主要维度之一。儿童要想成为合格的社会成员，就必须理解这些社会规则。

儿童的社会规则认知来源于 3 个方面，如表 3-3 所示。

表 3-3　儿童的社会规则认知来源

儿童的社会规则认知来源	举例说明
父母、老师的影响	父母或老师经常对儿童说："拿出来的玩具要放回原来的地方。"
法律规定	不准破坏他人财产
儿童的社会互动	如果一个儿童违背了性别角色期望，其他儿童可能会嘲笑他

四、学前儿童社会认知的年龄特征

学前儿童对他人、自我的内心世界，以及群体间的相互关系等方面的认知呈现出以下年龄特征。

（一）对自我心理的认知

（1）3 岁左右的儿童开始知道每个人内心都有愿望，愿望能影响一个人的行为。儿童认识到人如果实现了愿望，就会表现得满足、高兴；如果没有实现愿望，就会表现得失望。

（2）3—4 岁儿童认识到人的大脑会思考，人不仅有愿望，还有信念，即对世界的看法。

（3）4 岁以后的儿童开始知道愿望和信念对行为有重要影响，而且越来越相信愿望和信念能决定行为。

（二）对他人想法的认知

（1）3—4 岁儿童知道他人的想法和自己的想法不一样，但还不能站在他人的立场理解他人的想法与观念。

（2）4—5 岁是转折期，儿童开始理解站在不同的立场就有不同的看法。

（3）5—6 岁的儿童开始试图站在他人的立场理解他人的想法与观念。

（三）对社会规则的认知

皮亚杰在 20 世纪 20 年代分别使用自然观察法和对偶故事法来考察儿童对游戏规则的认知，根据研究总结，学前儿童对社会规则的认知特点如下。

（1）3—4 岁儿童对社会规则已有初步的认知，能做出简单的道德判断，但做出判断时往往会依据后果，而忽略背后的动机。

（2）4—5 岁儿童知道更多的社会规则，并且能够体会他人的情绪反应。

（3）5—6 岁儿童能够从事物背后的动机来进行道德判断，但是仍然相信权威。图 3-2 所示为某大班儿童学习列队规则，此年龄段的儿童大多已经能够理解教师对排列队形的要求：男女生分别排成两队，并且按照身高从低到高的顺序站位。他们明白教师的权威，在排队过程中并没有人嬉笑打闹、乱跑乱跳。

图 3-2 某大班儿童学习列队规则

（四）对社会角色的认知

社会中的每个成员都担任着不同的社会角色。社会角色规范是指角色扮演者在享受权利和履行义务的过程中必须遵循的行为规范或准则，因此对社会角色的认知是学前儿童社会教育的重要内容。

学前儿童对社会角色的认知特点如下。

（1）3—4 岁儿童知道有不同的社会角色，对职业开始有了初步的认知。

（2）4—5 岁儿童知道更多的职业及其特征，并开始对不同社会角色形成基本观念，如警察、医生等。

（3）5—6 岁儿童对社会角色有了更为全面和客观的认知，并且对自己将来要承担的社会角色有了基本的期望。

社会认知在人的发展过程中十分重要，它让人建构起关于他人与自己的概念，将自己与他人联系在一起，又将彼此区分。学前阶段正是社会认知发展的重要阶段，在这一阶段系统地理解学前儿童社会认知及其发展特征，将有助于教师采取相应的教育策略，促进学前儿童社会认知的发展。

第二节 学前儿童社会认知教育

引导案例

中（1）班的形形非常喜欢听李老师在晨读故事时间讲故事，每次都听得很认真，她对李老师讲的每一个故事都印象深刻，把李老师的言行举止、班级当时的环境特点都铭记在心。回家后，形形把家里所有的鞋子整齐摆放成半圆形，自己用小凳子坐在这些鞋子面前，绘声绘色地给"小朋友们"讲起了李老师讲过的故事。

形形在幼儿园的观察、倾听过程是认知教师行为的过程；回家的游戏是模仿教师角色的行为，也是对教师角色认知经验的体现，而她和鞋子的位置反映了形形对师生关系的理解。

社会认知包括两个方面：一方面为对社会经验的认知过程本身，即心理的活动过程，包括观察、记忆、注意、推理、想象等过程；另一方面为经过认知过程获得的社会性知识经验，包括对自己、周围的人和事，以及自己与它们之间的各种关系的认识，对不同社会行为、社会角色的理解，对处理、调整各种关系的行为规范的理解和掌握。

学前儿童的社会认知受其心理发展水平的限制，具有表面性、主观性。学前儿童需要成人给予充分的发展支持和引导，以帮助其得到正面、积极的社会性知识经验。

一、学前儿童社会认知教育的内容

《指南》提到了对学前儿童社会认知发展的要求：关心尊重他人，能注意到别人的情绪，知道父母的职业；遵守基本的行为规范，感受规则的意义，并能基本遵守规则；在提醒下，能遵守游戏和公共场所的规则。依据《指南》对学前儿童社会认知发展的要求，学前儿童社会认知教育的内容可以从社会关系、社会环境、社会角色和社会规则4个方面展开。

（一）社会关系的认知教育

学前儿童对社会关系的认知主要包括亲子关系认知和同伴关系认知。

亲子关系有广义和狭义之分，广义的亲子关系是指父母与子女的相互作用方式，即父母的教养态度与方式；狭义的亲子关系是指儿童早期与父母的情感关系，即依恋。

同伴关系是指年龄相同或相近的儿童之间或心理发展水平相当的个体之间在交往过程中建立和发展起来的一种人际关系。

（二）社会环境的认知教育

社会环境的认知就是认识周围的世界，主要包括对家庭、幼儿园、社区、家乡、祖国及世界其他国家和地区的认知。具体来说，学前儿童社会环境的认知教育要从对身边环境的认知教育开始，先是家庭、幼儿园，其次是社区、社区中的公共场所，再次是家乡，至于对国家、世界等概念的认知教育，则要到后期才能进行。

1. 对家庭的认知教育

对学前儿童进行家庭的认知教育，应结合学前儿童的年龄特点循序渐进地展开，主要包含以下3个方面。

（1）了解家庭成员及其相互之间的关系。

（2）了解家庭的基本设施、生活用品，以及家庭的基本信息。

（3）了解家庭生活的一般规则与常识，如尊敬长辈、记忆家长的手机号码、与家人分享生活等；知道家庭成员的称呼和姓名及其与自己的关系；爱惜财物；等等。

2. 对幼儿园的认知教育

知道幼儿园的园址和名称；知道幼儿园的工作人员及其与自己的关系；知道幼儿园的环境和设施；知道幼儿园的一般行为规范；知道自己所在的班级和小组，形成初步的集体意识和角色行为。

3. 对社区的认知教育

了解并能说出自己家所居住的社区，如名称、所在市区，知道附近明显的建筑标志；认识社区附近的公共设施，了解这些公共设施与人们生活的关系、能够给人们带来的帮助；认识公共场所和公共服务的常见标志，如交通标志、安全标志、设施标志、消防器具标志等；知道常用的紧急呼救电话，如110、119、120等。

4. 对家乡的认知教育

初步了解自己的家乡，知道家乡的名胜古迹、风情习俗、标志性的建筑、人物传说、特产等，并因此感到骄傲，产生爱家乡的情感。

5. 对祖国的认知教育

认识国旗、国徽、国歌、首都，懂得它们就是祖国的标志，要尊敬这些标志；了解行政区划，知道祖国有辽阔的疆土；了解并且感受、喜爱祖国的文化传统和风俗习惯，为英雄人物、历史传说和祖国对世界的贡献感到骄傲，如戏剧、文字、传统节日、饮食习惯等。

（三）社会角色的认知教育

社会角色的认知教育是指对自己和他人在不同的社会环境中所表现的不同角色，以及社会上不同职业的人的认知。每个人都在社会环境中扮演着多种社会角色，如母亲、女儿、幼儿教师等。要让学前儿童完全理解社会角色的含义并不现实，因此在对其进行社会角色认知教育时，选取他们能够理解的内容帮助他们积累相关经验即可。

例如，很多学前儿童立志长大以后要做一名警察，但他们对警察的认知并不全面，有的学前儿童认为每天经过十字路口看到的指挥交通的人是警察，有的则认为小区门口的保安也是警察。因此，幼儿教师要联系学前儿童的认知水平与实际生活经验，仔细介绍警察这一与日常生活密切联系的职业，以便让他们正确认识警察在社会环境中所扮演的社会角色。

（四）社会规则的认知教育

社会规则是每个社会成员都必须理解与遵守的规范，是个体社会行为选择及定向的工具。学前儿童是社会未来的主人，必须了解社会规则，并养成遵守社会规则的行为习惯，因此社会规则的认知教育是学前儿童社会性学习的重要内容。社会规则的具体内容如表3-4所示。

表3-4　社会规则的具体内容

社会规则	具体内容
基本道德规则	对是与非、对与错、爱与憎等道德问题的认知与判断
文明礼貌行为规则	个体自身的素质和修养，人际交往与言谈举止中的礼仪与规则等
公共场所行为规则	公共卫生规则、公共交通规则、公共财产保护和爱惜规则等
群体活动规则	学习、游戏和生活等群体活动应遵守的规则，如排队、轮流做某件事、等待、礼让等
安全规则	保护儿童安全的行为规则

二、学前儿童社会认知教育的基本要求

在进行学前儿童社会认知教育时，幼儿教师和家长要遵守以下几个基本要求。

（一）体现学前儿童的主动性和主体性

研究发现，学前儿童可以在充分了解社会环境和社会规范的基础上做出自己的判断或抉择，形成自己的见解。他们不是被动的个体，而是社会活动的积极参与者。学前儿童对社会环境和社会规范的认知不再是简单地接受成人的信息和要求、记住社会现行的行为规范，而是由社会规则被动的接受者转变为主动的接受者。

因此，社会认知教育活动要充分体现学前儿童的主体地位，要营造宽松、和谐的活动氛围，让学前儿童以主动和创造性的方式参与社会认知教育活动，在主动建构中接受社会道德规范。

（二）加强学前儿童与周围环境的互动性

社会认知发展理论强调学前儿童在适应环境过程中的主动性。在美国的 HIGH/SCOPE 高瞻教育学前课程模式中，学前儿童主要依靠动作、自主学习直接作用于环境而获得经验。马图索夫认为，学校要为学前儿童提供充足的活动和交往的环境，这对认知发展教育具有一定的促进作用。因此，在开展社会认知教育活动时，要精心选择和设计社会活动环境，鼓励学前儿童与环境、材料积极地互动。

（三）开展游戏，增加体验，促进认知生成

著名心理学家维果茨基提出的"社会建构主义"思想认为，游戏是促进儿童社会性发展的手段。幼儿教师可以组织学前儿童开展角色游戏，以丰富和强化学前儿童对社会规范的认知，如"到邻居家做客""文明乘车""带娃娃到医院看病"等，都可以丰富和强化学前儿童对文明礼貌行为规范和人际交往规范的认知。

体验就是让学前儿童亲身经历，让他们在实践的过程中动手动脑，在对社会环境和社会活动的直接体验中建构社会规范和道德价值观。目前，游戏和体验被学术界认为是形成社会规范和道德价值观的一种重要方式。

三、学前儿童社会认知教育的实施

社会认知教育是认知教育的一个组成部分，其认知对象有关自我、他人、群体关系及内在心理过程等。社会认知教育的途径有许多种，幼儿教师可以在一日活动中将它们有机地结合起来并加以运用。

（一）创设有利于开展社会认知教育的幼儿园环境

幼儿园环境是幼儿园课程的一部分，极具教育价值。在进行社会认知教育时，创设适宜的环境能大大提升学习效率。目前，在幼儿园中用来进行社会认知教育的环境主要是角色游戏区。角色游戏区的设置能让学前儿童学习不同社会场所的规则，并通过角色扮演认知不同的社会角色。

一般来说，幼儿园的角色游戏区有医院、理发店、商店、公安局、快递站、餐馆等，如图3-3所示。幼儿教师可以结合主题活动设立主题墙，通过照片、图片等媒介介绍社会事件、家乡风貌等。针对重大的社会事件，幼儿教师可以让学前儿童一起参与环境创设，并查找相关图片、新闻报道等，让学前儿童将它们带到幼儿园中与同伴分享。

图3-3　幼儿园角色游戏区示例

（二）积极开展游戏活动

游戏作为学前儿童学习的主要形式，在社会认知教育中扮演着重要角色。具体来说，幼儿教师可以从以下3个方面开展游戏活动。

1. 在游戏活动中渗透社会认知教育

在游戏活动中，幼儿教师不仅要注重培养学前儿童的行为习惯，还要渗透社会认知教育。例如，在游戏活动中介绍规则的具体内容，同时着重观察学前儿童能否遵守规则；在学前儿童进行角色扮演时，关注其角色行为，并对社会中的不同职业进行讲解。

2. 让学前儿童在游戏中体验社会角色

角色游戏是学前儿童，尤其是小班和中班的学前儿童非常喜爱的游戏。常见的角色游戏就是"过家家"——学前儿童在游戏中往往自发地模仿父母的角色，并获得最初的关于家庭成员职责的社会认知。学前儿童在角色游戏中常常扮演的有警察、医生、护士、消防员、商场工作人员、银行职员

等社会角色。事实上，角色扮演还可以让学前儿童获得更多的社会知识。

3. 游戏规则与社会规则一致

学前儿童要顺利开展游戏，就必须遵守游戏规则；要遵守游戏规则，就必须对社会规则有所认知。例如，在银行排队办理业务或排队乘坐公交车时，常常需要等候，等候时不应该距离前边的人太近，而要保持适当的距离，以免使人产生不适。

教师可以将这些社会规则引入游戏，通过各种游戏帮助学前儿童学习这些社会规则。当然，在游戏中，学前儿童之间的相互作用有利于他们察觉他人的情绪，发现他人的行为，并由此推测他人的观点，从而更好地发展观点采择能力。

（三）引导学前儿童正确认知社会环境和社会规范

学前儿童社会认知教育与其生活环境、经常出入的社会场所等密不可分，因此幼儿教师可以在幼儿园一日活动或外出参观活动的各种时机与情境中对学前儿童进行随机教育，引导学前儿童正确认知社会环境和社会规范。

要做到这一点，幼儿教师除了要理解学前儿童社会认知的发展规律，自己也要具备社会规则、社会角色和社会事件的知识，只有在充分准备的情况下才能随时发现并解决新问题，将相关的社会知识传授给学前儿童。例如，幼儿教师在数学活动中让学前儿童认知 110、119、120 等电话号码的社会意义。

四、学前儿童社会认知教育活动设计案例

幼儿教师应了解学前儿童社会认知教育活动的目标，这样才能有针对性地开展教育活动。涉及此方面的具体教育目标如下。

* 学前儿童能够清楚地认识自己与家人之间的关系，明白父母对自己的养育之恩。
* 学前儿童应初步了解家庭和幼儿园的地理位置和结构，熟悉与自己有密切关系的人之间的关系。
* 引导学前儿童初步了解并掌握生活中的基本规则，如交通规则、公共行为规范、基本公共卫生规则、幼儿园行为规范等。
* 培养学前儿童的劳动意识，理解劳动的意义，尊重他人的劳动成果，培养学前儿童热爱劳动的感情。
* 培养学前儿童的环保意识，使其了解环境保护的意义和必要性，争做环保"小卫士"。
* 帮助学前儿童树立正确的价值观，使其明辨是非，培养其初步的是非观和爱憎感。

（一）小班社会教育活动——"我爱幼儿园"

活动导入：幼儿刚入园，由于初到新环境，面对很多新面孔，需要一个适应的过程，有些幼儿适应能力较差，经常会出现不愿意上幼儿园，甚至跟家长哭闹等情况，针对此类情况，幼儿教师可以设计并实施"我爱幼儿园"社会教育活动。

1. 活动目标

（1）让幼儿感受自己的幼儿园的美丽，激发其对幼儿园的热爱和对美好未来的向往之情。

（2）知道幼儿园的名称，参观幼儿园环境，了解各种设施的名称及作用，知道优美的环境需要大家共同维护。

（3）激发幼儿的好奇心和探究欲望。

（4）培养幼儿完整、连贯的表达能力和对事物的判断能力。

（5）培养幼儿的创新思维和大胆尝试的精神。

（6）培养幼儿乐观开朗的性格。

2. 活动准备

（1）事先计划好参观幼儿园各种设施的顺序与路线。

（2）天线宝宝玩具。

（3）幼儿绘图用具。

3. 活动过程

（1）带领幼儿参观幼儿园。

今天天线宝宝带大家一起去参观我们美丽的幼儿园。

① 参观幼儿园大门，引导幼儿寻找幼儿园的园牌，告诉幼儿幼儿园的名字，让他们知道自己是××幼儿园的小朋友。

② 带领幼儿参观幼儿园教师办公室、保健室、食堂等，向老师及工作人员问好，并请他们简单介绍自己的工作；引导幼儿向他们说"您辛苦了！"。

③ 带领幼儿参观操场（户外活动场地），观看大班、中班幼儿的活动，请幼儿说说他们在干什么。

④ 带领幼儿参观游玩设施。幼儿教师说："小孩小孩真爱玩，摸摸××就回来。"

⑤ 带领幼儿回活动室，介绍活动室环境，让幼儿知道这是他们学习和做游戏的地方，这里有许多好玩的玩具，老师要在这里教他们许多本领，他们还能在这里结识很多新朋友。

（2）让幼儿说说幼儿园。

教师：谁知道，我们是哪个幼儿园的小朋友？你们喜欢我们的幼儿园吗？幼儿园里都有什么？你最喜欢幼儿园的什么地方？为什么？

4. 活动延伸

请幼儿描绘自己理想的幼儿园，可以让幼儿通过撕贴、添画、绘画等方式描绘出自己心目中的幼儿园。幼儿可以和家长共同构图设想，由幼儿教师评选出优秀的作品并进行班级展览。

5. 活动评价

依据"让孩子成为学习的主人"理念，以"幼儿园"为主线，设计此次活动，让幼儿主动探索、发现并说说美丽的幼儿园，充分拓展他们的思维，引导他们从不同角度进行简单表达。幼儿教师带领幼儿熟悉幼儿园的环境，通过走一走、看一看使幼儿知道幼儿园的布局，了解幼儿园设施及作用，从而喜欢上幼儿园。在活动延伸环节，让幼儿画一画自己心目中的幼儿园，这虽然有一定的难度，但可以培养幼儿的创新思维和绘画能力。

（二）中班社会教育活动——"遵守投篮规则"

活动导入：有些幼儿比较顽皮，爱跑好动，在幼儿园一日生活中经常忽视规则，例如，不好好排队，午睡时和别的幼儿讲话等。幼儿教师可以设计与实施规则类活动，让幼儿通过亲身体验，从实践中了解规则，认识规则的重要性，从而增强遵守规则的意识。

1. 活动目标

（1）指导幼儿完成对游戏从无序到有序的体验，理解生活、游戏中有许多规则，意识到规则在集体活动中的重要性。

（2）指导幼儿尝试以小组合作的方式设计简单的图标来表示规则，并按规则开展游戏。

（3）引导幼儿体验遵守规则带来的秩序感和安全感，使幼儿自觉遵守规则。

（4）引导幼儿尝试自己制定一些集体规则，培养幼儿遵守规则的好习惯。

2. 活动准备

小皮球、小投篮架，操作材料（如记录纸、笔）等。

3. 活动过程

（1）以投篮游戏引出规则。

教师：今天老师给你们带来了篮球和投篮架，我们来玩投篮游戏吧！

（游戏前，教师不做任何规则要求，要求幼儿自由地拿球投篮。幼儿都拿着球往前抢着投，很快就出现问题，拥挤、碰撞……）

幼儿A：老师，豆豆的球砸到我的头了。

幼儿B：老师，亮亮的球砸到我的背了。

幼儿C：老师，圆圆打到我的手了。

（2）引导幼儿讨论游戏中遇到的问题。

教师：你们觉得刚才的游戏玩得怎么样？

幼儿：不好，太乱了，乱糟糟的……

教师：为什么我们刚才的投篮游戏会出现这么多的问题？（引导幼儿思考讨论）

幼儿A：我刚弯下腰去捡球，豆豆投的球就砸到我了。

幼儿B：我还没来得及捡球，亮亮就朝我这边扔球了。

幼儿C：我正要投球，圆圆也正在投，我和她挨得太近，所以她打到我的手了。

（3）找出解决问题的办法，引出规则的重要性。

教师：看来大家挤到一起投篮很混乱。大家能不能想个办法，让我们既能开心投篮，又不发生这么多问题呢？

幼儿A：我觉得要一个一个地投。

幼儿B：对，一个人投完，下一个人再投。

幼儿C：最好排好队。

教师：看来，在投篮游戏中，我们要制定一些规则，大家都按规则来投篮应该会好很多。

（4）集体讨论制定投篮游戏的规则。

教师：我们大家一起来想想，投篮游戏要制定哪些规则呢？

幼儿先跟同伴讨论，然后班级集体交流。教师根据幼儿的回答，用简单的图示法记录下来，最后告诉幼儿投篮的规则：要先排队，一个接一个地投；投完的人要快速去捡球，然后抱球跑回队伍最后面继续排队；后面投篮的人要等前面的人捡完球以后再开始投。

（5）请幼儿按照制定的规则再次进行投篮游戏。

教师：在没有规则的情况下，我们刚刚进行的投篮游戏很混乱。现在我们再玩一次投篮游戏，这次玩的时候，请小朋友们遵守我们刚刚制定好的游戏规则。

（6）请小朋友们讨论：两次游戏，哪一次玩得更好，为什么？

4. 活动延伸

（1）请幼儿说一说，除了游戏活动，在幼儿园生活中，还有哪些集体活动需要规则呢？如果没有规则，这些集体活动会怎么样呢？待幼儿回答后，教师选择4个集体活动，如洗手、午睡、上课、吃午餐，让幼儿先以小组为单位讨论活动的规则并用简单的图标记录下来，然后选择幼儿回答。

（2）教师组织幼儿集体观看宣传影片，如公共场所的规则、上下公交车的规则、过马路的规则等，然后引导幼儿展开讨论。

5. 活动评价

通过此次游戏活动，幼儿可以懂得规则的重要性。规则让游戏活动变得有秩序，让幼儿感到更安全，玩得更开心。不仅幼儿在集体生活中需要遵守一定的规则，所有人在社会生活中都必须遵守相应的规则，这样我们的社会才会更安定，生活才会更美好。

（三）大班社会教育活动——"九九重阳节"

活动导入：尊老爱幼是中华民族的传统美德，也是和谐社会的基本道德要求。通常人们很容易做到"爱幼"，而有些幼儿却不懂得如何"尊老"，很多时候他们不懂得如何关心和爱护老人。因此，幼儿教师可以设计并实施"九九重阳节"社会教育活动，增强幼儿的敬老意识，教幼儿学习如何尊敬老人。

1. 活动目标

（1）让幼儿知道重阳节是尊老、敬老、爱老、助老的节日。

（2）让幼儿学会如何尊敬与帮助老人。

（3）激发幼儿尊敬老人的情感。

（4）促进幼儿的创新思维与动作协调发展。

（5）培养幼儿有礼貌、爱劳动的品质。

2. 活动准备

（1）视频《常回家看看》、古诗视频《九月九日忆山东兄弟》。

（2）老人幸福生活的精彩视频片段。

（3）课前和幼儿的爷爷奶奶取得联系，找几位代表，到重阳节这一天把他们请来。

（4）幼儿自制礼物用的贺卡、文具等。

3. 活动实施

（1）让幼儿观看视频《常回家看看》。

① 刚才小朋友们看到的是什么？（激发幼儿的情感共鸣）

② 视频中有哪些画面？（孩子和爸爸妈妈一起看望老人，回家团圆的画面）

③ 引出重阳节。我们小朋友有自己的节日，老师有老师的节日，老人也有自己的节日，介绍农历九月九日是重阳节，即老人节。

（2）介绍重阳节。

① 欣赏古诗视频《九月九日忆山东兄弟》，引出主题。

教师：今天老师带来了一首古诗，我们一起来欣赏一下。（播放古诗视频）

教师：古诗中的"佳节"指的是什么节日？小朋友们知道重阳节是哪一天吗？

② 介绍重阳节。教师：今天是九月初九，是重阳节。重阳节是我国一个传统节日。重阳节又叫"老人节"，它为什么被称作"老人节"呢，有3个方面的原因。

一是"崇尚长寿"。重阳节正值秋天，是万物凋零的时候，但同时也是秋风送爽，气候宜人的时节。在古代，人们认为九九重阳，数字"九"有长久、长寿的寓意，因此这一天被视为庆祝长寿的日子。

二是"感恩敬老"。我国传统文化非常强调对长辈的敬重。重阳节是表达对长辈的深情厚意的时刻。人们在这一天会走近老人，为他们送上关怀和温暖。这种感恩的情怀，使重阳节成为了"老人节"。

三是寓意"重"生。重阳节的"重"字，不仅有庆重阳、庆长寿之意，也寓意着"再生"的意义。在这一天，人们除了祭拜祖先和长辈，也常表达希望获得新生、新气象的愿望。

③ 讲述重阳节的习俗。在这一天，许多地方的人们都有登高、赏菊、吃重阳糕的习俗，其中登高和吃重阳糕都含有"步步高"的祝愿。

④ 观看敬老院员工为老人做事的视频。

教师讲述：敬老爱老是中华民族的光荣传统，我们国家非常重视和关心老人，各地都为老人修建了敬老院，小朋友们要尊敬老人，在老人生病时要关心他们，平时在生活中也要多照顾他们。

⑤ 引导幼儿说出自己周围的老人是怎样过重阳节的。

⑥ 询问小朋友在日常生活中，他们是怎样尊敬老人的。

（3）敬老爱老活动。

① 重阳节是老人们的节日，是姥姥、姥爷、奶奶、爷爷的节日，他们每天为我们买菜做饭，接送我们，非常辛苦，我们平时要多分担一些力所能及的家务。

② 请小朋友们制作敬老爱心卡，把自己最想说的话用图画的形式表现出来，为家中老人送出节日的祝福。

③ 请小朋友们跟爷爷奶奶们合影留念，在《常回家看看》的乐曲声中结束活动。

4. 活动延伸

（1）在家里老人过生日的时候，为他们亲手制作一份礼物并送给他们。

（2）在家中为老人做一件力所能及的事情。

5. 活动评价

在重阳节时设计以"浓浓敬老情"为主题的教育活动，让幼儿懂得尊敬老人应渗透到生活中的点点滴滴，如为老人倒水、捶背，搀扶老人，陪老人聊天，帮老人做家务，给老人打洗脚水，给老人送礼物、买衣服，等等。

该活动要充分利用家长资源，把老人请进课堂与孩子共上一堂课。由于有老人的参与，孩子们显得格外兴奋，听老人的介绍时特别认真、仔细，在为老人制作爱心卡时更是细心、周到，最后的送祝福活动更是其乐融融，使孩子、老人都感受到一股温馨的暖流。

此次活动既让幼儿了解了重阳节的来历和习俗，也让他们体验了关于爱的情感，感受到老人的辛苦，从而学会感恩和尊敬长辈，萌发关心老人的美好情感。

⚙ 实战训练

请同学们根据所学理论知识和活动案例指导，试设计一份"三八妇女节感恩妈妈"或"教师节感恩教师"的社会教育活动。目的是利用节日活动让幼儿懂得感恩，教幼儿学会表达"关心与尊重"。要求按幼儿的年龄特征设计，活动具有可落地性、可执行性，步骤完整。

第三节　认识学前儿童社会行为规范

引导案例

中（1）班幼儿第一次玩"超市"游戏就发生了争执。"超市收银员"琳琳一边指着涛涛，一边大声说："小偷！"

涛涛不服气地说："我不是小偷！"

"你买东西不给钱！"

"我给了！"

……

正当两人争执不下时，老师走过来向琳琳问道："我是超市经理，这位顾客买了什么东西？多少钱？"

"一瓶酸奶，5元钱。"琳琳答道。

老师问涛涛："是吗？"

涛涛点点头，补充道："我给了钱的。"

老师又问："你把钱给谁了？"

"我给琳琳的时候，她没理我，我就放在桌子上了。"

琳琳大声说："可是我没看到钱！"

老师说："我们一起找找看，是不是掉到哪儿了？"

最后大家在两个"货柜"的夹缝中找到了涛涛给的钱。

幼儿期是人的社会性发展的关键期，幼儿在成长过程中学习各种社会行为规范，并形成遵守社会行为规范的意识，养成遵守社会规范的行为习惯，初步掌握各种社会制度、传统习俗等行为规范，这些是幼儿获得社会成员资格、走向社会、适应社会的基础。

一、学前儿童社会行为规范的概念

社会行为规范也称社会规范，它是社会成员在社会活动中所遵循的标准和原则，是每位公民都必须遵守的行为准则。为了保障群体生活有序进行，人们通过长期摸索形成了与特定的群体活动相适应的、说明其成员应该如何及不该如何的不成文或成文的规定与共识，这些就是社会行为规范。

学前儿童社会行为规范是指学前儿童在社会生活中，为了维护公共集体利益、维持社会秩序而必须遵守的行为准则。对社会行为规范的认识和正确行为的培养要从小开始。教育者要对学前儿童进行必要的社会行为规范教育，如培养他们养成讲文明、讲礼貌、守纪律、讲卫生、爱护公物等良好的行为习惯。

二、学前儿童社会行为规范的分类

根据性质的不同，学前儿童社会行为规范可以分为以下几类。

（一）幼儿园集体规范

幼儿园集体规范主要包括幼儿园日常活动、学习活动和娱乐活动规范。幼儿园集体规范用于保障幼儿教师开展教育活动，学前儿童参与班级活动，学前儿童运用物质材料开展游戏活动，等等，例如安静睡午觉、举手回答问题、集体活动要听从指挥等。

幼儿园集体规范为学前儿童在群体中的行为方式提供了共同的期望模式，当学前儿童的行为影响了班级或团体生活的秩序化、阻碍了班级教学活动的正常运转、对班级或集体的整体利益造成了损害时，幼儿教师要利用制度性规范对学前儿童的违规行为进行约束。

幼儿园集体规范具有可改变性、相对性、情境性和一定的强制性。例如，不同幼儿园的一日生活常规是有区别的，幼儿园和家里的某些规范要求也是不一样的。从学前儿童的角度看，幼儿园集体规范有利于学前儿童进行认知探究，有利于学前儿童对班级各种教育资源进行充分利用和对班级事务进行参与管理；从幼儿教师的角度看，幼儿园集体规范有利于幼儿教师节约管理时间。

（二）公共规范

公共规范主要指在公共场所中，全体社会成员都应该共同遵守的各种规则，包括公共交通、公共卫生、公共财产、公共秩序等方面的规则。例如，坐公交车要排队有序上车，在电影院观影时不能大声喧哗，在公共场合不能随地吐痰，等等。

（三）基本道德规范

基本道德规范主要是指人们对是与非、对与错、爱与憎、诚实与虚伪、权利与义务等方面的判断。我国公民基本道德规范为：爱国守法、明礼诚信、团结友善、勤俭自强、敬业奉献。对学前儿童来说，主要的基本道德规范包括诚实守信、尊敬师长、不抢占别人的物品等。

基本道德规范具有内在性、普适性和一致性的特点。内在性是指基本道德规范是一种自律力量，道德行为应是一种自主、自愿的行为；普适性和一致性是指基本道德规范在任何场景和文化背景下都是成立的。

（四）安全健康规范

安全健康规范主要指涉及学前儿童安全与健康的行为准则，例如不给陌生人开门、安全用火用电等。安全健康规范具有效用性、普适性的特点，是对学前儿童的一种外在的约束力量。当学前儿童违反了安全健康规范，幼儿教师必须迅速做出反应，以保障学前儿童的安全和健康。

（五）人际交往规范

人际交往规范主要指以培养学前儿童人际交往能力、帮助学前儿童适应群体生活为主要目标的规范，例如使用礼貌用语、见面打招呼等。人际交往规范具有协商性、可改变性和相对性的特点。人际交往规范的习得是学前儿童社会化的重要步骤，是学前儿童发展较高水平的社会化的基础。学前儿童的人际交往规范教育重点在于帮助学前儿童学会有序做事、协商、合作、分享、表达等，从而适应群体生活。

三、学前儿童社会行为规范教育的意义

社会行为规范教育对学前儿童成长和发展具有重要的意义，主要表现在以下方面。

（一）有利于学前儿童对社会行为规范的认识与践行

学前儿童习得社会行为规范的过程大致可以分为两个阶段，即服从阶段和模仿阶段。

1. 服从阶段

学前儿童出于对教育者的依恋和崇拜，或者因害怕可能受到某种惩罚，从而去服从和遵守教育者所提出的行为要求。一般来讲，4岁以前的儿童主要处于这一阶段。在这一阶段，学前儿童基本不能以自己的价值标准判断是非，没有真正认识到习得社会行为规范的必要性。

2. 模仿阶段

在这一阶段，学前儿童会观察别人的行为并进行模仿，这也是学前儿童习得社会行为规范的必经阶段。学前儿童只有认识和接受社会行为规范，才能知道哪些行为是正确的、合法的、善良的，哪些行为是错误的、非法的、邪恶的，从而做出正确的行为选择，并且正确评价别人的行为。

随着学前儿童思维的发展以及理解水平的提升，学前儿童对社会行为规范的掌握会更加系统，所形成的规则意识也会更加完整，对社会行为规范的践行也会更加稳定。

（二）有利于学前儿童的社会化

社会化是个体内化社会价值标准、学习角色技能、适应社会生活的过程。学前儿童通过学习社会行为规范，在适应社会环境、参与社会生活、履行社会角色的过程中，逐渐从一个"自然人"转变为一个"社会人"。

（三）有利于幼儿园集体活动和其他各种教育活动的有序开展

幼儿园班级是一个集体，规则是班级生活有序进行的重要前提。在集体活动中，学前儿童遵守规则意味着替别人着想，同时限制自己不符合社会行为规范的行为。只有学前儿童理解并遵守这些社会行为规范，幼儿园集体活动和其他各种教育活动才能顺利开展。

第四节　学前儿童社会行为规范教育

引导案例

幼儿园为大（1）班新配备了计算机。计算机里面有许多益智游戏，这激起了孩子们极大的兴趣和热情。可是大家都想玩，每到活动区游戏时间，孩子们就一窝蜂地跑到那里，一个小小的鼠标居然有七八只小手在争抢，孩子们又吵又闹，场面一片混乱。

老师也无奈地充当着"救火员"的角色，一台小小的计算机竟然引起了那么多人的不愉快。这样下去可不行，于是老师组织了专门的讨论活动。

首先，孩子们都明确表示计算机前只能坐一个人玩。"怎么才能让想玩游戏的小朋友都能玩呢？"问题一出，孩子们几乎不假思索地说："排队玩！"老师说："说得对，但玩游戏不像喝水、洗手那么快，排队的小朋友都站在那儿等着吗？"孩子们一时不知如何是好。

聪明的洋洋打破了沉默："不用站在那儿等，咱们可以记时间，到时间就换人！"

思思说："老师记时间，到时间老师叫我们！"听了她的话，孩子们纷纷表示同意。

老师说："我不太同意，老师也有许多事情要做，如果老师总是盯着钟表，那就不能专心地照顾其他小朋友了。"

于是又有孩子说："那就自己计时吧，到时间就去找下一位小朋友。"这个提议得到了大家的一致认可。

老师告诉孩子们活动区游戏时间是60分钟，每人可以玩10分钟，每天可以有6个小朋友玩。这时问题又出现了，有幼儿问道："那谁先玩呢？"

晶晶说："每天6个人，谁想玩就找老师报名，等人数够了，老师就大喊一声，告诉大家停止报名了。"她的办法引发了一阵笑声。

涵涵说："可以像值日生一样插卡。"洋洋说："对，做6个口袋和6张卡，谁先来谁先插卡，插满了就不能再来人了。"

听了他的话，老师高兴地说："这个办法很好！"孩子们又制定了几条规则，老师最后将规则整理好并在活动区公示。

开展学前儿童社会行为规范教育，促使学前儿童对幼儿园集体规范、公共规范、基本道德规范、安全健康规范和人际交往规范进行理解与遵守，主要方法在于幼儿教师要掌握社会行为规范教育活动的目标、内容及实施策略。

一、学前儿童幼儿园集体规范教育

对学前儿童开展幼儿园集体规范教育，目的在于培养他们的秩序感、初步的归属感和集体责任感，同时也有利于保障幼儿教师组织的各项教育活动正常进行。

（一）幼儿园集体规范教育的目标

《纲要》中明确指出，学前儿童社会教育要"引导幼儿参加各种集体活动，体验与教师、同伴等共同生活的乐趣，帮助他们正确认识自己和他人，养成对他人、社会亲近、合作的态度，学习初步的人际交往技能"。《指南》中指出，要"在幼儿园的区域活动中，创设情境，让幼儿体会没有规则的不方便，鼓励他们讨论制定规则并自觉遵守""经常和幼儿玩带有规则的游戏，遵守共同约定的游戏规则"。

1. 幼儿园集体规范教育的目标

幼儿园班级对学前儿童来说是离开家庭后第一个非常重要的社会群体。在班级里，学前儿童要处理好自己与同伴、老师之间的关系，要学会如何在集体中生活，要学会协调自身需要与集体规范之间的冲突。

幼儿教师要注意：一方面，要使学前儿童能普遍认同并较好地遵守集体规范，在规范、有序的班级生活中获得安全感与舒适感；另一方面，应以平等和相互尊重的原则，建立更加民主的班级氛围，使学前儿童能共同参与集体规范的制定及相关事务的决策。

幼儿园集体规范教育活动的目标包括3个层次，即认知层次、情感层次和行为层次。

（1）认知层次，指学前儿童知道基本的幼儿园集体规范的内容，并理解其意义。

（2）情感层次，指学前儿童能体验幼儿园集体规范的作用，逐步养成遵守集体规范的意识，热爱幼儿园集体生活，初具集体荣誉感。

（3）行为层次，指学前儿童能初步掌握幼儿园的集体规范，能与幼儿教师、同伴协商和制定游戏和活动规则，逐渐适应幼儿园的生活环境。

2. 不同年龄段幼儿园集体规范教育的目标

不同年龄段幼儿园集体规范教育的目标如下。

（1）小班儿童。小班儿童能理解幼儿园日常生活中幼儿教师发出的规则性信号，初步学会等待、轮流做事等；了解幼儿园集体生活中的基本规则，知道一日生活中的主要环节和要求（如卫生要求、饮食要求、睡眠要求等），养成良好的生活习惯；初步体验规则的作用，逐步适应幼儿园的集体生活。

（2）中班儿童。中班儿童能按要求执行幼儿教师发出的规则性信号，遵守基本的游戏规则，学会等待、轮流做事和排队；初步学会克制自己，遵守基本的集体规范，完成一定的任务，养成一定的规则意识。

（3）大班儿童。大班儿童能自觉遵守幼儿园活动纪律和游戏规则；能与同伴共同协商，按意愿进行活动，以及在活动中协商自己和他人的行为。

（二）幼儿园集体规范教育的内容

根据幼儿园集体规范教育的目标，教育内容可以围绕"认识幼儿园集体规范""遵守幼儿园集体规范""制定幼儿园集体规范"等展开。例如，可以选择"我会收玩具""听指令做动作""我们班的班级公约"等作为具体教育内容，目的是让学前儿童认识幼儿园集体规范，感受集体规范的意义，学会遵守集体规范。

二、学前儿童幼儿园集体规范教育的实施

幼儿教师可以开展专门的集体规范教育教学活动，也可以将幼儿园集体规范教育渗透到幼儿园一日生活之中，具体如下。

（一）专门活动

幼儿教师可以开展专门的幼儿园集体规范教育活动来帮助幼儿体验集体规范、理解集体规范和践行集体规范。

幼儿园集体规范教育活动的开展应注意以下事项。

（1）活动应促进学前儿童在认知、情感态度和行为方式3个维度上的综合发展。幼儿教师要科学地设计集体规范教育活动的环节，以保证学前儿童在认知、情感态度和行为方式上的发展都能兼顾。幼儿教师在设计教育活动时，要多给学前儿童提供实践练习的机会。

（2）通过游戏、儿歌和创设情境，引导学前儿童理解、内化规则。

例如，洗手歌：吃饭之前要洗手，轻轻拧开水龙头，先把小手打打湿，再用肥皂搓搓手。搓手心，搓手背，甩甩小手真干净。

入园歌：早入园，不迟到，见老师，要问好。小朋友，也问到，别父母，勿忘掉。

（3）引导学前儿童参与制定规则。如果幼儿教师只是自己以口述的方式讲述幼儿园集体规范，例如，"不能乱扔玩具""不能追逐打闹"，学前儿童往往会将所谓的幼儿园集体规范等同于大人们禁止他们做的事，这只会使学前儿童感受到不理解、被否定、被约束。优秀的幼儿教师善于发现和利用教学过程中学前儿童参与的契机，发挥学前儿童的主体性地位，以引导者的身份发展学前儿童制定、遵守幼儿园集体规范的意识和能力。

（二）区域活动

区域活动中的规则提示保障了活动的基本进程和学前儿童在活动中的基本权利，制约了不符合集体规范要求的行为，能帮助学前儿童了解集体规范的意义，调整自己的行为。在区域活动中，学前儿童可以通过同伴间的互动交往来学习幼儿园集体规范，幼儿教师可以在区域中设置人数提示、时间提示、等待提示等。

例如，可以采用"进区插卡""按脚印图案"等方式进区，让学前儿童了解活动区有人数限制；可以面向小班、中班儿童设计专门的音乐来提醒活动时间结束，教会大班儿童独立看钟表、独立结束活动等。

（三）渗透到幼儿园一日生活中的活动

幼儿园的一日生活看似平常、琐碎，但在潜移默化中影响着学前儿童。幼儿园集体规范教育大多渗透在幼儿园的一日生活之中，因此一日生活成为实施集体规范教育的重要阵地。幼儿教师要充分利用学前儿童入园、用餐、午睡、自由活动等环节，及时针对学前儿童出现的情况进行随机教育，将幼儿园集体规范教育渗透到一日生活中。

（四）家园共育

家庭在学前儿童社会规范认知和习得方面有着重要的作用。家长要注意自己的一言一行，要求学前儿童遵守的规范，家长首先应遵守，并成为学前儿童的榜样。在家庭生活中，家长可以将系统的规范灌输到学前儿童的意识中，并且使遵守这些规范成为学前儿童的行为习惯和内部需要。另外，家长还应协助幼儿园的常规教育，在家庭中巩固学前儿童在幼儿园中习得的集体规范。

三、学前儿童公共规范教育

对学前儿童开展公共规范教育，目的在于帮助学前儿童逐步了解与身边常见的社会组织、机构或场所相适应的行为要求。这也是发展学前儿童适应能力、帮助其融入社会生活的需要。

（一）公共规范教育的目标

《纲要》中指出，"教育幼儿爱护玩具和其他物品，爱护公物和公共环境"。《指南》中指出，要引导学前儿童"爱护身边的环境，注意节约资源"，可以"利用实际生活情境和图书故事，向幼儿介绍一些必要的社会行为规则，以及为什么要遵守这些规则"。

1. 公共规范教育的目标

公共规范指全社会都应该共同遵守的规范，主要包括公共交通规则、公共卫生规则、爱惜公共财物规则和公共场所规则。公共规范教育的目标分为以下3个层次。

（1）认知层次，指学前儿童了解有关公共交通、公共卫生、公共财物、公共场所的基本行为规则，熟悉有关标志。

（2）情感层次，指学前儿童愿意遵守公共规范，形成初步的环保意识和社会责任感。

（3）行为层次，指学前儿童能按公共场所标志的提示和要求行动，初步懂得爱惜劳动成果、爱惜公共财物，当发现他人不当的行为举止时，敢于劝阻。

2. 不同年龄段儿童公共规范教育的目标

不同年龄段儿童公共规范教育的目标如下。

（1）小班儿童。认识周围的社会生活环境，认识几种常见的交通工具，掌握基本的交通规则和交通安全常识，如红灯停、黄灯准备、绿灯行，过马路要走斑马线等。认识商店、公园等公共场所，懂得在这些地方不能大哭大闹、不能随地吐痰及大小便、不能乱扔果皮纸屑。在成人提醒下，能遵守公共场所的规则，能爱护公共物品。

（2）中班儿童。认识常见的交通工具，了解其特点及其与生活的关系，认识常见的交通标志，知道要遵守交通规则。了解简单的公共规则，如不随地吐痰、不大声喊叫，并能基本遵守。进一步了解周围的社会机构及其行为规范，有初步的公德意识。在成人提醒下，能节约粮食、水电等。

（3）大班儿童。熟悉有关安全、交通、环保的标志，理解其作用并能自觉遵守，尝试为生活中的某些事物设计标志。树立环境保护意识，爱护身边的环境，注意节约资源。初步养成社会公德意识，当发现他人不当的行为举止时，敢于劝阻。

（二）公共规范教育的内容

根据公共规范教育的目标，幼儿教师可以围绕以下公共规范教育内容设计教学活动。

（1）公共交通规则：红灯停、绿灯行；过马路时走斑马线；不随意横穿马路；尽量走天桥或地下通道；不在马路上玩耍、打闹等。

（2）公共卫生规则：不随地吐痰、不乱扔果皮纸屑、不乱涂乱画等。

（3）公共财物规则：爱护公共财物、不随意践踏草坪等。

（4）公共场所规则：遵守购物规则，例如，在超市购物时要排队，付款前不打开物品的包装袋，等等；在公共休闲娱乐场所讲文明、懂礼貌，不大声喧哗、大吵大闹，听从工作人员的指挥与提醒，等等。

幼儿教师可以围绕"认识公共规则""遵守公共规则"等内容展开教育活动。例如，可以选择"设计公共规则标志""参观活动""我身边的规则"等作为具体教育内容，目的是让学前儿童认识公共规范，感受公共规范在人们日常生活中的重要性，在公共场所遵守基本的行为规范。

四、学前儿童公共规范教育的实施

学前儿童公共规范教育的实施途径包括开展专门的集体教学活动、区域活动或者家、园、社区共育活动。

（一）专门的集体教学活动

幼儿教师在专门的集体教学活动中对学前儿童进行公共规范教育，应注意以下事项。

（1）从学前儿童的兴趣和发展需要中提炼出公共场所规范教育的主题

在幼儿园中，学前儿童对与公共规范有关的主题产生兴趣的机会有很多，如自由活动时学前儿童之间自发地谈话、外出参观时学前儿童自发地讨论、在活动中遇到的引起同伴共鸣的具体问题等。幼儿教师应当在幼儿园一日活动过程中注意观察学前儿童的表现，从中分析提炼出他们最感兴趣并对他们具有重要发展价值的主题。

例如，幼儿教师组织开展"参观科技馆"的主题活动。活动前，幼儿教师提问："小朋友们，你们知道科技馆是什么地方吗？科技馆里都有什么呢？"激发他们参与活动的兴趣与积极性。同时，告诉他们游览科技馆的注意事项及安全规范等。在活动过程中，提醒并监督小朋友们遵守公共场所行为规范，如不大声喧哗，爱惜公共财物等。

（2）根据学前儿童的生活范围选择适当的公共规范教育内容

不同年龄段学前儿童的生活范围不同，所接触的公共场所和相应的行为规范也会有所不同。学前儿童首先对幼儿园生活、活动规则形成理解并学会遵守规则。随着年龄的增长，其生活范围逐渐扩展，开始逐步认识和体验公共交通规则、公共卫生规则等幼儿园外的规则。学前儿童对公共规范的学习是基于其生活经验，并以满足其实际生活需要为主的，因此应根据学前儿童的生活范围选择恰当的教育内容。

（3）根据公共场所的典型特点和标志确定教育的内容

不同公共场所的功能不同，导致其建筑物的外观、标志等也不同。因此，公共规范教育要从引导学前儿童对不同公共场所的识别开始，从了解不同的建筑物的名称、外形构造、特殊标志等开始，帮助其深入感知不同环境的特点，了解不同公共场所的规范要求。

（4）通过真实的社会环境开展学前儿童公共规范教育活动

学前儿童公共规范教育的最大特点就是与真实的社会生活密切联系，因此幼儿教师可以充分利用真实的社会环境开展活动。这种类型的社会教育活动需要幼儿教师带领学前儿童前往与特定主题相关的公共场所参观访问。

通过观察学习的方式，学前儿童可以获得对特定公共场所中社会规范的认识。幼儿教师最好能够引导学前儿童与相关人员进行互动，以帮助学前儿童更直观、深入地了解社会公共规范。在真实的社会环境中开展教育活动，需要幼儿教师在活动设计上更多考虑如何引导学前儿童针对特定公共场所的特点进行观察和讨论，以何种方式组织学前儿童在真实的社会环境中进行实践和探索，以及特别针对安全管理工作进行设计，等等。

幼儿教师在设计实施公共规范教育实践活动时，应注意以下几点。

① 做好安全工作。幼儿教师要提前做好充分的安全防范措施，可以邀请家长一起参与，统一学前儿童的着装，细心照看，防止出现意外伤害或走失的情况。同时，还要准备好紧急安全问题处理预案，做到有备无患，以防万一。

② 做好与相关部门或人员的衔接工作。为了保证在真实的社会环境中开展教育活动的实际效果，幼儿教师要提前做好与特定公共场所相关部门或人员的联系与沟通工作。例如，到消防大队参观，需要先征得对方同意，还需要对方为保证教育效果适当做些准备和接待工作。

③ 将在特定的公共场所开展的活动与在幼儿园开展的活动有机衔接。幼儿园组织一次外出活动很不容易，一定要设计周密，保证取得最佳的教育效果。

一方面，在学前儿童前往特定的公共场所开展活动之前，幼儿教师应当在幼儿园中开展一些先行活动，帮助学前儿童做好经验准备，保证学前儿童对将要前往的公共场所有一定的了解，同时又有一定的疑问，带着疑问和目的参与活动。

另一方面，在特定的公共场所的活动结束后，幼儿教师最好在幼儿园继续组织几次活动，例如，以谈话或画画的方式总结观察和实践所得到的经验，并引导学前儿童巩固和提炼这些经验。

④ 尽可能为学前儿童创造充分实践练习的机会。幼儿教师应设计出与学前儿童的现有发展水平和特定的公共场所相符合的实践活动，尽可能为学前儿童创造充分实践练习的机会，避免使活动简单停留在"走马观花式"的观察层面上。

（二）区域活动

区域活动作为一种基于结构化的环境创设和材料投放的自主活动，可以为学前儿童提供大量的机会，让学前儿童体验各种特定的公共场所，并学会遵守相应的公共行为规范。为此，幼儿教师可以从以下几个方面着手开展相关活动。

（1）联系相关的真实社会场所，进行区域整体环境创设和材料投放

从促进学前儿童社会性发展的角度看，幼儿园在开展区域活动时，除了"家""餐厅""医院""超市"等常规的角色区外，对于建构区、表演区、语言区、美工区、运动区等也都可以有意识地设计成角色区，以赋予学前儿童特定社会角色的方式，让其一边参与自主游戏活动，一边体验相应的社会行为规范。

例如，建构区可以设计为"建筑工地"，在投放积木等建构材料的同时，可以同步投放"安全帽""建筑图纸""吊车""推车"等辅助材料，以赋予学前儿童建筑工人的角色感。

（2）按照角色区所对应的社会场所中的主导活动制定各区域的具体活动规则

表演区可以设计为"小剧场"，让学前儿童在玩表演游戏的同时，也能获得演员或观众的角色感，并在表演游戏中学会遵守剧场的行为规范。

语言区可以设计为"图书馆"，让学前儿童获得图书馆管理员和借阅人的角色感，按照图书馆借阅书籍的方式借阅图书，逐步熟悉图书馆借阅图书的规则，在不断练习中养成良好的借阅习惯。

角色游戏是以角色扮演法为主要方法开展的学前儿童社会规范教育活动。幼儿教师通过有目的地引导学前儿童扮演某种社会角色，创造性地模拟特定公共场所中的行为或事件，除了能够加深学前儿童对特定公共场所及相应的社会规范的认识外，还可以帮助他们初步体验特定公共场所规范的价值，并感受特定公共场所中相关角色的情绪情感状态，从而有利于情感态度目标的实现。

（三）家、园、社区共育

幼儿园可以充分利用家长、社区等教育资源，为开展学前儿童公共规范教育活动提供主体来源，丰富参与主体，充实教育内容。幼儿教师要做好与家长的沟通与联系。家长可以为幼儿园提供学前儿童成长方面的信息，其不同的知识和职业背景也可以为幼儿园提供丰富的知识信息来源。

例如，幼儿教师邀请学前儿童的家长参加家长报告会。家长报告会的主要内容就是选择部分家长与孩子们进行互动交流和模拟游戏。幼儿教师可以分别选择从事消防、环卫、建筑机械、餐饮等职业的家长代表，并让他们穿上平时的工作装，用通俗的语言介绍自己的工作内容、工作规范及工作中遇到的各种各样的趣事，并回答学前儿童的提问，参加职业游戏活动。

通过家长报告会，学前儿童与身边熟悉的、从事各种职业的人亲密接触，不仅了解了他们的工作场所和工作体会，产生了情感和认知互动，还增进了对不同社会场所及其规范的理解。

五、学前儿童社会行为规范教育活动设计案例

学前儿童社会行为规范教育活动案例如下。

（一）小班社会教育活动——"猜猜我是谁"

活动导入： 幼儿非常喜欢做游戏，但有些幼儿在参与游戏时常常不遵守规则，阻碍了游戏的正常开展，使其他幼儿无法体会到游戏的乐趣。因此，幼儿教师可以设计并实施引导幼儿学习并遵守规则的社会教育活动。

1. 活动目标

（1）了解保持安静、轮流做事、等待等规则。

（2）感受规则的重要性，愿意遵守规则。

（3）能按照保持安静、轮流做事、等待等规则进行游戏，并有意识地维护规则。

2. 活动准备

经验准备：幼儿之间相互熟悉，能够说出其他幼儿的姓名。

物质准备：一块遮眼布、欢快的背景音乐。

3. 活动过程

（1）讲述规则，初步感知规则

教师：下面我们要用小朋友的名字来玩一个游戏。我们请一位小朋来到教室中间，用布蒙住眼睛，其他的小朋友手拉手围成一个圈，把蒙住眼睛的小朋友围在中间，然后大家跟着音乐围着圈走动起来，不要发出声音。音乐停时，小朋友们也停下来，把手放开，这时蒙住眼睛的小朋友正对面的小朋友悄悄走出来，提问"猜猜我是谁？"其他的小朋友不要告诉他，看看蒙住眼睛的小朋友能不能正确地说出名字。

教师：如果猜对了，小朋友们要怎样奖励他呢？如果猜错了呢？

（2）开始游戏，感知遵守规则的快乐与破坏规则的后果。

按规则进行游戏，引导幼儿感知遵守规则的快乐与破坏规则的后果。在游戏的环节中，教师要关注幼儿是否理解规则，能否遵守规则，让幼儿享受遵守规则带来的愉悦感，感受破坏规则带来的负面影响。

（3）讨论互换，理解规则的作用

如果游戏中出现幼儿在拉手转圈时讲话、在音乐停止后没按照要求停下来，或者正对面的幼儿往前走的过程中其他幼儿没保持安静，说出了他的名字，就暂停游戏，进入讨论环节。

① 违反保持安静的规则。

教师：我们请思思（蒙着眼的小朋友）来说一说，刚刚小朋友们围着你拉手转圈的时候你有什么感受？

思思：听不清声音，很烦躁。

教师：如果你们也站在中间的话，你们希望怎样来玩游戏呢？

幼儿：安安静静地玩游戏。

教师：小朋友们要按照规则悄悄地转圈，看看思思还能不能猜到你是谁，我们再来玩一遍吧！

② 出现"抢答"行为，违反等待的规则。

教师：琳琳（蒙着眼的小朋友），你感觉怎么样？

琳琳：我不开心，我还没猜就有人先说出来了。

教师：让我们再来玩一次，抢答的小朋友亮亮站在中间猜。

教师：亮亮，你的感受如何？

亮亮：不高兴，我还没猜呢！

教师：只有遵守游戏的规则，才能享受游戏的乐趣。

4. 活动延伸

让幼儿结合自身经验讲述自己了解的生活中的规则，如过马路的规则、乘公交车的规则、超市购物的规则、看电影的规则、去饭店吃饭的规则等。

5. 活动评价

不遵守规则是小班幼儿经常出现的行为表现，其原因除与班级一日常规教育不当、规则设置不科学有关以外，还与幼儿的家庭教育经验、幼儿的认知发展水平及自控力发展水平局限有关。小班的幼儿难以理解教师提出的规则，不明白为何非要按照规则来做，他们更愿意按照自己在家中的习惯来表现，在遇到一些新的情境时，其行为也会习惯于从家庭中的行为模式泛化而来。

本活动从认知、情感、行为等方面，围绕"规则"这一关键词进行设计。其中，行为方面的目标作为活动的重点，也是小班幼儿所急需解决的问题。围绕这一重点，教师应动之以情，晓之以理，让幼儿了解规则，体会规则的作用，更重要的是感受在规则下开展游戏的快乐及不遵守规则的不良体验，从而知道规则的重要性，进而将遵守规则的行为泛化到其他活动中。

（二）大班社会教育活动——"节约用水"

活动导入： 在幼儿园一日生活中，在洗手、喝水等环节经常会看到幼儿玩水、浪费水的现象。他们节约用水的意识比较薄弱，不知道如何合理地利用水。要想让幼儿懂得水资源的宝贵，培养幼儿节约用水的意识，需要设计相关的社会教育活动，引导幼儿将节约用水付诸行动，让幼儿了解水与人类、水与自然的关系。

1. 活动目标

（1）认识水的有关性质及水的用途。

（2）萌发节约用水、保护水资源的意识。

（3）发展观察和语言表达能力。

（4）激发好奇心和探究欲望。

（5）养成敢想、敢做、勤学、乐学的良好素质。

2. 活动准备

实验用的小瓶、杯子、盆、漏斗、水、可乐、颜料、醋、透明的塑料细软管及被污染水的挂图等。

3. 活动过程

（1）引入主题。教师：小朋友们，当你口渴的时候，首先想到什么？你手脏的时候怎么办？你见过什么地方有水？

（2）实验、示范。

① 在小瓶里放入颜料，让幼儿观察。

② 在杯子里分别放入醋、水、可乐，让幼儿闻一闻，品尝一下。

③ 把杯子里的水倒入盆内。

（3）幼儿分组实验，得出结论：水是流动的，水是没有颜色的，水是透明的，水是无味的。

（4）讨论水的用途。

教师：你们知道水有哪些用途吗？

幼儿：洗脸、刷牙、做饭、浇花……

小结：水的用途分为3类，包括日常生活用水、生产建设用水、动植物用水。

教师总结：水分淡水、咸水两种，淡水的用途非常大，地球上的淡水正在减少，人人都应该节约用水。有些水用过后还可以二次利用，例如，洗过菜的水还可以浇花、洗过脸的水可以冲刷厕所等，但被污染了的水里面会有细菌和有毒物质，如果没有处理，就成了废水。全世界每年都有很多人因喝了被污染的水而生病甚至死亡，水里的生物也会因被污染的水而受到伤害，所以我们要爱护水资源。

4. 活动延伸

（1）游戏：玩"流水走迷宫"游戏。

（2）让幼儿了解水的流动走向与水的形状会随着物体的变化而变化。

5. 活动评价

此活动内容侧重生活性，与水打交道是每天必不可少的事情，通过教师的挖掘与引导，幼儿对水将有更全面的认识与了解，从而既能培养幼儿的动手能力，又能增强幼儿节约用水的意识。此活动具有实操性，以幼儿为主体，让幼儿动手、动脑、观察、讨论，充分"动"起来，教师只是引导者，提出一些问题，做一些简单的评价，使幼儿在活动中感知对科学的兴趣，增强节约用水的意识。

🔍 实战训练

请同学们根据所学知识，试设计一份带领幼儿参观博物馆、科学馆或美术馆的集体活动，组织一场对幼儿进行社会行为规范教育的实践活动，注意在活动的各环节随机渗透集体规范教育和公共规范教育，让幼儿懂得集体规范与公共规范的重要性。

课后习题

一、选择题

1. 认知的对象包括（　　）三大部分。

　　A. 物理世界、社会世界、精神世界　　B. 人物、动物、事物

　　C. 物质、心理、情绪　　D. 客观世界、主观世界、社会世界

2. （   ）规范具有内在性、普适性和一致性的特点。

    A. 安全健康   B. 人际交往   C. 基本道德   D. 幼儿园集体

3. （   ）规范具有协商性、可改变性和相对性的特点。

    A. 公共   B. 人际交往   C. 道德   D. 安全健康

4. （   ）幼儿园集体规范教育目标：能自觉遵守幼儿园活动纪律和游戏规则；能与同伴共同协商，按意愿进行活动，以及在活动中协商自己和他人的行为。

    A. 大班儿童   B. 中班儿童   C. 小班儿童   D. 所有学前儿童

5. 下列不属于幼儿园集体规范教育的内容的是（   ）。

    A. "我会收玩具"   B. "听指令做动作"

    C. "我们班的班级公约"   D. "遵守交通规则"

二、判断题

1. 学前儿童社会认知发展过程是学前儿童在与社会性客体相互作用中，逐渐掌握有关社会角色、社会规范和社会价值标准的过程。（   ）

2. 能动适应阶段是学前儿童进入环境的初始阶段。（   ）

3. 移情即设身处地为他人着想的能力，是一种特殊的观点采择能力。（   ）

4. 3岁儿童已经知道信念和愿望能决定行为，而且越来越相信信念对行为有重要影响。（   ）

5. 社会角色规范是指社会成员在享受权利和履行义务的过程中必须遵循的行为规范或准则。（   ）

三、简答题

1. 简述学前儿童社会认知的发展过程。

2. 简述学前儿童社会行为规范的分类。

3. 简述学前儿童习得社会行为规范的过程。

04

第四章
学前儿童情绪情感的发展与归属感教育

知识目标

> ➢ 了解情绪情感的功能、分类及其与认知过程的关系。
> ➢ 了解学前儿童情绪的基本表现形式与情绪情感的社会性发展。
> ➢ 掌握学前儿童归属感教育的实施与活动设计方法。

能力目标

> ➢ 能够设计有助于促进学前儿童家庭归属感发展的教育活动。
> ➢ 能够设计有助于促进学前儿童集体归属感发展的教育活动。
> ➢ 能够设计有助于促进学前儿童家乡和祖国归属感发展的教育活动。

素养目标

> ➢ 注重学前儿童的情绪情感表达，用爱心、耐心、细心呵护每一位学前儿童。
> ➢ 做好乡土文化教育，培养学前儿童热爱家乡、热爱祖国的情怀。

　　学前儿童的情绪情感教育对促进学前儿童社会性发展起着关键的作用。如果学前儿童的情绪情感无法得到成人的良好回应，就会导致他们不敢袒露自己的真实想法，或者怀疑自己的判断和感觉。为了改善这种情况，幼儿教师有必要进一步了解和学习学前儿童情绪情感与个性的发展和教育知识，帮助学前儿童摆脱情绪情感问题的困扰，使其在学习和生活中学会情绪管理，能够更好地适应环境，与周围人建立良好的人际关系。

第一节　认识学前儿童情绪情感

引导案例

　　5 岁的小东和琦琦正在玩积木搭房子的游戏，玩得特别高兴。这时候，站在一旁的林林说：“哇，太漂亮了！我也想跟你们一起玩。”

　　“不行！林林平时就爱捣蛋，不能让他加入！”小东生气地拒绝了林林。由于他的声音很大，胆小的琦琦“哇哇”地哭了起来。小东站了出来，他一边安慰琦琦，一边设法让林林离开。铃响了，老师准备让小朋友们吃午餐了，这时大家才散开。

　　这种情景在幼儿园里十分常见，在这种情景中，小朋友们表现出了各种不同的情绪：琦琦和小东玩积木搭房子的游戏，他们非常高兴；当林林要加入游戏时，小东很生气；琦琦被小东的高音量吓坏了，她感到很害怕；同时，小东理解琦琦害怕的情绪，并快速做出反应，安慰哭泣的琦琦。

　　情绪是个体对外部事物和内部需要的主观体验，包括生理、表情和体验等多种成分，是人与生俱来的，而情感是个体处于一定的社会角色下形成的对客观世界的态度，如责任感、道德感、美感等。情绪与情感不同，情绪具有较强的情境性、激动性和暂时性，它随着情境的改变而改变；而情感则具有较强的稳定性、深刻性和持久性，是对人、对事稳定态度的反映。研究表明，学前儿童阶段是情绪情感发展的关键时期。

一、情绪情感的概述

人在认识客观事物时会产生喜与悲、乐与苦、爱与恨等态度体验，我们把人对客观事物的态度体验及相应的行为反应称为情绪情感。情绪情感是人的主观体验，即人对自己心理状态的自我感觉。情绪情感体验是以人的需要和愿望为中介的心理活动，就是说当人的需要和愿望与某件事情产生联系时，人才会出现情绪情感体验。只要能够满足或符合人的需要和愿望，人就会产生积极的情绪情感体验；反之，则会产生消极的情绪情感体验。

（一）情绪和情感的定义

情绪和情感的定义如下。

1. 情绪的定义

情绪是指人因客观事物是否符合自己的需要、愿望和观点而产生的态度体验，是人对现实世界的一种特殊反应形式。

人之所以会对客观事物产生不同的情绪体验，与客观事物是否满足人的需要有很大的关联。如果客观事物符合并满足人的需要，人就会产生满意、愉快、高兴的情绪体验；反之，则会产生不满、愤怒、痛苦、仇视等消极的情绪体验。

2. 情感的定义

情感也是人因客观事物是否符合自己的需要、愿望和观点而产生的态度体验，但与情绪不同，情绪更倾向于人在基本需要上的态度体验，而情感则更倾向于人在社会需要上的态度体验，通常被用来描述具有稳定性和深刻性社会含义的高级感情，如对祖国的热爱、对未知事物的好奇、对道德规范的捍卫及对美的欣赏等。

人的情绪和情感是由客观事物引起的，离开了具体的客观事物，人不可能产生情绪和情感。客观事物是情绪和情感产生的源泉，人的情绪和情感是对客观事物的反映，但这种反映并非反映事物本身，而是反映人对客观事物的态度。

（二）情绪和情感的区别

一般情况下，情绪和情感是时刻联系在一起的统一体，尽管如此，两者仍有一定的区别，主要体现在以下几个方面。

1. 产生的基础不同

情绪产生较早，并为人类和动物所共有。新生儿刚出生时就有哭、笑等情绪表现。情感则产生较晚，是人类所特有的，它是人类通过一定的社会实践才逐渐形成的，如友爱、归属感、自豪感等。

2. 稳定性不同

情绪一般不稳定，持续时间较短，会随着情境的改变及需要满足的情况而发生相应的变化，如在紧急状态下的紧张、恐惧等情绪；而情感具有较强的稳定性、深刻性和持久性，是对事物态度的反映，是构成个性或道德品质的稳定成分。

3. 需要的角度不同

情绪一般与人较低级的需要即生理性需要相联系，例如，婴儿饥渴就会"哭"，吃饱了会"笑"；而情感往往与人的高级需要即社会性需要相联系，例如，随着年龄的增长和社会化的发展，人会产生爱父母、爱祖国的情感，并形成理智感、道德感和美感等高级情感体验。

4. 表现形式不同

情绪一般有着强烈的生理变化，有明显的冲动性和外部表现。例如，人在恐惧时身体会不由自主地颤抖，在愤怒时往往会握紧拳头。情感则比较内隐，以内在体验的形式出现，常处于人的掌控之中，不易被他人察觉。

（三）情绪和情感的联系

情绪和情感虽有区别，但它们又是密切相关的。一方面，情绪受情感的制约和调节，一个人的情绪不是在任何场合与地点都会毫无顾忌地表现出来的，往往受到情感的制约和调节；另一方面，情感是在情绪的基础上形成并在各种变化着的情绪中表现出来的。因此，从某种意义上说，情绪是情感的外在表现，情感是情绪的本质内容。

二、情绪情感的功能

情绪情感有4种功能，即动机功能、组织功能、适应功能和信号功能。

（一）动机功能

情绪情感是唤起心理活动和行为的动机。情绪情感伴随动机性行动产生，具有动机功能。情绪情感的动机功能体现在两个方面：积极的情绪情感对行为有促进作用，消极的情绪情感对行为有抑制作用。

情绪情感是动机的源泉之一，是动机系统的基本成分，它能激发人的活动热情，提高人的活动效率。适度的情绪兴奋可以使身心处于活动的最佳状态，推动人有效地完成任务。研究表明，适度的紧张和焦虑能够促使人积极地思考和解决问题。

（二）组织功能

情绪情感是心理活动的组织者。人在知觉和记忆过程中对信息进行选择和加工，情绪情感则对心理活动进行监督。积极的情绪情感对心理活动起着协调和促进作用，消极的情绪情感对心理活动起着瓦解和破坏作用。情绪情感的组织功能主要影响思维活动与工作记忆，促成知觉选择，监视信息移动。

（三）适应功能

情绪情感是个体适应环境、求得生存与发展的工具。从人类进化的角度分析，情绪情感是与大脑的发育完善紧密相连的。因此，情绪情感具有社会性成分，并有助于人类适应社会环境。

情绪情感的根本意义在于适应社会环境。情绪情感会直接影响人的身心健康。积极的情绪情感有助于人的身心健康，消极的情绪情感有可能引发人的各种疾病。

（四）信号功能

情绪情感是人际交流的手段。情绪情感的外部表现是表情，表情具有信号传递作用，属于非言语性交际。人可以凭借一定的表情来传递情感信息和思想愿望。情绪情感的信号功能是指人以体验的方式表达出自己对周围事物意义的认识，并对他人施加一定的影响。

情绪情感的信号功能包括以下几层含义。

（1）人的情绪情感一旦和有关事物结合起来，人就会在头脑中形成对该事物的具有情绪情感色彩的记忆映像。

（2）人一旦有了情绪情感的记忆经验，不但见到某类事物会产生相应的情绪情感，而且再度遇到某些表情也能领会其含义，并对其做出积极或消极的情绪情感反应及行为上的趋避动作。

（3）人对各种信息的意义性的鉴别经常是通过共鸣和移情作用进行的。实验证明，当被试者接收到故事讲述者的情绪情感信号后，会激起相应的情绪情感活动或情绪情感共鸣。

情绪情感的四大功能同样体现在学前儿童身上，影响着学前儿童的社会活动。我们常说"儿童是情绪的俘虏"，这说明情绪情感是学前儿童行为的激发者，会直接支配和影响学前儿童的行为。幼儿教师要利用情绪情感的信号功能给予学前儿童积极正面的情绪情感反馈，使其获得行动的动力，积极参与社会性教育活动。

三、情绪情感的分类

情绪情感可以按以下 3 个维度来进行分类。

（一）情绪的分类

人的情绪可分为基本情绪和复合情绪。复合情绪是由基本情绪的不同组合派生出来的。

1. 伊扎德的复合情绪分类法

20 世纪 70 年代初，美国心理学家伊扎德用因素分析的方法提出人类的基本情绪有 11 种，即兴趣、惊奇、痛苦、厌恶、愉快、愤怒、恐惧、悲伤、害羞、轻蔑和自罪感，由此产生的复合情绪分为 3 类，如表 4-1 所示。

表 4-1　复合情绪的分类

复合情绪的分类	举例
基本情绪的混合	兴趣—愉快、恐惧—害羞、恐惧—自罪感—痛苦—愤怒
基本情绪与内驱力的结合	兴趣—享乐、疼痛—恐惧—愤怒
基本情绪与认知的结合	活力—兴趣—愤怒、多疑—恐惧—自罪感

复合情绪有上百种，而大多数复合情绪是很难命名的。有些复合情绪可以命名，如由愤怒—厌恶—轻蔑组成的复合情绪可以命名为敌意，由恐惧—自罪感—痛苦—愤怒组成的复合情绪可以命名为焦虑等。

2. 情绪分类的环形模式

罗素提出了情绪分类的环形模式，他认为情绪可划分为两个方面：愉快度和强度。愉快度又可分为愉快与不愉快，强度又可分为中等强度和高等强度，由此可以组合出 4 个类型：愉快—高等强度、愉快—中等强度、不愉快—高等强度、不愉快—中等强度，如图 4-1 所示。

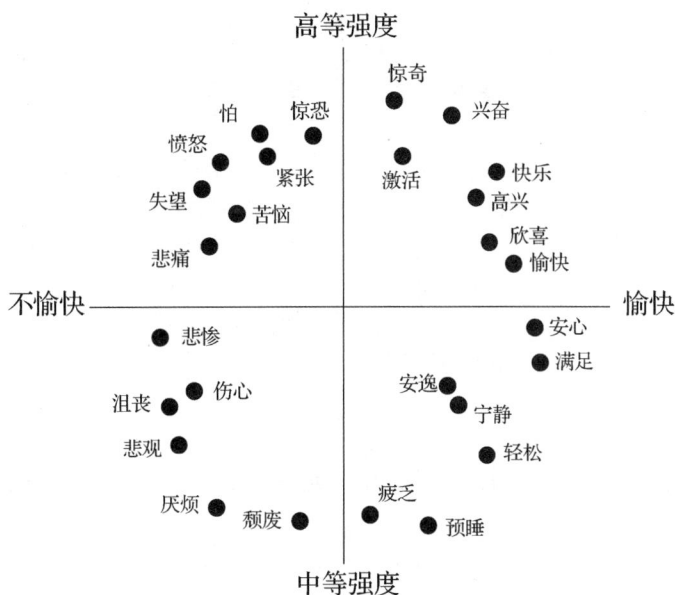

图 4-1　情绪分类的环形模式

（二）情绪状态的分类

按照情绪发生的强度和持续时间的长短，情绪状态可以分为心境、激情和应激 3 种。

1. 心境

心境是一种微弱、平静而持久的情绪状态，也称为心情，其特点为缓和微弱、持续时间长、非定向性、弥散性，它能使人的一切其他体验和活动都染上情绪色彩。平稳的心境可以持续几个小时、几周或几个月，甚至会持续一年以上。

2. 激情

激情是一种强烈的、爆发式的、持续时间短暂、失去自我控制力的情绪状态，如狂喜、暴怒、绝望、惊厥等。激情具有冲动性，发生时强度很大，它使人体内部突然发生剧烈的生理变化，伴有明显的外部表现。引起激情的原因主要有强烈的欲望和明显的刺激。

3. 应激

应激既是在出乎意料的紧急情况下所引起的高度紧张的情绪状态，也是人们对某种意外的环境刺激做出的适应性反应。在应激状态下，人可能有两种表现，一种是目瞪口呆，手足无措，陷入一片混乱之中；另一种是头脑清醒，急中生智，动作准确，及时摆脱困境。一个人若长时间处于应激状态，可能会患适应性疾病。

（三）高级的社会情感分类

高级的社会情感可以分为道德感、理智感和美感。

1. 道德感

道德感是根据一定的道德标准去评价人的思想、意图、言语和行为时产生的情感体验。人在社会生活中，能够将掌握的社会道德标准转化为自己的道德需要。当人们用自己掌握的社会道德标准去评价自己或他人的思想、意图、言论和行为时，如果认为其符合社会道德需要，就会产生敬佩、自豪、羡慕等肯定性的情感体验；如果认为其不符合社会道德需要，就会产生内疚、羞愧等否定性的情感体验。

小班的学前儿童已经开始懂得抗拒诱惑，不去碰那些禁止触碰的东西，情感上出现自控。研究表明，33 个月大的自觉服从规定的学前儿童比不服从规定的学前儿童在未来更愿意与其他人合作；到了大、中班，学前儿童的表现更加内化，例如，成人不在场时也能做到按照规定做事，在自己犯错以后有明显的内疚感，当他人做错事时会产生厌恶感，等等。

2. 理智感

理智感是人在智力活动过程中，对认识活动成就进行评价时产生的情感体验。例如，人在探索真理时产生求知欲，了解未知事物时产生兴趣和好奇心；在解决疑难问题时出现迟疑、惊讶和焦躁，问题解决后产生强烈的喜悦和自豪；在坚持自己看法时产生强烈的热情，这些都属于理智感的范畴。

学前儿童在很多科学活动中都表现出理智感。他们在活动中提出问题，并想方设法解决问题，在整个活动中表现出对科学知识和真理的不懈追求。他们经过反复讨论、观察、记录、搜集并整理资料、修改观察工具等，最终得出正确结论时就会产生自豪的情感。

3. 美感

美感是人根据一定的审美标准评价事物的美与丑时产生的情感体验。审美标准是美感产生的关键，凡是符合个人审美标准的客观事物，都能引起美感体验。审美时人的心情是自由的、愉快的、轻松的。

学前儿童教育中，审美教育通常在艺术领域中进行，幼儿教师往往通过美术或音乐活动来促使学前儿童产生对美的追求。

四、情绪情感与认知过程的关系

皮亚杰是从认知的观点来解释情绪情感的典型代表。早在 20 世纪初，皮亚杰就指出情绪情感构成行为模式或认知机能的动力状态，情绪情感、社会性的发展遵循与认知发展同样的一般过程，两者是并行发展的。

（一）认知是情绪情感产生的基础

客观事物是否符合人的需要有赖于人对该事物的认识和评价。人只有在认识和评价过程中才能判断客观事物与人的需要之间的关系，产生情绪情感体验。而且人的情绪情感会随着认识和评价的变化而变化，人对客观事物的认识和评价越全面、深刻，产生的情绪情感也就越丰富、越深厚。

（二）情绪情感影响认知过程

人的情绪情感以认知为基础。积极的情绪情感是认知活动的动力，它能够推动、促进人们以顽强的毅力去认识事物，从而提高认知活动的效率和水平；消极的情绪情感是认知活动的阻力，会降低人们认知活动的积极性，从而降低认知活动的效率和水平。

按照皮亚杰的认知发展观，情绪情感的交流和协调同认知发展一样从"自我中心"向"去自我中心"迁移，即发展到将他人作为情绪情感的对象。情绪情感中心的迁移与认知中心的迁移是相关联的，认知功能的发展和情绪情感发展又可以相互促进。

例如，婴儿长期将他人同化于自身，他们在看到人脸时会比看到物体时做出更多的微笑反应，所以微笑反应成为分化人脸和物体的工具，对婴儿认知功能的发展具有动力作用。又如，表象功能对情绪情感和社会关系的发展也至关重要，在感知运动阶段，婴儿的情绪情感从不能区分自我和环境向能与外界进行情绪情感交流发展，所以表象功能的作用不容忽视。

第二节　学前儿童情绪情感的发展

引导案例

晨晨上星期请了几天病假，再回到幼儿园时每天都会闹小情绪，比刚开学的时候闹得还厉害，怎么哄都不管用。今天早上，他更是拽着妈妈不让妈妈离开。妈妈好不容易脱身去上班，到了单位还是有些不放心，又给老师发了一条信息："老师，晨晨早上来的时候有点小情绪，现在好些了吗？"

老师发现晨晨在妈妈离开幼儿园之后情绪还算稳定，搬了一把小椅子坐着看书，但还是会默默地抹眼泪。午饭后，他的情绪好多了。于是，老师把晨晨的表现告诉给妈妈，并请妈妈放心。

学前儿童从一出生就有基本的情绪表现，但这些情绪表现并不是一成不变的，而是随着年龄增长出现社会性发展，即情绪越来越具有社会化特征，进而萌生了社会情感。

一、情绪的产生

人们普遍认为，原始的、基本的情绪是进化而来的，是不学就会的，是天生的，学前儿童先天就有情绪。进化论的奠基人达尔文早已指出，原始情绪反应是婴儿与生俱来的本能，是人类对环境的适应和进化的产物。例如，婴儿啼哭时嘴角下弯的表情是人在遇到困难时求援的表现，愤怒时咬牙切齿是人在进行搏斗前的适应性动作。

近代研究表明，情绪的产生最初与生理需要是否得到满足有直接关系。身体内部或外部不适应的刺激也会引起婴儿情绪的产生，如饥饿或疼痛会引起他们哭闹的情绪。当直接引起情绪反应的刺激消失后，这种情绪反应也随之停止，既而被其他情绪反应取代。例如，当婴儿因为饥饿而哭闹时，只要给他们喂食物，他们的情绪就会由原来的哭闹转为愉悦。

二、情绪的基本表现形式

情绪的基本表现形式有面部表情、身段表情、言语表情。面部表情借助面部活动性较大的肌肉群来表达情绪，可以随意调节，相对于真实的心理状态而言有较强的隐蔽性；身段表情是由人的身体姿态、动作变化来表达情绪；言语表情是通过声调、节奏变化来表达情绪，也是一种副语言现象，如言语中语音的高低、强弱、抑扬顿挫等。

学前儿童的情绪的基本表现形式可以概括为以下几种。

（一）哭

哭是婴儿最早的情绪表现形式，是在他们出生时就出现的，是婴儿与外界沟通的第一种方式。哭既是一种生理现象，也是一种心理现象。婴儿的哭主要是生理性的，他们的哭最早是因为饥饿、寒冷、疼痛或睡眠被打扰，后来又增加了饮食中断、烦躁和食物的变换等原因，这些都可以归纳为婴儿的生理需要没有得到满足。

随着婴儿年龄的增长，他们哭的次数会逐渐减少，并且逐渐表现出一定的社会性，如为了引起他人的注意和父母的关心而哭等。婴儿啼哭的次数会逐渐减少，一方面是婴儿对外界环境和成人的适应能力逐渐增强，周围成人对婴儿的适应性也逐渐改善，从而减少了婴儿的不愉快的情绪；另一方面是婴儿逐渐学会了用动作和语言来表达自己不愉快的情绪和需要，以此取代哭的情绪。

（二）笑

笑有多种形式，主要有反射性微笑和社会性微笑。

1. 反射性微笑（0—5周）

反射性微笑又称内源性微笑，是一种生理表现，与婴儿中枢神经系统活动的不稳定有关。这个阶段的婴儿在笑的时候，眼睛周围的肌肉和脸的其他部位并未收缩，仍保持着松弛的状态，这种形式的笑被称为"嘴的微笑"，在婴儿进入睡眠状态时较为常见。这种早期的笑在3个月后会逐渐减少。

2. 社会性微笑（5周以后）

婴儿到3周左右时已经能对外源性刺激做出反应，眼睛周围的皮肤也会随着发笑而皱起，这时如果成人轻轻触摸婴儿的皮肤敏感区就能引起他们真正的微笑。婴儿到第5周时已经可以对着人脸微笑，如果这时母亲对着正在进食的婴儿微笑，婴儿就会停止进食并且咧开嘴巴微笑，这意味着婴儿开始与社会群体产生交流，出现了"社会性微笑"。

社会性微笑在最初的三四个月里是无差别的，这种微笑往往不分对象。研究发现，无论人脸的表情是生气还是微笑，3个月大的婴儿面对人脸的正面时都会报以微笑。4个月左右时，婴儿的微笑开始出现差别，他们对父母或者抚养者微笑的次数最多，其次是对家庭内的其他成员微笑的次数，对陌生人微笑的次数最少。

（三）恐惧

恐惧也是婴儿出生时就有的情绪表现形式，具体有以下几种。

1. 本能的恐惧

恐惧是婴儿出生时就有的情绪反应，甚至可以说是本能的反应。最初的恐惧不是由视觉刺激引起的，而是由听觉、肤觉、机体觉等刺激引起的，如刺耳而响亮的声音、皮肤受伤、身体突然发生急剧变化、从高处摔下等。

2. 与知觉和经验相联系的恐惧

婴儿从 4 个月左右开始出现与知觉和经验相联系的恐惧，例如能引发不愉快经验的刺激会激起婴儿的恐惧情绪。也就是从这个时候开始，视觉对恐惧的产生渐渐起主要作用。"高处恐惧"也随着深度知觉的产生而产生。

3. 怕生

怕生可以说是对陌生刺激物的恐惧反应。怕生与依恋情绪同时产生，一般在婴儿 6 个月左右时出现。伴随着婴儿对母亲依恋的形成，这时婴儿已经能对亲人和陌生人加以区分，对不熟悉的人会表现出不安和恐惧。

4. 预测性恐惧

2 岁左右的学前儿童随着想象的发展出现了预测性恐惧，他们开始表现出害怕黑暗、不愿意一个人单独睡觉的情绪。这些是和想象关联的恐惧情绪，往往是因为环境的不良影响而形成的。

学前儿童到 2 岁时已经可以随意行走，他们这时不愿再受成人的束缚，更希望通过自己的单独活动去探索外部世界。但是，由于他们还缺乏经验，对周围未知的环境还存在着一定的恐惧和不安，因此成人应该用肯定的语言鼓励他们去探索外部世界，帮助他们克服对未知事物的恐惧情绪。

三、学前儿童情绪情感的社会性发展

学前儿童最初出现的情绪情感是与生理需要相联系的，随着年龄的增长，情绪情感逐渐与社会性需要相联系。社会性发展成为学前儿童情绪情感发展的一个主要趋势。

（一）情绪情感的分化

随着学前儿童年龄的增长，在面对某一事件时，他们不再简单地采用一种基本情绪情感进行反应，而是将不止一种基本情绪情感进行组合，派生出更复杂而深刻的复合情绪情感，这就是情绪情感的分化。情绪情感的分化是指从婴儿到成人的情绪情感类别由单一到多样，由原始、简单的基本情绪情感到复杂、高级的情绪情感的发展过程。

学前儿童情绪情感的分化可以分为 3 个阶段。

1. 泛化阶段（0—1 岁）

这一阶段的婴儿的情绪情感反应较笼统，以生理需要引起的情绪情感为主。在 0.5—3 个月时，婴儿出现欲求、喜悦、厌恶、愤急、烦闷、惊骇 6 种情绪情感，但这些情绪情感并非是高度分化的，只是通过面部表情来表现愉快或不愉快。到了 4—6 个月时，婴儿开始出现由社会性需要引起的喜欢和愤急。

2. 分化阶段（1—5 岁）

这一阶段的幼儿的情绪情感开始出现多样化。3 岁以后，幼儿逐渐产生同情、尊重、爱等多种情绪情感，同时道德感、美感等高级情绪情感出现萌芽。

3. 系统化阶段（5 岁以后）

这一阶段的幼儿的基本特征是情绪情感高度社会化，道德感、理智感和美感等高级情感达到一定的水平，世界观初步形成。

（二）3—6 岁学前儿童情绪情感的社会性发展特点

3—6 岁学前儿童情绪情感的社会性发展具有以下特点。

1. 诱发情绪情感反应的社会性因素增加

婴儿的情绪情感反应主要是与其基本生活需要是否得到满足相联系的。3—4 岁是学前儿童的情绪动因（情绪动因即引起学前儿童情绪情感反应的原因）从主要为满足基本生理需要向为满足社会性需要过渡的阶段，这个时期的学前儿童非常希望被人注意。随着学前儿童社会性需要的进一步增加，到学前末期时，他们的社会性情绪情感表现得更为明显。

2. 情绪情感表达日益社会化

表情是情绪情感的外部表现。有些表情是生物学性质的本能表现。学前儿童在成长过程中，逐渐掌握周围人的表情手段，表情日益社会化，主要体现在以下两个方面。

（1）理解（辨别）表情的能力。表情所提供的信息对学前儿童与成人交往的发展和社会性行为的发展起着特别重要的作用。研究表明，小班的学前儿童已经能够辨认高兴的表情，到中班时，他们开始学会识别愤怒的表情。

（2）运用社会化表情的能力。研究表明，人类先天的表情能力只能保持一定水平，如果缺乏后天的学习，先天的表情能力就会下降。视觉障碍儿童由于缺乏对表情的人际知觉条件，所以其社会化表情的能力受到了影响。

学前儿童的情绪情感活动中涉及社会性交往的内容，随着年龄的增长而增加。在3岁前，基本生理需要是否满足是其主要情绪动因；3—4岁的学前儿童，其情绪动因处于从主要为满足基本生理需要向主要为满足社会性需要的过渡阶段——与成人的交往以及与同伴交往的需要及状况日益成为影响学前儿童情绪情感的重要原因。

3. 学前儿童情绪情感丰富性的发展

情绪情感丰富性包括两种含义，一是指情绪情感过程越来越分化，二是指情绪情感指向的事物不断增加。

（1）情绪情感过程越来越分化。刚出生的婴儿只有少数几种情绪，如哭、笑、恐惧等，随着年龄的增长，他们相继出现一些高级的社会情感，如同情、羡慕、尊敬、责任感等。

（2）情绪情感指向的事物不断增加。随着学前儿童年龄的增长，有些先前没有引起学前儿童情绪情感体验的事物也引起了他们的情绪情感体验。例如，2—3岁的学前儿童不太在意其他小朋友是否和他们一起玩，而随着年龄的增长，当面对其他小朋友的孤立、成人的不理会或不公正对待时，他们也会产生伤心的情感体验。

4. 学前儿童情绪情感深刻化的发展

学前儿童情绪情感的深刻化的发展主要体现在指向事物的性质的变化，从指向事物的表面到指向事物更内在的特点。例如，年幼的学前儿童对父母的依恋主要取决于父母是否满足其基本生活需要，而年长的学前儿童对父母的依恋则已包含对父母的尊重和敬爱等。

5. 学前儿童情绪情感的冲动性减弱

学前儿童的情绪情感常常处于激动状态，不能自制，往往全身心都会被不可遏制的冲动型情绪情感所支配。年龄越小，这种冲动性情绪情感越明显。随着年龄的增长以及语言的发展，学前儿童逐渐学会接受成人的语言指导，调节并控制自己的情绪情感。5—6岁学前儿童情绪情感的冲动性逐渐减弱，情绪情感的调节控制能力逐渐加强。但总体来说，学前儿童的情绪情感仍然是不稳定的、易变化的。

6. 情绪情感从外显发展到内隐

婴儿期和幼儿初期的学前儿童还不能意识到自己情绪情感的外部表现，他们的情绪情感会在脸上完全表露出来，丝毫不加以控制和掩饰，他们想哭就哭，想笑就笑。随着言语能力和心理活动有意性的发展，学前儿童逐渐能够调节自己的情绪情感及其外部表现。到学前末期，学前儿童能较好地调节自己情绪情感的外部表现，但其控制情绪情感的表现仍受周围情境的影响。

学前儿童情绪情感外显的特点有利于成人及时了解他们的情绪情感变化，从而给予他们正确的引导和帮助。而在学前末期，儿童的情绪情感出现内隐的特点后，成人要细心观察和了解儿童的情绪情感体验。

实战训练

　　请同学们围绕学前儿童情绪情感的发展特点，设计一个有趣的活动并写出活动方案，要求既能满足学前儿童情绪情感发展的需要，又能吸引他们的兴趣，促进他们的社会性发展。

第三节　学前儿童归属感教育

引导案例

　　佳佳在幼儿园参加集体活动时，经常独自离开或者脱离队伍。这一天，老师组织孩子们到户外做游戏，大家都排好队，只有佳佳跑到队伍的外面玩耍。

　　这时一群大雁从头顶飞过，老师走到佳佳身边，轻抚着她的头说："佳佳，你抬头看看天空。"佳佳抬头说："空中有一群大雁啊，老师。"

　　老师对佳佳说："你看这群大雁排得多整齐呀，它们一会儿排成'人'字，一会儿排成'一'字，没有一个掉队的。佳佳，你知道它们为什么这么守纪律吗？"佳佳摇摇头："不知道。"老师接着说："因为不守纪律会脱离集体，离开集体就会迷失方向，就有可能遇到危险，所以大雁都是紧密团结在一起，一个都不能少。"

　　佳佳渐渐明白过来，说："我知道了，老师，一群大雁就像一家人，咱们班也是一个集体，我以后一定要好好排队，不脱离集体。"

　　归属感是学前儿童的一种重要的情绪情感体验。归属感的形成让学前儿童感受到自己在群体中被他人接受、被他人认为有价值。归属感在思想上让学前儿童把自己看作群体中的重要一员，在群体中接受信息并认同；在行为上也会让学前儿童自觉地规范、约束自己的行为，使其符合群体的预期。学前儿童的归属感是学前儿童对自己所处群体在情感、思想和行为上的认同与投入，既是他们适应社会的基础，也是他们适应社会的标志。

一、学前儿童归属感概述

　　《指南》提出的"具有初步的归属感"的目标在各年龄段的典型表现中，使用较多的词是"喜欢""感受""愿意"，这表明培养学前儿童具有初步的归属感必须与学前儿童社会学习潜移默化的特点相结合。

（一）归属感的定义

　　归属感，又称隶属感，指个人感觉被他人或团体认可与接纳时的一种感受。从心理学的角度来看，归属感指的是人们在心理上的安全感与落实感。当人们意识到自己并不是孤立的，许多人和自己有共同点，并且这些共同点将大家联结在一起，自己也成为其中一员时，人们便会产生安全感、亲切感和自豪感。

　　对学前儿童来说，归属感是感觉到自己是家庭或幼儿园中的重要一员，被他人接受，被他人认为有价值，以及与他人成为一个整体的一种情感，是对自己所处的群体在思想上、感情上和心理上的认同和投入。

（二）3—6 岁学前儿童归属感发展的特点

学前儿童归属感的发展从总体上说具有层级性，具体表现如表 4-2 所示。

表 4-2　学前儿童归属感的发展层级

发展层级	具体表现
由近到远	生活距离从家庭、社区、幼儿园再到家乡、国家、世界，越来越远
由小到大	生活范围从小到大，从家庭扩大到国家和世界，越来越大
由个体到群体	从自己到他人、群体
由熟悉到陌生	交往对象从亲人到陌生人，社会环境、社会规则等从熟悉到陌生

学前儿童首先体会到自己是家庭中的一员，感受到来自父母的爱和自己爱父母的情感，以及兄弟姐妹之间的情感，亲近与信赖长辈；接着了解生活的社区，感受邻里和睦；入园后，能感受到同伴、教师、班级、幼儿园的温暖；从知道和了解自己家乡的建筑特色、风俗习惯到了解祖国的民族和文化，热爱家乡和祖国；知道世界上虽然有不同的国家（地区）、不同的民族和不同的文化，但世界是一个大家庭，对不同文化要采取接纳、借鉴、学习的态度。

1. 3—4 岁学前儿童归属感发展的主要特点

3—4 岁学前儿童归属感的最重要对象是家庭，他们在情感上表现出对家庭的依恋，尤其是对主要照料者的信赖与亲近。他们大多知道自己的家庭所在社区的情况、家庭成员的情况等。

在刚入园阶段，面对幼儿园的新环境，学前儿童大多会表现出与家庭成员分离后所产生的焦虑情绪，即分离焦虑，这其实也是学前儿童归属感的一种表现。这种分离焦虑说明学前儿童对家庭有着深切的归属感，而对幼儿园和班级中的同伴及教师还未产生信赖感与认同感。

3—4 岁学前儿童分离焦虑的表现大致可分为以下 3 个阶段。

- 反抗阶段——号啕大哭，又踢又闹。
- 失望阶段——仍然哭泣，但是断断续续的，带有动作的吵闹减少，不理睬他人，表情迟钝。
- 超脱阶段——接受外人的照料，开始正常地活动，如吃饭、玩玩具，但看见妈妈时又会出现悲伤的表情。

3—4 岁学前儿童归属感发展的重要标志就是克服分离焦虑，对幼儿园和班级中的同伴及教师产生信赖感与认同感，从而产生对幼儿园及所在班级的归属感。在这个过程中，学前儿童逐渐调整依恋对象的范围，将依恋对象从家庭中的主要照料者扩大到教师，表现为寻求教师的关注与赞许，并开始适应幼儿园与班级的新环境，在新环境中获得安全感。

2. 4—5 岁学前儿童归属感发展的主要特点

4—5 岁学前儿童归属感发展的主要特点是归属对象的范围扩大至幼儿园和班级。该阶段的学前儿童产生了对自己所在的幼儿园和班级的集体荣誉感，表现为喜欢所在的幼儿园和班级，为自己是幼儿园和班级中的一员而感到高兴，也十分愿意参加集体活动，比较关心所在班级和小组是否获得荣誉，在被教师和同伴认可与接纳时感到愉快，反之则会感到沮丧、失落。这一阶段的学前儿童的归属感主要与其集体融合感密切相关，他们开始在意教师和同伴对自己的看法。

4—5 岁学前儿童归属感发展的主要特点除了归属对象的范围有所扩大之外，他们在对归属对象的认知上也产生了变化，表现为对归属对象有了更为深入与全面的认知。例如，他们开始了解和知道自己居住地周围的环境和标志性建筑，知道自己是什么地方的居民，意识到并且知道自己是中国人，认识国旗，会跟唱国歌。这些对周围环境的深入而全面的认知，是学前儿童以后对于家乡、民族及国家产生归属感的重要基础。

3. 5—6 岁学前儿童归属感发展的主要特点

5—6 岁学前儿童归属感发展的第一个特点是集体归属感的情绪体验更为深刻。他们愿意承担集体的责任和义务，积极参加集体活动。这一阶段的学前儿童的归属感与其集体荣誉感和责任心密切相关，他们开始关注集体的荣誉及自己在集体中的作用和地位。

5—6岁学前儿童归属感发展的第二个特点是产生了对国家与民族的归属感。他们非常喜欢听教师和家长介绍社会热点新闻、家乡的变化，以及祖国取得的重大成就，而且也开始关注国家和民族，为自己是中国人而感到自豪。

5—6岁学前儿童归属感发展的第三个特点就是对多元文化有了初步的体验与认知。多元文化教育能够让学前儿童以客观、公正、开放、包容的态度对待外来文化，培养其初步的文化认知感与判断力。

事实上，在对学前儿童进行爱国主义教育，培养学前儿童对国家与民族的归属感的同时，引导学前儿童意识到文化的独特性和多样性，使学前儿童学会尊重他人，友好地与他人合作，也是帮助学前儿童形成归属感的重要教育途径。

（三）学前儿童归属感的分类

学前儿童归属感主要包括家庭归属感、集体归属感、家乡和祖国归属感几大类。学前儿童最早期的归属感是家庭归属感，此后逐渐扩展到群体归属感（如班级、幼儿园等）。随着学前儿童生活经验的不断积累，其又将归属感扩展到对所处地域（如家乡、祖国等）的归属感。

1. 家庭归属感

学前儿童的归属感起步于家庭归属感。家庭归属感是指基于学前儿童与家庭成员之间较为稳定的依恋关系而建立起的学前儿童对家人、家族的认可和接纳的感受。它在婴儿时期逐步形成，到了2—3岁时学前儿童能够充分地表现出对家人的情感依赖，特别是3岁入园初期，学前儿童通过学习如何应对与家庭分离的焦虑，成熟地看待自己与家庭的关系，不再对与家庭的分离感到焦虑，从而对适应幼儿园的生活节奏产生自信心和胜任感。

2. 集体归属感

集体归属感是指学前儿童对自己所在的幼儿园、班级、小组的认可和接纳的感受，这种归属感通常在群体比较中产生。对学前儿童来说，第一个真正意义上的集体便是幼儿园。集体归属感是指学前儿童对自己所在的幼儿园在思想、感情和心理上的认同和投入，愿意承担作为幼儿园一员的各项责任和义务，乐于参与幼儿园的各种集体活动。集体归属感教育能够帮助学前儿童成熟地看待自己与环境之间的关系，在寻求关系平衡的过程中找到自我存在感。

3. 家乡和祖国归属感

家乡和祖国归属感既包括地理范围上的归属，还包括对地域的经济、文化等多个领域的归属。随着学前儿童认知的进一步发展、生活经验的不断积累，学前儿童开始对自己所生活的地域（家乡、祖国）及其文化有更多的认识，并在此基础上逐渐产生爱国主义情感。虽然学前儿童还不能很好地理解国家的概念，但可以通过具体感受祖国的山川地貌、人文习俗、物产美景等培养他们的归属感，激发他们的爱国主义情感。

二、学前儿童归属感教育实施

实施学前儿童归属感教育应做到多种方式和途径相结合，专门性活动与渗透性活动相结合，社会、情感领域的活动与其他领域的活动相结合。归属感教育的重点可以根据学前儿童年龄阶段的特征而有所不同，即小班学前儿童侧重于家庭归属感的教育，中班学前儿童侧重于集体归属感的教育，大班学前儿童侧重于文化归属感的教育。

具体而言，可以从以下几方面入手。

（一）家庭归属感教育

家庭归属感教育主要从以下两个方面入手。

（1）妥当对待亲子分离。妥当对待亲子分离，让需要暂时告别家庭的学前儿童感到家庭的关怀仍然存在，与家庭的联系仍旧稳固，这有利于他们放下紧张情绪，从容地面对新生活的挑战。

在接待新入园的学前儿童时，教师要理解和接纳学前儿童在情绪上的反复，并明确告知其家长来接的时间，这在一定程度上也能使学前儿童产生与家庭建立联系的慰藉感，从而缓解他们的焦虑情绪。

（2）关爱教育。根据学前儿童身心发展规律，家长首先应给予学前儿童爱和关怀，使其形成安全的情感依恋，这是开展教育和实施情感培养的基础；其次，家长要为学前儿童营造安定、和谐的生活氛围，让他们能在和睦的家庭中健康、茁壮地成长，在此过程中还要给学前儿童提供施予他人爱和关怀的机会，让他们在体验、感受爱和关怀的同时还要施予爱和关怀，懂得感恩。

这样的家庭环境有利于在学前儿童与家长间形成互尊互爱、良好和谐的亲子关系，不仅有利于培养学前儿童对家庭环境及其成员的喜爱，还有利于学前儿童将这种爱延伸为对他人、对人民、对祖国的爱。

（二）集体归属感教育

集体归属感教育主要可以从以下两个方面入手。

（1）建立幼儿园生活一日常规。建立幼儿园生活一日常规是指在教师的班级管理下，学前儿童在一日生活中能够主动、自觉地按照作息安排实施各类活动，并能够遵守活动中的基本规则。一旦学前儿童建立起常规，他们对新环境的控制感便会增强，入园的焦虑程度也会降低。

（2）培养集体意识。培养集体意识是集体归属感教育的主要内容。对思维处在以自我为中心的学前儿童来说，树立集体意识、培养集体荣誉感能够帮助他们找到自己与环境的合理距离。

（三）家乡和祖国归属感教育

通过社会领域集体教学活动培养学前儿童对家乡和祖国的归属感，教师需要将涉及家乡、祖国的知识体系进行整理和提炼，选择合适的主题，设计并组织集体教学活动，开展社会教育。教师在设计与组织学前儿童家乡和祖国归属感教育活动时，应注意以下几点。

（1）主题鲜明，导入方式能够吸引学前儿童的兴趣。教师可以选择热爱祖国、家乡的主题，如"我是中国人""我爱我的家乡""茶文化"等。导入方式一般可以通过激发学前儿童的视、听、嗅、味、触这 5 种感觉来进行，例如，选择具有民族特色的音乐、舞蹈、服饰、美食等导入主题。

（2）整合周边文化资源，选择贴近现实生活的教育内容。例如，走进田野教学前儿童认识各种农作物，了解它们的生长过程，体验劳动的快乐；利用当地丰富的历史文化资源，使学前儿童了解城市以及民族的演化历程，等等，为学前儿童提供更大的学习空间，培养他们爱家乡、爱祖国的情感。

（3）关注体验与实践，注重拓宽教育的活动方式。在学前教育中，学前儿童的体验至关重要。体验是从对事物的感受开始的，体验是一种最真实的心理感受。只有来源于学前儿童的生活并服务于他们的生活的教育，才能真正体现教育的真谛。通过实践活动，教师引领学前儿童走进生活，走进自然，走进社会，在情感体验式的实践活动中，使学前儿童感受生活、自然和社会的丰富多彩、快乐有趣。

（四）文化归属感教育

文化归属感是指学前儿童对更大范围的本社区、本城市、本民族、本国家产生认可和接纳的感受，同时也包含对不同社区、不同城市、不同民族、不同国家之间差异的接纳的感受。文化归属感教育主要包含以下两个方面。

（1）培养对社区、城市、民族、国家的自豪感、责任感。这是学前儿童自然发展的需要。教师要善于从身边事物中挖掘素材，通过开展专门的教学活动、参观活动、社工活动带领学前儿童体验社会中丰富多彩的事物，激发其对社区、城市、民族、国家的热爱之情。

（2）学习接纳不同文化。通过多元文化教育，学前儿童可以了解不同国家、民族的历史、传统和文化习俗。这有助于培养学前儿童的文化认同感和归属感，并增进他们对世界各地人们的尊重和理解。此外，多元文化教育还能促进学前儿童的综合素质发展，培养其探究、沟通和合作的能力，为他们未来的学习和生活奠定坚实的基础。

实施多元文化教育需要采取一系列的方法和措施。首先，教师可以通过幼儿园的教育环境来展示多元文化。例如，在教室里摆放来自不同国家的物品，展示各种不同文化的照片和图片等。这样，学前儿童可以通过观察、感受和互动来了解其他文化。此外，教师还可以通过故事、游戏和歌曲等活动来讲解不同的文化，激发学前儿童的兴趣和好奇心。

三、家庭归属感教育活动指导

为了培养学前儿童的家庭归属感，幼儿教师在设计组织相关的教育活动时，要了解学前儿童家庭归属感教育活动的目标与内容，并根据相关的活动案例指导活动的设计与实施。

（一）家庭归属感教育活动目标与内容

在设计活动前，幼儿教师应明确学前儿童家庭归属感教育的目标。《纲要》明确指出，要引导学前儿童"爱父母长辈"。《指南》中提出学前儿童应"知道和自己一起生活的家庭成员及与自己的关系，体会到自己是家庭的一员""能感受到家庭生活的温暖，爱父母，亲近与信赖长辈""能说出自己家所在街道、小区（乡镇、村）的名称"等目标。

家庭归属感教育主要是针对幼儿园小班儿童，其教育目标分3个维度，如图4-2所示。

图4-2　学前儿童家庭归属感的教育目标

根据家庭归属感的教育目标，其教育的内容可以围绕"感受家庭与家人的爱""认识家庭结构""帮忙承担家庭责任"等方面展开，可以设计主题为"我的家人""我是家庭小主人""我爱爸爸妈妈"等活动，目的是增进学前儿童对家庭和家人的认识，感受家庭生活的美好，帮助家人做力所能及的家务，形成家庭"小主人"意识。

（二）小班家庭归属感教育活动设计案例——"我爱爸爸、妈妈"

活动导入： 幼儿园小班幼儿对父母的依赖性还很强，每天入园时，很多幼儿都让父母抱着，不肯走路，或黏着父母，不让他们离开。对幼儿来说，教师和同伴是无法替代其家庭成员的。幼儿教师在设计教育活动时应注意，一方面增强幼儿对长辈的情感联系，另一方面引导幼儿正确看待自己与家庭的关系，不再时刻因与家庭的分离而恐慌，坦然接纳自己与家庭既亲密又有距离的联系，从而适应幼儿园的生活。

1. 活动目标

（1）区分爸爸妈妈的生活用品，乐意参加模仿爸爸妈妈的活动。

（2）懂得为爸爸妈妈做一些力所能及的小事。

（3）关心爸爸妈妈。

（4）培养幼儿完整、连贯的表达能力和对事物的判断能力。

2. 活动准备

（1）收集爸爸妈妈的生活用品。

（2）拍摄爸爸妈妈在家里做事的视频短片。

3. 活动过程

（1）探索爸爸妈妈的生活用品。

① 小朋友们，早上都是谁送你们来幼儿园的？

哦，有的是爷爷奶奶送来的，也有的是爸爸妈妈送来的。

老师为你们准备了许多爸爸妈妈的生活用品，等会儿请小朋友们每人拿一样，看看它是什么东西？再想一想是谁用的？来，我带大家一起去看看。

② 小朋友们，拿好你们的东西回到座位上，谁来说说你拿的是什么？围巾是谁用的？领带呢？

（2）物品分类。

① 小朋友们都说得很好，这些东西有的是爸爸用的，有的是妈妈用的，下面请小朋友把妈妈用的东西送给妈妈，把爸爸用的东西送给爸爸，送的时候大声地对妈妈说："妈妈，我把围巾送给你！这样你出门就不会冷了。"

② 检查：我们来看看爸爸帅不帅？刚才哪些小朋友帮爸爸装扮的？起立！（夸夸他们）再看看妈妈漂亮吗？你们平时都很细心，关注爸爸妈妈的物品，关心自己的爸爸妈妈，为你们点赞！

（3）观看视频短片，回忆爸爸妈妈的辛劳。

① 爸爸妈妈每天除了送你们上幼儿园，还要做哪些事？

你们说得真好，我们一起来看看视频短片中的爸爸妈妈都做了哪些事。

② 爸爸妈妈在做什么？

③ 爸爸妈妈每天要接送小朋友们上幼儿园，还要上班、做家务，很辛苦的。如果小朋友们天天跟着爸爸妈妈，那他们会怎么样呢？如果小朋友们不能跟着爸爸妈妈，那到哪里去呢？你们喜欢到幼儿园来吗？为什么？（引导小朋友们思考、讨论）

（4）表达爱爸爸妈妈的情感。

我们来对爸爸妈妈说一句温暖的话，你想到了什么话？来告诉大家！（鼓励夸赞）你说得真好，你好爱你的妈妈啊！我们也可以简单地说3个字：我爱你。我们一起说可以吗？

4. 活动延伸

（1）回到家，我们帮爸爸妈妈做两三件小事，如端水、拿拖鞋、捶背等，然后我们对爸爸妈妈说说心里话，表达我们爱爸爸妈妈的情感。

（2）自主绘画，小朋友们可以自己画一画你们眼中爸爸妈妈的样子。

5. 活动评价

幼儿教师围绕"感恩"精心设计社会教育活动，引导学前儿童学会关心家人，体贴家人，激发爱家人的情感，知道感恩家人，由关爱家人延伸到关爱身边的人、爱家乡、爱祖国等更高级的情感。

本次活动比较符合小班幼儿的年龄特点，生动形象的生活用品很好地吸引了每个幼儿，让他们始终保持聆听、观看和积极参与的热情；让幼儿懂得爸爸妈妈把自己送到幼儿园，是为了让自己结识更多的朋友，学习更多的技能与知识，爸爸妈妈对自己的爱不会减少，更不会消失。

四、集体归属感教育活动指导

集体归属感教育不仅能促进个体的自我概念、自我价值、心理素质等方面的健康发展，还能提升个体的人际交往能力。研究表明，集体归属感强的学前儿童会表现出乐于与人交往、待人热情、情绪稳定等特点。幼儿教师在设计集体归属感教育活动时，应明确学前儿童集体归属感教育的目标与内容。

（一）集体归属感教育活动的目标与内容

《纲要》明确指出，要引导学前儿童主动参与各种集体活动，体验与教师、同伴等共同生活的乐趣，达成爱老师和同伴、爱集体的目标。《指南》指出，要引导学前儿童"喜欢自己所在的幼儿园和班级，积极参加集体活动""愿意为集体做事，为集体的成绩感到高兴"等。

学前儿童集体归属感教育目标分为3个维度，即情感、认知和行为，如图4-3所示。

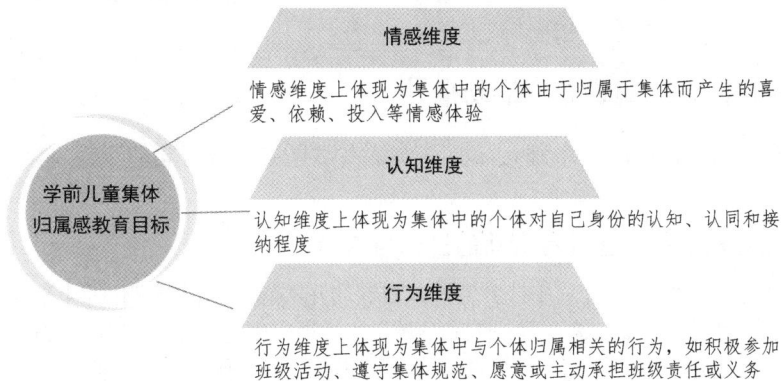

图4-3　学前儿童集体归属感教育目标

根据学前儿童集体归属感教育目标，集体归属感教育的内容可以围绕"认识集体""感受集体的爱""认同集体"等内容展开。例如，可以选择"来自班级的爱""夸夸我的班级""我爱我的幼儿园""幼儿园像我家"等作为具体教育内容，目的是让学前儿童认识集体，感受集体氛围，增强集体荣誉感和责任感。

（二）中班集体归属感教育活动设计案例——"我们爱集体"

活动导入：中班幼儿的归属感不再局限于家庭，幼儿教师应注重培养幼儿的集体归属感，激发幼儿的集体责任感和荣誉感，引导幼儿积极参与幼儿园集体活动，激发幼儿热爱集体、愿意为集体做贡献的情感。

1. 活动目标

（1）为班级做力所能及的事，养成爱集体的良好行为。

（2）增强团结、合作的意识，有初步的责任感与集体荣誉感。

（3）培养幼儿勇敢、活泼的个性。

（4）激发幼儿在集体面前大胆表达、交流的兴趣。

2. 活动准备

（1）准备简单的劳动工具。

（2）师幼共同创设"我们爱班级"专栏。

3. 活动过程

（1）讨论：我能为班级做什么事？（修补图书、擦桌椅、管理自然角、收拾玩具等）

（2）幼儿分组协商并分工，做劳动前的准备工作。

（3）分享活动。交流自己是如何分工劳动的，劳动成果如何，体验为集体共同劳动的乐趣。

（4）布置"我们爱班级"专栏。幼儿将自己为班级做的好事记录下来，并贴在专栏里，向家长和小朋友们介绍自己为班级做的事情，进一步培养责任感和集体荣誉感。

4. 活动延伸

（1）请幼儿观看视频《拔萝卜》，让幼儿懂得其中的道理，教育幼儿要互相关心，互相帮助，团结一致，齐心合力，为集体争光。

（2）把班级比作大树，把幼儿比作树叶，让幼儿制作树叶并贴到黑板上，播放歌曲《相亲相爱的一家人》，烘托和谐的集体氛围。

5. 活动评价

此活动充分调动了幼儿的积极性，培养了他们热爱劳动、热爱集体的情感。班级是很好的集体归属感的实践基地，可以让幼儿懂得自己是集体中的一员，明确个人与集体的关系。班级活动可教育幼儿要关心集体、热爱集体、为集体做贡献。

五、家乡和祖国归属感教育活动指导

设计家乡和祖国归属感教育活动时，幼儿教师首先要明确家乡和祖国归属感教育活动的目标与内容。

（一）家乡和祖国归属感教育活动的目标与内容

《纲要》明确指出，要"充分利用社会资源，引导幼儿实际感受祖国文化的丰富与优秀，感受家乡的变化和发展，激发幼儿爱家乡、爱祖国的情感""适当向幼儿介绍我国各民族和世界其他国家、民族的文化，使其感知人类文化的多样性和差异性，培养理解、尊重、平等的态度"。

《指南》中强调，幼儿应对自己的社区、家乡、民族、祖国有所认知，并为家乡的发展、祖国的重大成就感到高兴和自豪。

1. 教育活动目标

根据《纲要》和《指南》的精神，学前儿童家乡和祖国归属感教育活动目标可以总结为以下几点。

（1）初步认识主要的生活机构和设施及其与人们生活的关系，初步感受具有代表性的家乡人文景观，初步了解家乡特产及家乡风味小吃，萌发喜爱家乡的情感。

（2）初步了解我国国名、国旗、国徽、国歌，初步了解我国的著名风景名胜及特产，初步了解国家重大的社会事件，萌发喜爱祖国的情感。

（3）初步了解本民族的风俗习惯、民间艺术、传统节日，以及其他民族和国家的风俗习惯、民间艺术、传统节日，萌发对世界文化的兴趣，逐步树立文化平等的意识。

不同年龄学前儿童的家乡和祖国归属感教育活动目标不同，具体如下。

（1）小班学前儿童。小班学前儿童能说出自己家所在的街道、小区（乡镇、村）的名称；认识我国的国旗，知道国歌；初步感知我国常见的传统节日的风俗习惯，体验传统节日的快乐。

（2）中班学前儿童。了解周围主要的社会机构、社区设施，知道它们与人们生活的关系；能说出自己家所在地的省、市、县（区）名称，知道当地有代表性的物产或景观，具有初步的爱家乡的情感；知道自己是中国人，奏国歌、升国旗时能主动站好；了解重大的节日，感受和体验节日的快乐；初步感知我国的民间艺术文化和优秀传统文化。

（3）大班学前儿童。

家乡归属感教育的目标：深入了解周围的社会生活，初步了解各社会阶层成员的劳动及其与人们生活的关系，拥有尊敬、热爱劳动者的情感；感知家乡的自然和人文景观。

祖国和民族归属感教育的目标：深入了解我国的国旗、国徽和国歌，了解我国主要的自然景观和人文景观，认识我国主要的民族文化、主要的物产等，知道国家的一些重大成就，为自己是中国人感到自豪，培养爱祖国的情感。

世界文化感知的归属感教育目标：初步感知世界著名的人文景观和优秀艺术精品，对世界文化感兴趣，初步认识和了解世界，初步树立多元文化意识，培养爱好和平的情感。

2. 教育活动内容

由于学前儿童的归属感是一种心理体验，是一种无形的、抽象的情感，但学前儿童的年龄特点决定了他们需要通过具体的、形象的内容进行学习。因此，教育活动内容的选择不仅需要依据学前儿童家乡和祖国归属感培养的目标，还需要围绕学前儿童的生活，选择具体、形象的内容来展开，可以从认识家乡、认识祖国、认识民族文化、了解世界文化四大部分进行选择。

（1）认识家乡

认识生活的周边环境，如小区的设施设备、公共服务设施等及其与人们生活的关系。

了解家乡的自然和人文景观。幼儿教师可以结合当地具有特色的自然和人文景观开展爱家乡的活动，如北京的天安门、故宫、长城等。在介绍景观时可以借助图片、视频等素材，还可以根据实际情况开展实地游览的活动。

了解家乡的特产。家乡的特产作为乡土资源的重要组成部分，对培养学前儿童热爱家乡的情感具有独特的优势和重要的意义，如北京烤鸭、重庆火锅、武汉热干面等。幼儿教师可以引导学前儿童观察了解特产，尝试制作、品尝特产美食，激发他们热爱家乡的情感。

（2）认识祖国

清楚我国的国名，认识国旗、国歌、国徽，幼儿教师可以在国庆节来临之际，在浓浓的节日氛围中带学前儿童认识祖国，培养其祖国归属感。

认识祖国的自然和人文景观。幼儿教师可以运用学前儿童喜闻乐见和能够理解的方式，例如，观看纪录片，收集祖国各地的风景名胜、著名建筑、独特物产的图片，以及让一些去过实地的学前儿童进行介绍与分享，来激发学前儿童的自豪感和爱国之情。

认识祖国的名人，以及在祖国发生过的重大历史事件。例如，认识为国家和社会发展做出巨大贡献的人，以及重大的历史事件，培养学前儿童的自豪感，加深他们对祖国的归属感。

（3）认识民族文化

认识我国的传统节日，如春节、清明节、重阳节、端午节、中秋节等；认识国际重大节日，如元旦、国际劳动节、国际儿童节等。

了解生活文化。学前儿童应了解与人们息息相关的生活文化，如服饰文化、饮食文化、建筑文化、交通文化等，这些生活文化既可以帮助学前儿童形成对自己民族文化的归属感，又能激发他们尊重不同文化的意识。

了解民间艺术。民间艺术是劳动人民在长期生活中对地方文化的提炼，是体现劳动人民智慧的结晶。民间艺术包括民间歌曲与戏曲、民间乐器、民间音乐表演、民间美术工艺、民间游戏等。

（4）了解世界文化

对世界文化的了解是为了更好地感知多元文化，尊重不同的民族和文化，为成为合格的世界公民做好准备。世界文化包括世界上的国家和人种、世界主要国家的文化和艺术及世界著名的自然和人文景观等。

（二）大班家乡和祖国归属感教育活动设计案例——"祖国之最"

活动导入：大班幼儿的语言表达能力、学习能力等都有所增强。根据大班幼儿的年龄特点，幼儿教师在设计开展以"热爱祖国"为主题的社会教育活动时，应让幼儿知道自己是中国人，了解祖国著名的建筑、美丽的风景和人口众多的城市等，让幼儿初步了解我国是地大物博、美丽富饶的国家，萌发热爱祖国的情感。

1. 活动目标

（1）让幼儿了解祖国著名的建筑、产品、风景和城市等。

（2）用照片、明信片、实物、模型等布置展览，让幼儿进一步了解祖国。

（3）激发幼儿热爱祖国的情感。

（4）商讨制定游戏规则，体验合作游戏的快乐。

（5）培养幼儿不怕困难、坚强、勇敢、积极向上的良好品格。

2. 活动准备

（1）幼儿、家长和教师共同收集祖国各地的照片、明信片、特产等。

（2）认识故宫、长城、大雁塔、东方明珠等建筑或景点。

（3）准备旅行帽、小旗、解说员胸牌、话筒（用玩具或其他物品代替均可）等。

（4）准备中国地图（在长江、长城、珠穆朗玛峰等处做标记）。

3. 活动过程

（1）教师扮演节目主持人，采用问答的方式，引导幼儿了解"祖国之最"的常识。例如：

我国最长的河流叫什么？——长江。

我国最长的城墙叫什么？——长城。

我国最高的山峰叫什么？——珠穆朗玛峰。

（2）教师提出办"祖国之最"展览的建议，吸引幼儿参加。

（3）引导幼儿从"祖国之最"扩展到祖国各地的特产、风景名胜等。

师生共同讨论：我们要设计几个展区？每个展区都由谁来负责？

每个小组的幼儿确立自己展区的主题，讨论用什么办法布置展览。

（4）幼儿分小组进行展览的布置。

教师在幼儿活动过程中，为幼儿解决他们无法解决的困难，并给予他们必要的指导和帮助。

（5）玩"旅游团"游戏。

教师任导游，带领游客（幼儿）到各展区观看。到了某个展区就由负责该展区的幼儿推选一名解说员为大家做介绍，让幼儿进一步了解祖国。

4. 活动延伸

（1）请幼儿听国歌、看升旗，知道祖国的"生日"，了解升旗时应注意的礼仪，激发幼儿的自豪感。

（2）让幼儿用画笔描绘美丽富饶的祖国，培养幼儿的想象力和创造力。

5. 活动评价

幼儿教师考虑到教学内容需符合幼儿的个性需要，因此根据幼儿的知识背景和经验，针对性地选择了合理的教学内容，采用了恰当的教学方法，并对扩大幼儿的信息量进行了有益尝试。

此活动突出了幼儿的主体地位，尊重了幼儿的个体差异，允许他们自主选择、自主决定。另外，活动内容注重语言积累，先让幼儿思考问题，再让幼儿通过看图片、资料掌握，进而让幼儿想，最后让幼儿用，使词语"润物细无声"地扎根于幼儿的心中。该活动将理性与感性相结合，学用结合，最终达到学以致用的效果。

⚙ **实战训练**

请同学们根据所学理论知识和活动案例指导，试以"祖国妈妈的生日"为主题设计幼儿祖国归属感教育活动，要求符合幼儿年龄特征，能够调动幼儿的生活经验，激发幼儿热爱祖国的情感。

课后习题

一、选择题

1. 高级的社会情感分为（　　）3种类型。

　　A. 道德感、安全感、稳定感　　　　　　B. 道德感、安全感、美感

　　C. 道德感、理智感、美感　　　　　　　D. 道德感、信任感、美感

2. （　　）是指人们对客观事物是否符合自己的需要、愿望和观点而产生的内心体验，是人们对现实世界的一种特殊反应形式。

　　A. 情感　　　　　B. 情绪　　　　　C. 感情　　　　　D. 感动

3. 对3—6岁学前儿童情绪情感的社会性发展特点，下列描述不正确的是（　　）。

　　A. 情绪表达日渐社会化　　　　　　B. 情绪的冲动性减少

　　C. 情绪从外显发展到内隐　　　　　D. 情绪从内隐发展到外显

4. 家乡归属感目标："深入了解周围的社会生活，初步了解各社会阶层成员的劳动及其与人们生活的关系，拥有尊敬、热爱劳动者的情感；感知家乡的自然和人文景观。"是针对幼儿园（　　）提出来的。

　　A. 大班儿童　　　B. 中班儿童　　　C. 小班儿童　　　　D. 所有学前儿童

5. 下列不属于集体归属感教育活动内容的是（　　）。

　　A. "加油，小二班"　　　　　　　　B. "我爱我的幼儿园"

　　C. "夸夸我的班级"　　　　　　　　D. "我爱我家"

二、判断题

1. 认知是情绪情感产生的基础，情绪情感影响认知过程。（　　）

2. 学前儿童的归属感既是他们适应社会的基础，也是他们适应社会的标志。（　　）

3. 学前儿童最早期的归属感是对家乡和祖国的归属，后扩展到对集体、对家庭的归属。（　　）

4. 家庭归属感可以通过建立幼儿园一日常规对学前儿童进行培养。（　　）

5. 学前儿童家乡归属感教育活动可以从家乡的自然和人文景观、家乡的特产等内容展开。（　　）

三、简答题

1. 简述情绪状态的分类。

2. 简述学前儿童集体归属感教育的目标与内容。

3. 简述学前儿童归属感教育的实施方法。

05

第五章
学前儿童人际关系的发展与教育

知识目标

> ➤ 掌握学前儿童人际交往教育活动的设计方法。
> ➤ 了解学前儿童亲子关系的培养方法。
> ➤ 掌握学前儿童师幼关系的培养方法。
> ➤ 掌握学前儿童同伴关系的培养方法。

能力目标

> ➤ 能够依据亲子教育的目标设计亲子交往教育活动。
> ➤ 能够依据师幼交往教育的目标设计师幼交往教育活动。
> ➤ 能够依据同伴交往教育的目标设计同伴交往教育活动。

素养目标

> ➤ 培养职业责任感，正确认识并尊重学前儿童，能够与其平等对话。
> ➤ 关注学前儿童的情绪情感状态，与幼儿建立友好的互动关系。

人际交往是学前儿童社会化的重要方面，是学前儿童社会性发展的动因，是实现学前儿童社会化不可缺少的途径。对学前儿童来说，形成积极的人际交往态度，发展基本的人际交往能力，与周围的人建立亲密、和谐的人际关系，既是当前生存与发展的需要，也是一生发展的重要基础。幼儿教师应充分利用人、物、时空等各种因素调动学前儿童的各种感官，以多样化的方式激发其交往兴趣，发展其交往能力，促进其人际关系的发展。

第一节　学前儿童人际关系概述

引导案例

兰兰与玲玲一起玩"过家家"的游戏，兰兰扮演妈妈，这时玲玲对兰兰说："我要当妈妈，照顾宝宝，你来当姐姐或者阿姨吧！"

兰兰不愿意，玲玲说："兰兰，你昨天已经当过妈妈了，今天应该换我当，我也想照顾宝宝！"

兰兰反驳道："前两天都是你在当，我才当了一天，这不公平！今天还是我来当！"

在争执得不可开交的时候，玲玲不小心伸手推了一把兰兰，兰兰一下子摔倒在地上。兰兰很生气，不理玲玲了。

过了一会儿，两个人都冷静了下来。玲玲抱着"宝宝"找到了兰兰，对她说："我们一起来照顾这个宝宝吧！"

兰兰看了看"宝宝"，也感受到了玲玲的歉意，就点点头。两人一起照顾"宝宝"，不一会儿就和好如初了。

学前儿童从出生开始就处于各种人际关系和人际交往之中。随着生活范围不断扩大，他们的社会经验越来越多，社会化水平也在不断提高，人际关系水平也会得到一定程度的提高，而学前时期正是学前儿童人际交往态度与人际交往能力形成的重要时期。

一、认识学前儿童人际交往与人际关系

"交往"一词来自于拉丁语 communis，意思为分享思想与感觉，交流情感、观念与信息。在社会心理学研究中，交往又称人际交往，是指人们运用语言或动作、表情进行信息交流、情感沟通的过程，是因共同的实践活动而加强个体间联系的复杂过程。

学前儿童的人际交往是指学前儿童在与成人的接触、交流或与同伴的游戏、学习、生活等过程中，运用语言或非语言符号系统相互沟通、交流情感的活动，是其逐步学会表达自己的愿望，了解别人的情绪和想法，调节自己的行为，协调相互之间的关系，并使这种关系得到延续和保持的活动。

研究表明，人际交往的基本功能是信息交流和情感沟通。

（1）信息交流。人与人之间的交流主要是指通过语言符号进行互动，在互动中个体收集到许多信息，有关于自己的，有关于他人的，还有关于社会的。通过分享信息，个体能够更清楚地了解自己，也能进一步认识他人，促进自己的社会化。

（2）情感沟通。每个人都有与他人抱团的意愿及倾向，这就是人类的合群倾向。一些学者认为，合群倾向并不是先天获得的，而是后天习得的，还有人认为合群只是个体满足自己欲望的一种手段。人类天生害怕孤独，为了避免孤独，与人交往、进行情感沟通是最直接的方法。

人际关系是个体社会交往需求中一个不可忽视的部分，是社会活动中人与人的直接联结。个体在社会活动的过程中，相互之间的作用与影响形成不同的人际关系类型。

人际关系是在彼此交往的过程中建立和发展起来的。人际关系由3种心理成分组成，即认知、情感和行为成分，用以表明人与人相互交往过程中心理关系的亲密性、融洽性和协调性的程度。亲子关系、师幼关系和同伴关系是帮助学前儿童认识、了解和适应社会的最重要的社会人际关系。

二、学前儿童人际交往教育的目标

《纲要》中提到了学前儿童的人际交往的目标：乐意与人交往，学习互助、合作和分享，有同情心。《指南》中人际交往教育的目标为学前儿童愿意与人交往、能与同伴友好相处，具体内容如表 5-1 所示。

表 5-1 《3—6 岁儿童学习与发展指南》中人际交往教育的目标

目标	3—4 岁	4—5 岁	5—6 岁
愿意与人交往	（1）愿意和小朋友一起游戏； （2）愿意与熟悉的长辈一起活动	（1）喜欢和小朋友一起游戏，有经常一起玩的小伙伴； （2）喜欢和长辈交谈，有事愿意告诉长辈	（1）有自己的好朋友，也喜欢结交新朋友； （2）有问题愿意向别人请教； （3）有高兴的或有趣的事愿意与大家分享
能与同伴友好相处	（1）想加入同伴的游戏时，能友好地提出请求； （2）在成人指导下，不争抢、不独霸玩具； （3）与同伴发生冲突时，能听从成人的劝解	（1）会运用介绍自己、交换玩具等简单技巧加入同伴游戏； （2）对大家都喜欢的东西能够一起分享； （3）与同伴发生冲突时，能在他人的帮助下和平解决； （4）活动时愿意接受同伴的意见和建议； （5）不欺负弱小	（1）能想办法吸引同伴和自己一起游戏； （2）活动时能与同伴分工合作，遇到困难能一起克服； （3）与同伴发生冲突时能自己协商解决； （4）知道别人的想法有时和自己不一样，能倾听和接受别人的意见，不能接受时会说明理由； （5）不欺负别人，也不允许别人欺负自己

三、学前儿童人际交往教育的内容

由于学前儿童的交往主体是家长、同伴、教师和其他社会成员，因此学前儿童人际交往教育的内容即亲子交往、同伴交往、师幼交往和与其他社会成员的交往。

（一）亲子交往

亲子交往主要是指子女与父母间的人际交往活动。在亲子交往活动中，教师可以在儿童节、妇女节、重阳节、母亲节、父亲节等一些节日中，将学前儿童的父母请到幼儿园，使其积极参与学前儿童的活动，也可以组织学前儿童和父母一起外出游玩，还可以开展亲子运动会、亲子联谊会等活动，让学前儿童与父母积极互动，促进亲子交往与亲子间的了解，使亲子关系更加密切。

（二）同伴交往

同伴交往是指以同伴为交往对象的活动。交往双方处于同一年龄水平，大多采用直接交往和平行交往的方式，但在低年龄学前儿童交往中，非语言交往、单向交往也时常出现。同伴交往能够体现学前儿童的人际交往水平。例如，在"怎样当哥哥姐姐"的活动中，大班学前儿童照顾小班学前儿童，帮他们系鞋带，教他们不要随地乱扔垃圾，等等。

（三）师幼交往

教师是学前儿童在幼儿园中的主要交往对象之一。师幼交往活动一般以个体与个体、个体与群体进行下行交往和语言交往为主要形式，有时也会有平行交往、上行交往、非语言交往、间接交往等形式。学前儿童作为施动者、教师作为受动者的师幼互动事件即上行交往，反之即下行交往。

研究表明，在幼儿园师幼交往中，由教师开启的师幼互动事件即下行交往占 69%，而上行交往只占 31%，可见在师幼交往中，教师与学前儿童还未达成真正意义上的平等对话关系。幼儿园应加强师幼交往活动，培养学前儿童与教师交往的能力。

（四）与其他社会成员的交往

学前儿童生活在社会中，除了与家长、同伴、教师交往外，还需要与其他社会成员交往，如与营业员、售票员等各种行业的工作人员交往。一般来说，学前儿童在进行外出参观访问等活动时就有机会与各种行业的工作人员接触，从而锻炼人际交往能力。

例如，请交通警察到幼儿园给学前儿童举办交通安全知识讲座，学前儿童积极发问，努力思考，既可以掌握交通规则和交通安全的相关知识，又可以参与人际交往实践活动。

四、学前儿童人际交往教育的原则

幼儿教师在学前儿童人际交往的教育过程中需要遵守以下原则。

（一）情境性原则

结合具体生活情境，指导学前儿童学习基本的交往规则和技能。学前儿童的学习是具体形象的、直观的学习。幼儿教师可以结合学前儿童发展和交往的需要，设计具体的有交往情境需要的活动来引导学前儿童积极参与，以学前儿童的合作学习为主要活动方式，让学前儿童体会与他人一起共事、合作完成某项任务的快乐。

（二）示范性原则

以身作则，为学前儿童树立良好的交往榜样。人际交往中需要使用的很多交往技能并不能完全放手让学前儿童自己探索，幼儿教师需要为学前儿童创造一个平和、接纳与尊重的交往空间，必要时应做出一定的示范。

幼儿教师可以通过轮流、分享、有效表达、认真倾听、对人有礼貌、尊重他人等多种方式为学前儿童营造轻松的交往氛围。当学前儿童不知道如何加入同伴的游戏时，幼儿教师可以通过语言鼓励、动作示范或扮演游戏角色的形式让学前儿童知道可以通过不同的方式加入同伴的游戏。如果学前儿童之间发生了争抢玩具等情况，幼儿教师可以结合具体的场景引导学前儿童站在他人的角度上思考，让学前儿童学习移情，理解他人的想法和感受。

此外，示范性原则不仅是指幼儿教师在教育上的示范和引导，作为榜样，幼儿教师也应当时刻注意自身的言行举止，为学前儿童做出良好的示范，通过自己的良好行为潜移默化地影响学前儿童，让学前儿童能够慢慢学会尊重、关心、体谅他人，学会与人友好交往和善意表达。

（三）渗透性原则

在人际交往的教育活动中，幼儿教师需要为学前儿童创造充分的交往机会，提供交往的空间和时间，让学前儿童充分体验与他人一起活动或游戏的乐趣。幼儿教师可以组织和引导学前儿童参与小组活动、两人互动和集体活动等，活动可以是合作性质的也可以是竞赛性质的。幼儿教师要鼓励学前儿童积极参与、深度体验，学习在相互的交往中如何平衡自身需求与他人需求之间的关系。

此外，在幼儿园一日生活之中，幼儿教师应适当地放手，给学前儿童自由交往的机会，避免掌控学前儿童的全部活动。例如，在活动的过渡环节、户外活动时间允许学前儿童自由交谈、自由结伴、自由游戏。

学前儿童的人际交往更多的是发生在日常生活中的，这种学习是一个长期和持续的过程，需要幼儿教师在生活中和教育教学的过程中注意经常性、随机性和渗透性的教育引导。

五、学前儿童人际交往教育活动设计要点

进行学前儿童人际交往教育活动设计，首先要为学前儿童创设人际交往的环境，使学前儿童在具体环境中学习、掌握并运用人际交往的技巧。

在设计学前儿童人际交往教育活动的过程中，需要注意以下几个方面。

（一）树立行为模仿的榜样

学前儿童的模仿力极强，幼儿教师在教育活动中要注意自身人际交往的语言和行为，树立人际交往行为的榜样，引导学前儿童在观察的基础上判断是非、向榜样学习，同时也要引导学前儿童去观察、判断他人的人际交往行为。幼儿教师还可以利用日常的人际行为观察记录，让学前儿童对自身行为进行反思，强化正确行为，改正错误行为，最终掌握正确的人际交往方法。

（二）创设人际交往情境

"兴趣是最好的老师。"教师可以通过创设人际交往情境，如朗诵诗歌、观看动画片、看图片、听故事、做游戏、猜谜语等，引发学前儿童参与的兴趣。通过教师创设的人际交往情境，学前儿童可以在轻松、友好、快乐的交往氛围中积极与人交往。教育活动设计也可以扩大人际交往活动的范围，不要只局限于本班级，还可以扩展到其他班级，让大班学前儿童带小班学前儿童，让其在亲身体验中感受人际交往的快乐。

（三）学习并运用人际交往技巧

人际交往教育活动的目的就是帮助学前儿童学习并运用一定的人际交往技能技巧。教师向学前儿童介绍人际交往技巧时可以采用两种方法：一是直接呈现法，就是让学前儿童直接接触人际交往

技巧，如面带微笑、使用礼貌用语；二是间接呈现法，指教师通过呈现一些反面事例让学前儿童讨论，逐步引出人际交往技巧。

在学前儿童接触人际交往技能后，教师要提供条件和机会，让他们学习如何运用。在这一环节中，教师可以采用角色扮演法，例如，设计一些需要运用人际交往技巧的交往情景，让学前儿童分组扮演或集体扮演。

（四）注重与游戏活动融合

人际交往教育活动要注重与游戏活动融合，如表演游戏或角色游戏，让学前儿童在游戏活动中对社会角色进行模仿，感受多种社会角色的人际交往行为与交往方式，体会社会生活中人们的行为准则，这有助于其人际交往能力的发展。

（五）重视家庭教育的作用

家庭教育在学前儿童人际交往行为的养成中有非常重要的作用，幼儿教师可以在活动设计的延伸环节安排家庭配合，有意识地组织家园沟通，鼓励家长创造机会让学前儿童锻炼人际交往能力，发挥家庭中的延伸教育对学前儿童人际交往行为养成的关键作用。

第二节　学前儿童亲子关系的发展与教育

引导案例

> 形形今年 3 岁，今天是第一天上幼儿园，一进幼儿园的大门就号啕大哭。形形妈妈很担心，王老师安慰她说："别担心，很多孩子第一天上幼儿园都会哭，这很正常。"
>
> 下午，形形妈妈赶到幼儿园来接孩子，王老师说："形形妈妈，很抱歉，我们用了很多方法劝说形形，可她还是一直哭，哭得嗓子都有些哑了。"形形见到妈妈，又是一阵伤心，但回家的路上就有说有笑了。
>
> 第二天早上，形形一看还要去幼儿园，又开始放声痛哭。到了幼儿园，王老师说："有的孩子可能会哭一个星期，一个星期以后就好了。"
>
> 没想到形形哭了两个星期。形形在家很快乐，玩得也很好，但就是不愿和妈妈分开，对妈妈过度依恋。

依恋是学前儿童早期生活中最重要的社会关系，亲子依恋是学前儿童寻求在躯体上和心理上与抚养人保持亲密联系的一种倾向。学前儿童的健康成长离不开父母营造的安全环境，亲子依恋过程是每位学前儿童都会经历的过程。家长要重视与学前儿童的亲子关系，特别是入园初期学前儿童的心理依恋，帮助其健康、快乐地成长。

一、认识学前儿童亲子关系与亲子依恋

亲子关系是学前儿童最早经历和建立的人际关系。亲子关系是指在血缘和共同生活的背景下，父母与子女互动所构成的人际关系，其特点如下。

（1）生物性和交往性：即强调血缘和交往的基础作用。

（2）互动性：在注重父母特征的同时，必须强调子女特征（如气质、性别等）在亲子关系建立中的价值。

（3）依恋性：亲子关系表现的是亲子之间的关爱、沟通，特别是情感的支持。

二、亲子依恋的特点

亲子依恋具有以下特点。

（一）依恋对象的选择性

依恋关系是依恋双方情感交融的关系，但有一方表现得更为依赖。个体总是会选择更能满足自身需要、激起一定情感的对象作为依恋对象。例如，学前儿童选择直接抚养和照顾自己的双亲；成人更倾向于选择和自己具有相同价值观和人生观的对象，如伴侣。

（二）依恋者对依恋对象表现出亲近行为

依恋者寻求与依恋对象的身体亲近和目光追随。爱因斯沃斯认为，早期儿童依恋的基本行为包括探寻和吮吸、姿势反应、注视和跟随、倾向、微笑、有声信号、哭泣、抓握和依偎等。

婴儿往往对妈妈表现出更多的身体方面的亲近，如拥抱妈妈、依偎在妈妈身边。婴儿的社会互动也大多指向妈妈。婴儿通常把妈妈看作"安全基地"，认为其有保护的功能。

（三）依恋双方从依恋关系中得到安全感和自我效能感

从依恋关系中获取的安全感和自我效能感是个体面对未知的环境时得以生存和发展的基础，也是个体探索世界的基础。这是依恋关系发展的必然结果，更是发展依恋关系的内部动因。依恋关系被破坏会导致依恋双方，特别是依恋者的分离焦虑和痛苦。

依恋的一个特征是传递性，个体早年的依恋经历会聚变为"内在工作模式"，从而影响其后来的多种社会观念和行为；稳定性也是依恋的一个特征，早期建立形成的依恋关系，特别是安全性依恋，能在较长的时间内保持稳定性和一致性。

三、亲子依恋关系的发展

婴幼儿早期的依恋对象一般是精心呵护自己的妈妈。鲍尔比依据幼儿行为的组织性、变通性和目的性发展情况的不同，把婴幼儿对妈妈的依恋发生与发展过程分为4个阶段，并描述了4个阶段中幼儿的依恋行为特征。

（一）前依恋期（0—2个月）

婴儿从出生时就具有抓握、微笑、哭叫、追视等一系列内在信号，这些内在信号帮助这一阶段的婴儿和成人进行密切交流。此时他们尚未对妈妈表现出依恋，并不介意被陌生人抱起、安抚。

（二）依恋关系建立期（2—7个月）

这个阶段的婴儿对熟人和陌生人的反应逐渐发生变化。他们和养育自己的妈妈交流时会笑得更多，会出声笑，会咿呀学语，被妈妈抱起时会很快平静下来。在与妈妈进行面对面交流或饥饿由妈妈解除时，他们慢慢知道自己的行为能影响周围的成人。他们期望妈妈能积极回应他们的信号，但此时的婴儿仍旧不会介意和妈妈分离。

（三）依恋关系明确期（7—24个月）

依恋关系明确期又称为特殊的情感联结阶段。在这一阶段，婴幼儿对于看护人的偏爱变得强烈。由于运动能力的发展，他们可以去主动接近亲近的人，主动探索环境，同时把妈妈或看护人作为一个"安全基地"，以此出发去探索周围世界；当有安全需要时，又返回看护人身边，然后进一步去探索。

此阶段的婴幼儿不但形成了分离焦虑——离开看护人时感到不安，以反抗、紧张、恐惧等表现对待与亲人的分离，而且形成了陌生焦虑——对陌生人的谨慎与回避。

（四）目标调整的伙伴关系期（24 个月以上）

2 岁以后，幼儿开始能认识并理解妈妈的情感、需要和愿望，把妈妈作为交往的伙伴，认识到交往时双方都应考虑对方的需要，并据此适当调整自己的目标。这样幼儿与妈妈在空间上的接近就逐渐变得不那么重要。例如，当妈妈需要出去干别的事情或者离开一段时间，幼儿也能理解，而不会大声哭闹，他们可以自己快乐地玩耍，相信妈妈肯定会回来。

3 岁开始，进入幼儿园后，幼儿的依恋对象逐渐由父母转移到教师和同伴。此时，幼儿依恋行为的发展进入高级发展阶段，即寻求教师和同伴的注意与赞许的反应阶段。学前儿童对教师的依恋更多表现为寻求教师的注意与赞许，并且伴年龄越大在这方面表现得越明显。

四、亲子关系的培养

父母是培养亲子关系的主体，要想培养良好的亲子关系，使孩子在充满自信、自尊和动力的情况下长远地发展，父母就要掌握正确的培养方式，加强儿童的积极情感体验，并加强与幼儿的沟通交流。

（一）选择适宜的培养方式

家庭是社会当中的小细胞，家庭教育与培养方式对幼儿的性格特征及心理环境起着举足轻重的作用，无论父母采用哪种培养方式，只要这种方式可以表现出温馨和理解的情感，幼儿就会减少滋生郁闷、忧愁等不良情绪的机会。父母要帮助幼儿培养自尊心与同情心，使他们可以更快地和社会发展同步，做出更多具有社会性的良好行为。

1. 父母的榜样作用

毋庸置疑，父母是幼儿的启蒙教师，是幼儿模仿的对象，父母的语言、肢体动作和受教育程度潜移默化地影响着幼儿。幼儿的身上有父母的缩影，所以父母要发挥好教育和榜样作用。

2. 与幼儿创建正常的亲子关系

亲子关系是由父母的抚养质量决定的。父母要了解幼儿的生理和心理需求，加强对幼儿表达信息感觉的反应，父母的反应越敏捷、积极，幼儿发展成安全性依恋的机会越大，亲子关系就越稳定、牢靠。

3. 营造与幼儿本身的气质特点相符的家庭环境

气质特点在很大程度上以特定的速度和强度赋予幼儿依恋行为，只要父母调整行为以适应幼儿的需要，任何气质特点的幼儿都有形成安全性依恋的可能。父母提供给幼儿的抚育环境是否与幼儿本身的气质特点协调一致，会直接影响到亲子关系。若协调一致，就会产生积极的影响或协同效应，否则便会影响亲子依恋的安全性。

4. 父母要有目的地进行教育

幼儿的性格特征和父母的教养有千丝万缕的联系。父母要结合幼儿的实际特点，有目的地进行教育。幼儿的注意力、观察力、推理能力等发展尚处于不成熟期，父母要时刻明确教育目的，将眼光放在教育活动的始终。

（二）加强幼儿的积极情感体验

积极心理学认为，个体在积极体验条件下产生的新要求主要来自个体的内部，是人对内部动机的觉知和体验，所以它更容易和个体先天的某些生理特点发生内化而形成某种人格特质。加强幼儿的积极情感体验，可以从以下 3 个方面来进行。

1. 培养幼儿的希望情感

培养幼儿的希望情感，就是让幼儿对自己要完成的任务充满信心和希望，内心充满尝试的渴望与动力，对行为的结果充满期待。因此，父母首先要为幼儿设立适合其特点的目标，并提供必要的帮助；其次，重视培养幼儿的抗压能力，使其养成坚忍的性格。

2. 培养必要的社会技能

父母要在日常生活中培养幼儿必要的社会技能，如合作、自信、负责、移情、自我控制等，使其在实际生活中可以利用自己所学的可靠技能获得成功，从而产生积极的情感体验。

3. 营造健康成长和学习知识的氛围

父母要为幼儿提供生活舒适、快乐学习的物质和场所，营造健康成长和学习知识的氛围（包括物质氛围和精神氛围），使其能够轻松、愉悦地成长。

（三）学会与幼儿沟通

尊重是了解学前儿童的前提条件，更是教养孩子、不断巩固亲子关系的前提条件。要了解学前儿童，父母就有必要站在孩子的角度看待问题，即做到互相宽容、互相尊重、互相理解、互相珍重，这样才能走进他们的内心世界，从而有效地进行交流。

1. 与学前儿童坦诚交心

只有真正理解学前儿童的心情，熟悉学前儿童的想法，知道他们想要做什么，父母才能找到合适的方法与其沟通，对其提供适时的指引和建议。父母要尽量多地用贴心、理解的话语适当引导学前儿童将一些内心的想法说出来，灵敏地采用留白与倾听的艺术来体会学前儿童说话的重点，了解其是否还有隐晦之言。

2. 选择亲子谈话的场合

父母在平时要加强与学前儿童的沟通交流，注意沟通的时机与氛围。要是父母选择将亲子交流时间留到吃晚饭时，比较敏感的学前儿童可能将自己"不好意思开口的话"留在他们的"秘密基地"，这样就会使沟通不到位，无法真正帮助学前儿童。如果处于放松的环境，如某个游乐园、公园的石凳上，就会有更多机会引导学前儿童将自己的内心想法说出来。

3. 定时沟通

父母需要制订一个可行的计划并付诸实践，每个星期应有确定不变的交流和沟通时间，如每个星期可以与学前儿童进行3次或4次交流和沟通，每次的交流和沟通应该不少于1个小时。在交流和沟通的过程中，父母应该给学前儿童足够的时间说出自己的所思所想，引导其自由、畅快地表达，只有通过这样的方式才会达到融洽交流、沟通的目的，继而发展良好的亲子关系。

五、亲子交往教育活动指导

幼儿园亲子交往教育是指增进学前儿童对家人（主要指父母）的了解与认识，培养其对家人的积极情感与态度，使其学会关爱家人并能与家人友好相处的教育。

（一）亲子交往教育的目标与内容

《纲要》明确指出，要引导学前儿童了解自己的亲人，达成爱父母长辈的目标。《指南》指出"创设温馨的人际环境，让幼儿充分感受到亲情和关爱，形成积极稳定的情绪情感""能感受到家庭生活的温暖，爱父母，亲近与信赖长辈""借助故事、图书等给幼儿讲讲父母抚育孩子成长的经历，让幼儿理解和体会父爱与母爱"。

1. 亲子交往教育的目标

亲子交往教育目标的确定，既要考虑学前儿童社会教育的总目标，也要考虑学前儿童身心发展的特点。亲子交往教育的目标分为以下3个层次。

（1）认知层次。指学前儿童能认识自己的亲人，了解亲人的职业和特点，认识亲人对自己的关爱与支持。

（2）情感层次。在认知的基础上，学前儿童能够感受亲人的关爱，萌发爱亲人的情感，从而转化为一种自觉的亲情意识。

（3）行为层次。将感恩亲人的意识转化为报恩乃至施恩的言语和行为。

不同年龄段学前儿童亲子交往教育的目标不同，具体如下。

（1）小班儿童。知道父母养育的辛苦，感受父母的爱；爱父母，能听取老师、父母的意见，帮助他们做事；愿意用语言和行动表达对父母的爱；了解家庭的结构和家人的工作，努力成为和谐家庭的一员。

（2）中班儿童。理解父母，学会换位思考，进一步了解父母对自己的爱；知道父母的兴趣爱好，珍惜他们的劳动成果；愿意与父母长辈交流谈话，有事情就告诉父母长辈；大胆向亲人表达爱，做力所能及的事，学会感恩亲人。

（3）大班儿童。感受亲人的重要性，感受亲人的爱，能够珍惜互相陪伴的美好时光；了解父母工作的辛苦，能关注他们的情绪和需要，产生回报、感恩父母的意识；主动用自己的劳动回报父母。

2. 亲子交往教育的内容

根据亲子交往教育的目标，亲子交往教育可以围绕"认识亲人""感受父爱母爱""关爱父母"等内容展开。例如，可以选择"我的亲人""幸福宝贝""我爱我家""我来当妈妈""让爱住我家""爸爸的故事""我的家人"等作为具体教育内容，让学前儿童认识亲人，感受亲情，感恩亲情，从而增进亲子关系。

（二）小班亲子交往教育活动设计案例——"快乐一家人"

活动导入：家庭是幼儿成长的第一场所，也是幼儿受教育的摇篮，让幼儿多亲近父母，感受家庭成员之间的关系以及父母对自己的爱护，使其能够在温馨的家庭中快乐成长，学会感恩。让幼儿熟悉自己的家，了解自己的家人，了解父母的辛苦，引发幼儿关心家人的情感，感受家庭的温暖与美好。幼儿老师可以设计"快乐一家人"教学活动，发展幼儿的思维和语言表达能力，培养幼儿爱家人的情感。

1. 活动目标

（1）帮助幼儿学会用简单的句子谈论自己父母的工作。

（2）引导幼儿围绕"快乐一家人"话题进行讨论，激发幼儿参加集体谈话活动的积极性。

（3）培养幼儿爱家庭的情感，使其懂得关心长辈，初步形成家庭责任感。

（4）发展幼儿思维和口语表达能力。

（5）培养幼儿敏锐的观察能力。

2. 活动准备

（1）动物玩具：小兔、小羊、小狗、小熊等。

（2）每位幼儿一张"全家福"照片。

（3）音频资料。

（4）提前让幼儿了解父母的工作及家庭成员之间的关系。

3. 活动过程

（1）播放歌曲《世上只有妈妈好》，教师带领幼儿边唱边做动作。

（2）听完歌曲，引出主题。请幼儿想一想家里除了妈妈以外，还有谁。请两名幼儿来说一说"家里有谁"，要求语句完整。

（3）请幼儿拿出"全家福"照片。介绍自己的家人。

教师：像这样的，有爸爸、有妈妈、有孩子的照片，我们叫作"全家福"照片，现在我们请小朋友们来给我们介绍一下你的全家福中的各个成员。幼儿自主回答。

教师："小朋友们，那你们知道爸爸妈妈的工作是什么吗？他们经常在家做什么事？"让幼儿注意倾听问题，进行回答，把话说完整。

（4）引导幼儿围绕话题交谈，出示动物玩具，引起幼儿的兴趣："小动物们也想听听其他小朋友的爸爸妈妈的工作是什么，在家经常做什么事。"请幼儿自由交谈，教师参与个别交谈。

（5）请两名幼儿上台讲给大家听，讲得好的幼儿可以获得一个玩具。

（6）总结评价、结束活动。

教师：大家都是听话的好孩子，知道爸爸妈妈每天上班很累，所以我们要好好表现，在家听爸爸妈妈的话，在幼儿园听老师的话，好吗？

4．活动延伸

（1）听音乐，做游戏。

播放音乐《我上幼儿园》，教师带领幼儿一边唱歌一边做游戏。

（2）布置照片。

教师：今天大家表现都很棒，现在我们把自己的照片布置在教室里，让我们每天在幼儿园也能见到自己的爸爸妈妈，好不好？

5．活动评价

小班幼儿刚入园不久，对幼儿园的一切都比较陌生，只熟悉家里的人，为了能让幼儿尽快适应幼儿园的生活，感受到幼儿园的温暖和教师的爱，教师组织了本次活动。教师在活动过程中，采用了听音乐、看照片、提问、幼儿互动讨论、奖励等方式，激发幼儿的兴趣。教师提问时，要求幼儿用完整的语句来回答，以发展他们的思维和语言表达能力。教师在活动中要注意烘托氛围，并根据不同幼儿的发展水平对其进行引导教育。

⚙ **实战训练**

请同学们根据所学理论知识和活动案例指导，试以"我的爸爸/妈妈"为主题设计学前儿童亲子交往教育活动。要求活动符合幼儿年龄特征，能够调动幼儿的生活经验，激发幼儿爱家人的情感。

第三节　学前儿童师幼关系的发展与教育

引导案例

壮壮今年4岁，是幼儿园小班的一位小朋友，刚进班时比较胆怯，不爱说话。细心的老师一眼就注意到了这个小朋友，一直暗中观察他。过了两三周，老师发现他还是老样子，没什么改变。虽然他开始接近小朋友，但还是不说话。如果他想要什么东西或者想吃什么东西，他就拉着教师的手指这样东西。

这样又观察了一个多星期，老师便向他的妈妈了解情况，妈妈说："他一直都是这样，不管你怎么教他发音，他都不说话，现在只会叫爸爸、妈妈。"老师了解到这些情况，便想了一些有趣、生动的方法来引导壮壮发音，带动他和小朋友们一起做游戏，在游戏中激发他说话的欲望，锻炼他的语言表达能力和人际交往能力。

师幼关系不仅影响着学前儿童教育教学活动的进程和效果，还通过幼儿教师与学前儿童之间的情感交流和行为交往对学前儿童自我意识、社会行为、道德等方面的发展产生重大影响。可以说，幼儿教师与学前儿童的交往质量在很大程度上决定着学前儿童的社会性发展。

一、认识师幼关系

师幼关系是指幼儿教师与学前儿童在保教过程中形成的比较稳定的人际关系。师幼关系是一种职务性的人际关系，带有明显的情感性特征。随着学前儿童生活空间的不断转换，他们的生活范围由家庭转移到幼儿园，影响其身心发展的人际关系由亲子关系转向师幼关系。

师幼关系的内涵如下。

（1）师幼之间是教育者与被教育者的关系。幼儿教师是学前儿童生活行为观念的重要引导者，向其传授正确、健康的观念，基本的生活常识，以及基础的技能规范。

（2）师幼之间在人格上是平等的。幼儿教师应当理解尊重学前儿童，与其积极沟通交流，建立平等的师幼关系。

（3）师幼之间是相互影响的。学前儿童在师幼互动中的情感、态度及行为等对幼儿教师具有重要的反馈作用。这些反馈作用会促进幼儿教师积极反思，并改善师幼关系，促进自身向专业化的方向发展。

幼儿教师与学前儿童关系密切，不仅体现在教育教学活动之中，也体现在洗漱、午睡等一日生活的各个环节，可以说是贯穿在整个幼儿园教育和生活中。学前儿童对幼儿教师既有尊重、崇拜的感情，更有像对待妈妈一般的亲子依赖情绪。因此，幼儿教师不仅承担着师道的任务，还应给学前儿童妈妈般的关爱，与其建立亲密友爱的关系。

二、师幼关系的类型

我国幼儿园中普遍的师幼关系可以分为亲密型、一般型和疏远型。

（一）亲密型

在班级中能够与幼儿教师建立亲密型师幼关系的学前儿童往往是一小部分，这种类型的学前儿童往往比较活跃、开朗，善于表达自己的想法与感受，他们身上常常具有某些吸引幼儿教师兴趣、关注与关爱的特质。

（二）一般型

大部分学前儿童与幼儿教师建立的是一般型的师幼关系，他们不与幼儿教师过于亲近，也不表现得过于疏远，能够按幼儿园的常规要求自己，完成既定的活动。他们不依赖幼儿教师的关爱，乐于独立活动，与其他学前儿童交往时表现得也不是很突出。

（三）疏远型

少数学前儿童与幼儿教师建立的师幼关系属于疏远型，这样的学前儿童在班级中的比例较小，他们与幼儿教师保持一定的心理距离，平时沉默寡言，与其他学前儿童也很少交往，经常独自游戏，不喜欢与幼儿教师沟通，也不容易引起幼儿教师的关注。

作为有专业素养的幼儿教师，要能很好地把握师幼关系的尺度，将自己的喜好与偏爱在整个大的教育环境中隐于无形，正视自己的教师职责。

三、师幼交往的特点

师幼交往指的是幼儿教师与学前儿童之间相互作用、相互影响的行为及其动态过程。它贯穿于学前儿童一日生活的各个环节，表现在幼儿园教育的各个领域，并会对学前儿童发展产生难以估量的影响。随着近年来幼教改革的进一步深入，在活动中建构积极有效的师幼互动越来越受到幼儿教师的重视，师幼互动具有以下特点。

（一）互动时机多

《纲要》在组织与实施部分已明确提出："关注幼儿在活动中的表现和反应，敏感地观察他们的需要，及时以适当的方式应答，形成合作探究式的师幼互动。"因此，幼儿教师应抓住时机积极与学前儿童互动。例如，当学前儿童遇到矛盾和困难、产生疑惑、兴趣转移、有认知偏差、需要建立规则时，当学前儿童有思维碰撞、有新发现、有新经验、自己解决问题时，教师应主动发起师幼互动；当学前儿童产生有价值的提问、情感需求时，如情感依恋、生活照料等，他们会主动发起师幼互动。

（二）互动主体地位并重突出

幼儿教师积极主动发起与学前儿童积极主动发起的地位并重突出。幼儿教师能够根据学前儿童的发展水平、兴趣、需要来设计师幼互动的内容，运用语言、情感、肢体动作等激发学前儿童投入活动，创设有利于学前儿童主动发起师幼互动的空间和时间，例如提供合理的空间布局、充足的探索和质疑时间，使学前儿童主动投入活动，大胆发表自己的见解。

（三）互动内容注重指导与评价

以提问、提示、解惑等方式进行指导，或者以玩伴身份参与活动，调动学前儿童的已有经验，帮助学前儿童积累经验，获得新知识；评价学前儿童的行为，在其有新发现、自己解决问题时给予激励和表扬。从学前儿童的角度来看，幼儿教师是其玩伴，能够给予他们激励和表扬。

（四）互动模式多元化

在幼儿园的教育实践中，师幼互动包括幼儿教师与学前儿童个体的互动、幼儿教师与学前儿童小组的互动，以及幼儿教师与学前儿童集体的互动。幼儿教师要根据具体情况，运用不同的交往方式和指导策略，满足不同学前儿童的发展需求。

（五）互动的发起与反馈具有多样性

幼儿教师发起师幼互动的方法以陈述、启发、帮助、鼓励、激发兴趣、参与、协商讨论为主，学前儿童反馈的方法以接受、陈述、质疑、询问为主。学前儿童发起师幼互动的方法以陈述、发表见解、询问、建议、帮助、参与、协商讨论为主，幼儿教师反馈的方法以接受、肯定、启发、建议为主。互动的发起与反馈都是以语言、表情、肢体动作等方式进行的。

四、师幼交往教育的价值

学前儿童在初入幼儿园时很容易将对父母的情感依恋转移到幼儿教师身上，与幼儿教师形成新的情感依恋关系。师幼交往教育的价值具体体现在以下几个方面。

（一）给予学前儿童平等的话语权

良好的师幼关系能够形成有效的师幼互动，师幼交往的质量对学前儿童的身心发展有着非常重要的作用。幼儿教师和学前儿童本身就是具有独特个性的个体，他们之间的交流互动实质是个性与个性的交织碰撞，良好的师幼关系可以促进幼儿教师和学前儿童之间的相互理解，有助于减少摩擦，给予学前儿童平等的话语权，提高其自主性和创造性。

（二）促进学前儿童社会性的发展

3—6 岁正是学前儿童社会性行为形成的关键时期。模仿是学前儿童在这个阶段形成社会性行为的极为重要的途径和手段。对学前儿童而言，他们顺利成长为社会人的推动力就是这种强烈的模仿心理。现实的师幼交往不仅确立了幼儿教师至高无上的权威，而且把这种经由学前儿童的视觉与听觉获得的权威固着在学前儿童心中，于是模仿的标杆就树立起来了，社会性行为的学习途径也形成了。

（三）促进学前儿童主体性的回归

学前儿童作为具有独立意识的个体，在主动与外界环境的相互作用中获得发展。促进学前儿童主体性的回归就是要尊重学前儿童生命的价值，尊重学前儿童的生命状态和精神世界，归还学前儿童的主体性。幼儿教师应该欣赏学前儿童的每一次探索、每一次发问，甚至每一次失误，使学前儿童在"自我"被认可、被肯定的同时获得积极愉悦的交往体验，使其主体性得到重视和发展。

（四）促进学前儿童的社会适应

可以说师幼关系类似于亲子依恋，实际反映的是幼儿教师与学前儿童之间的情感联系。拥有安全的师幼关系的学前儿童通常会以积极的态度和期望接近他人，从而促进自身社交能力的发展。高质量的师幼交往有助于学前儿童学习如何解决社交问题，从而掌握有效的社会认知技能，提升社交能力；而低质量的师幼交往会限制学前儿童积极社交行为的发展，甚至使其习得不恰当的社交策略，从而导致社交能力较低。

五、良好师幼关系的培养

良好的师幼关系是教育的前提和关键。幼儿园教育更注重师幼关系的变化对教育活动效果的影响。因为整个教育过程需要一个良好的感情基础，所以师幼之间应形成良好的师幼关系。以爱为基点建构良好的师幼关系，从教师自身角度出发，应做好以下几个方面。

（一）坚持儿童立场，树立正确的儿童观

儿童观是幼儿教师或者其他成人对于学前儿童的态度、观念或者想法。构建良好的师幼关系，需要幼儿教师从根本上改变对学前儿童的看法及观念，尊重学前儿童的自然天性，关注学前儿童的精神世界，接纳学前儿童的独立个性。

1. 尊重学前儿童的自然天性

学前儿童有着不同于成人的自然天性，他们生命力旺盛，崇尚自由，爱好幻想，喜欢游戏，对世间一切事物充满着好奇心与探索欲望。学前儿童的成长和发展离不开其自然天性。幼儿教师及家长对待学前儿童的自然天性要保持一种理解与尊重的态度，保护学前儿童的幼儿天性，顺应学前儿童的内在心性，尊重其自由活动的想法和做法。

2. 关注学前儿童的精神世界

尽管学前儿童正处在身体发育的成长阶段，但其精神世界是强大而丰富多彩的，他们在自己的精神世界里自由幻想、自我发展。幼儿教师要了解学前儿童独特的思维方式，关注学前儿童丰富、独特的精神世界，满足其精神需求；要相信学前儿童有自己独特的感知世界的方式，相信他们内心的力量，为他们提供探索机会。

3. 接纳学前儿童的独立个性

学前儿童是发展中的独特个体，是独立的、平等的生命个体。幼儿教师要正确认识并尊重学前儿童，与其平等对话；要走近每一个学前儿童，尊重其独有的个性，对其包容、理解和接纳，培育

出他们个性中独特的、内在真实的力量，促使他们自由、充分地发展，在相互平等的基础之上给予引导，让每一个学前儿童都有自由选择的空间。

（二）促进学前儿童健康成长，正确定位教师角色

学前儿童教育应以学前儿童为出发点，关注学前儿童的情感状态，促进学前儿童健康成长。幼儿教师要正确定位角色，树立合理的教师观念：关爱学前儿童，给予学前儿童情感支持；树立合理权威，给予学前儿童自主权；积极反思，与学前儿童一起发展。

1. 关爱学前儿童，建立"类亲子关系"

苏霍姆林斯基曾说过："没有爱就没有教育。"幼儿教师首先要心中有爱，用自己的仁爱之心为学前儿童营造一个充满爱的氛围。关爱学前儿童体现在一日生活的每个细节之中，体现在对学前儿童的尊重、理解、赏识之中。要学会欣赏每一个学前儿童，积极评价其能力和行为，捕捉其身上的闪光点。

刚入园的学前儿童往往会直接把对父母的依恋情感转移到幼儿教师身上，与幼儿教师建立"类亲子关系"。面对稚嫩的学前儿童，幼儿教师首先应扮演好"父母"这个角色，照顾好学前儿童的一日生活起居，给予其充分的爱与关怀，为学前儿童提供一些启蒙性的教育。

2. 树立合理的教师权威，给予学前儿童自主权

合理的教师权威具有一定的情境性。要有弹性地控制幼儿园的教学活动，幼儿教师应想方设法引导学前儿童，使其主动信服自己，而不是只依靠权威去压服和强迫学前儿童。幼儿教师要尊重学前儿童的水平与能力，从他们的角度来思考、处理问题，并引导学前他们用自己的方式自由成长，给予其更多的自主权。

（三）提高教育智慧，采取积极有效的教育策略

幼儿教师要不断总结合适的教育策略，并将其及时运用到教育实践中，改善过去不当的教育方式，以改进师幼关系，帮助学前儿童更好地发展社会化水平。一般来说，幼儿教师可以采取以下积极有效的教育策略。

1. 蹲下来与学前儿童说话

在与学前儿童交流时，幼儿教师要蹲下来与其说话，而不是让学前儿童在说话时仰视自己。蹲下来这个简单的动作表明学前儿童与幼儿教师的关系是平等的，会使学前儿童感受到被尊重和重视，从而敞开心扉，与幼儿教师真诚沟通。

2. 用表情和体态语表示赞赏和喜爱

学前儿童大多是敏感的，幼儿教师的言谈举止、态度表情都会对他们产生影响。除了积极的言语外，幼儿教师用表情和体态语表示赞赏和喜爱也可以拉近其与学前儿童的距离，具体表现为以下两点。

（1）微笑。幼儿教师的微笑中蕴含的赞扬、鼓励、肯定可以使学前儿童长时间地保持愉快的情绪。

（2）爱抚。学前儿童有对肢体抚摸的需求，幼儿教师的爱抚能消除隔阂，使其产生信任感。

3. 用轻言细语代替大声训斥

轻言细语的对话能够体现出幼儿教师与学前儿童之间的亲密关系及相互之间的尊重和信赖。学前儿童出现问题行为时，幼儿教师首先要控制自己的急躁情绪，分析学前儿童刚才的行为，让其想想自己做得对不对，然后与其一起分析应该怎样做，这样学前儿童没有精神压力，很容易和幼儿教师说出自己的真实想法，幼儿教师在了解学前儿童的前提下展开的教育也更有针对性和实效性。

4. 擅于运用富有童趣的语言

幼儿教师的语言应生动形象和富有感情。学前儿童的年龄特点决定了他们喜欢生动的、有趣的、形象的、活泼的语言。如果幼儿教师能够加上丰富的表情和适当的动作，就更容易被学前儿童所接受和模仿。

六、师幼交往教育活动指导

师幼交往教育活动旨在增进学前儿童与幼儿教师之间的相互了解与认识，培养学前儿童对幼儿教师形成积极的情感与态度，促进师幼之间相互关爱、友好交往，建立良好的师幼关系，不断提升学前儿童人际交往能力的教育活动。

（一）师幼交往教育活动的目标与内容

依据学前儿童年龄特点，师幼交往教育活动的目标与内容如下。

1. 小班儿童

愿意与幼儿教师一起参与活动；能认真听幼儿教师讲话，并能听从幼儿教师提出的要求。

2. 中班儿童

愿意与幼儿教师交流，有事情会告诉幼儿教师，会用礼貌的方式向幼儿教师表达自己的想法和要求；能关心体贴幼儿教师。

3. 大班儿童

有问题愿意向幼儿教师请教；有高兴的或有趣的事情愿意与幼儿教师分享；能给幼儿教师提供力所能及的帮助，尊重幼儿教师。

根据师幼交往培养目标，师幼交往教育活动可以围绕"亲近老师""尊重与理解老师""关爱老师"等内容展开。例如，可以选择并设计"我和老师做朋友""老师，您辛苦了""教师节快乐""老师妈妈"等主题活动。

（二）小班师幼交往教育活动设计案例——"我爱老师"

活动导入：为了让刚入园的幼儿尽快适应幼儿园的生活，熟悉老师，增进他们对老师的信任感和安全感，可以围绕"我爱老师"的主题设计并实施教育活动，让他们感受老师的辛苦，激发他们尊敬老师、热爱老师的情感。

1. 活动目标

（1）通过游戏、谈话熟悉老师，增加对老师的信任感和安全感。

（2）喜欢帮助别人，与同伴友好相处。

（3）感知多媒体画面的动感，体验活动的快乐。

（4）培养乐意在众人面前大胆发言的习惯，学说普通话。

2. 活动准备

（1）一些老师关心幼儿的情景录像（如安慰、抚摸、鼓励幼儿等）。

（2）班上老师的照片各一张。

（3）各种手工制作材料。

（4）歌曲《我的幼儿园》。

3. 活动过程

（1）看情景录像，提问题。

（2）引导幼儿深度思考、积极发言。

教师：老师们还帮小朋友们做了哪些事情？

教师：如果你们不高兴，可以告诉老师，老师会帮助你们的。

（3）动手操作

在音乐伴奏下请幼儿为自己喜爱的老师制作礼物。

4. 活动延伸

幼儿家长根据老师的外貌特征、平时行为等进行描述，让幼儿猜一猜描述的是哪位老师，帮助幼儿进一步了解自己班上的老师。

5. 活动评价

活动通过观看视频引出谈话话题，老师提出问题，激发幼儿思考，围绕教师的工作展开谈话，引导幼儿感受教师的辛苦。从情景录像切入，播放的内容与幼儿的日常生活紧密联系，能激发幼儿的兴趣，启发幼儿对话题有关经验的积极联想，打开思路。教师可以鼓励幼儿主动分享交流，培养幼儿对教师的信任感。

第四节　学前儿童同伴关系的发展与教育

引导案例

坤坤现在5岁，生性活泼好动，比较顽皮，在幼儿园喜欢和小朋友们打闹，所以经常出现与其他小朋友起争执，甚至攻击其他小朋友的情况。教师也经常收到其他小朋友告他的"状"，称"坤坤打我手了""坤坤踩我脚了""坤坤抢走了我的小熊"……

坤坤的智力无任何异常，认知情况良好，但在人际交往能力方面比较欠缺。他不知道该如何更好地表达自己的情绪，在着急、生气时会扔东西，推搡小朋友，搞恶作剧，等等。

老师与坤坤妈妈商量，要与她共同培养坤坤的人际交往能力。

研究表明，学前儿童对如何与人相处等认识并不是从父母那里接收的，而是在和同伴的交往过程中获得的。学前儿童同伴交往的质量影响着学前儿童之间良好的同伴关系的建立，也会对他们个人未来的社会交往能力产生重要的影响。

一、认识学前儿童同伴关系

同伴关系是年龄相同或相近的学前儿童相互建立的一种共同活动并相互协作的关系。同伴交往活动主要培养学前儿童与同伴之间的人际交往能力，引导学前儿童参与同伴间的合作、分享、协商、互助等活动，使他们逐步学会移情体验、换位思考，了解与接纳他人的想法。学前儿童更倾向于选择与同性别伙伴交往。

美国学者哈吐普考察了学前儿童成长过程中与他人形成的人际关系，并将学前儿童的同伴关系分为两类，即垂直关系和水平关系，如表5-2所示。

表5-2　同伴关系分类

分类	概念界定	性质	主要功能
垂直关系	学前儿童与拥有更多知识和更大权力的成人之间，主要是与父母、教师之间建立的一种人际关系	具有互补性，即成人控制，学前儿童服从；学前儿童寻求帮助，成人提供帮助	与父母的关系可为学前儿童提供安全和保护，与教师的关系可使学前儿童学习知识和技能

分类	概念界定	性质	主要功能
水平关系	学前儿童与具有相同社会权力的同伴之间建立的一种人际关系	平等和互惠，即学前儿童之间的活动和交往可自由互换角色，活动过程可自由控制	提供平等的交流机会，可商量

二、同伴关系的功能

同伴不仅指年龄相仿的学前儿童，还包括成熟度相仿的学前儿童。同伴关系在学前儿童成长过程中扮演着不可替代的角色。学前儿童社会性发展的一个重要任务是对社会规则的学习，同伴从不同于家庭的角度为学前儿童提供关于这些规则的信息。

同伴关系的功能主要体现在以下几个方面。

（一）促进社会认知和社会技能的发展

社会认知和社会技能是交往的产物。学前儿童在实际社会交往中，会逐渐认识到自己的特征及自己在同伴心目中的形象和地位。同伴交往可以锻炼学前儿童的言语沟通和人际交往能力。

当学前儿童学会处理与解决在同伴交往中出现的冲突时，他们就增强了社会观点采择能力，逐渐获得了社会交往所需的技能。在与同伴的交往过程中，学前儿童可以逐渐明确同伴之间合作的重要性，意识到积极的同伴交往是可以通过一定的社交技巧获得的。

（二）有助于学前儿童安全感和归属感的形成

学前儿童有归属以及尊重和爱的基本需要，这种基本需要有很多满足的途径。学前儿童在早期时更多的是获取，而平等的同伴关系更可能满足学前儿童的社交需求，帮助他们获得社会性的支持、安全感和归属感。

学前儿童在社会化过程中，可以从同伴那里得到宽慰和同情，从而宣泄自己的情感。同伴群体对学前儿童的认同与接纳，有时比亲人的认同与接纳更加重要。当学前儿童知道群体中的成员赞同或肯定自己的行为时，会表现出愿意遵守群体的规范、愿意与人合作的态度，希望得到群体更多的认同与接纳，这对学前儿童安全感和归属感的形成具有积极的影响。

（三）有助于学前儿童自我概念和人格的发展

同伴交往可以帮助学前儿童形成自己的态度和价值观念。同伴交往提供的活动领域可以使学前儿童采择父母的价值观念，从中吸取精华、摒弃糟粕，还可以通过来自不同价值体系背景的学前儿童检验自己的观念和情感等。

（四）促进学前儿童认知能力的发展

不同的学前儿童拥有不同的生活经验和认知基础，他们在共同的活动中会有着各不相同的具体表现（对于同样的玩具也可能玩出不一样的花样）。这种由不同个体组成的集体能够对学前儿童产生教育性的影响。

尽管学前儿童很少得到自己小伙伴的"教导"，但他们可以通过观察"更有能力"的小伙伴的所作所为来学习。因此，同伴交往为学前儿童提供了分享知识经验、相互模仿、相互学习的重要机会。

图 5-1 所示为"课间骑车"游戏，学前儿童通过互相观察、互相嬉戏习得必要的游戏规则。图 5-2 所示为"挖沙"游戏，学前儿童一起挖沙，可以分享游戏经验，也是互相学习的机会。

图 5-1　课间骑车

图 5-2　挖沙

三、同伴关系的类型

心理学家采用同伴现场提名法对学前儿童的同伴关系的类型进行研究。同伴现场提名法是指通过同伴在现场对学前儿童的提名情况，了解学前儿童在同伴交往中的地位。

同伴现场提名法的实施方法为：在学前儿童集体活动的场所，研究者寻找一处既可以让学前儿童看到同伴，又不至于被他们影响的地方，逐一向每一名学前儿童进行正提名提问和负提名提问，详细记录学前儿童的提名情况。正提名是指语言或评价正面，负提名是指语言或评价负面。例如，"最喜欢的小朋友"是正提名，"最不喜欢的小朋友"是负提名。通过对正负提名打分，根据总分便能判断出某名学前儿童被同伴接纳的程度，从而判断其同伴关系的类型。

研究结果表明，学前儿童的社交地位已经分化，同伴关系主要有以下4种类型。

（一）受欢迎型

受欢迎型学前儿童喜欢与人交往，在交往中积极主动，且常常表现出友好、积极的交往行为，因而受到大多数同伴的接纳与喜爱，在同伴中拥有较高的地位，具有较大的影响力。

（二）被拒绝型

被拒绝型学前儿童和受欢迎型学前儿童一样，喜欢交往，在交往中积极主动，但常常采取不友好的交往方式，如强行加入其他同伴的活动、抢夺玩具、大声叫喊、推打同伴等，攻击性行为较多，友好行为较少，因而常常被多数同伴所排斥与拒绝，在同伴中地位低，与同伴关系紧张。

（三）被忽视型

被忽视型学前儿童不喜欢交往，他们常常独处，在交往中表现出退缩行为，很少对同伴表现出友好、合作的行为，也很少表现出不友好、侵犯性行为，所以既没有多少同伴喜欢他们，也没有多少同伴排斥他们。他们在同伴心目中似乎是不存在的，被大多数同伴所忽视和冷落。

（四）一般型

一般型学前儿童在同伴交往中行为表现一般，既不是特别主动、友好，也不是特别不主动、不友好。同伴中有的喜欢他们，有的不喜欢他们。他们既不被同伴特别喜爱与接纳，也不被同伴特别忽视与拒绝，因而在同伴心目中的地位一般。

四、同伴关系的发展

学前儿童同伴关系的发展可以按照时间分为3岁前学前儿童同伴关系的发展与3—6岁学前儿童同伴关系的发展。

（一）3岁前学前儿童同伴关系的发展

学前儿童的同伴交往经历了由无到有、由简单到复杂、由低级到高级、由不熟练到熟练的发生发展过程。大量观察研究表明，学前儿童之间的同伴交往行为发生很早。刚出生不久的婴儿在听到别的婴儿哭叫时会跟着哭叫起来；把3—4个月的婴儿成对地放在育婴箱里，他们会互相观察和触摸对方。

但真正意义上的同伴交往行为，一般认为是从出生后的第六个月开始的。这时，单向性的社会行为虽仍占据主要部分，但同伴间通过相对微笑、咿呀发声以及模仿彼此的动作来进行双向交流的行为也会偶尔出现，并逐渐增多。

大量的观察研究证实，学前儿童早期（0—2岁）同伴交往的发展以一种固定的程序展开，如图5-3所示。

图5-3 学前儿童早期（0—2岁）同伴交往的发展程序

1. 第一阶段：客体中心阶段

此阶段的学前儿童更多把精力集中在玩具或其他具体物品上，而忽视同伴的存在和要求。6—8个月的学前儿童通常互不理睬，只有短暂的接触，如偶尔朝同伴看看、笑笑或抓抓等。这种情况会一直持续到1岁。当一个学前儿童的主动交往行为成功地引发另一个学前儿童的反应时，学前儿童之间的交往新阶段就出现了。

2. 第二阶段：简单交往阶段

此阶段的学前儿童已能对同伴的社交行为做出反应，会经常企图去控制同伴的行为。此阶段的学前儿童在进行独立活动的同时，可以通过对周围环境的留意来获取同伴的信息，并且由于观察和模仿同伴的行为，开始直接地相互接触和影响，从而使同伴的交往进程步入简单的社会交往阶段。

3. 第三阶段：互补性交往阶段

此阶段的学前儿童出现了更多、更复杂的社交行为，相互间的模仿已较普遍。学前儿童不仅可以较好地控制自己的行动，还可以与同伴开展需要合作的游戏，表现出相互影响的时间增长、内容和形式也更为复杂的互动或互补的角色关系，如"追赶者"和"逃跑者"，"给予者"和"接受者"游戏大量出现。

（二）3—6岁学前儿童同伴关系的发展特点

3—6岁学前儿童与同伴相互作用的频率进一步增加，互动的质量也逐渐提高社会交往的总体水平显著提升，言语交往成为学前儿童与同伴之间主要的交往形式。学前儿童认知能力和言语技能的发展改变着同伴交往的性质。

3—6岁学前儿童能够互相交流思想，分享有关活动的知识，参加集体性的角色游戏，能够与同伴共同商议与讨论游戏规则的制定、游戏角色的分配、游戏场地的划分、游戏材料的使用、游戏情节的建构等。游戏中，学前儿童与同伴之间有较多合作和互助的成分。游戏成为3—6岁学前儿童与同伴交往的另一种主要形式。

学前儿童与同伴之间大多数的社会交往是在游戏情境中发生的。学前儿童在游戏情境中的同伴交往，主要是从3岁开始的。3岁后，在游戏情境中的同伴交往有以下发展特点。

（1）3岁左右，学前儿童在游戏情境中的同伴交往是非社会性的，以独自游戏或平行游戏为主，彼此之间没有联系，各玩各的。学前儿童在自由活动时基本上是在独自游戏，即使同处于一个活动空间，相互之间也没有交流与沟通，如图 5-4 所示。

（2）4 岁左右，联系性游戏逐渐增多，并逐渐成为主要的游戏形式；学前儿童彼此之间有一定联系，相互说笑，相互配合，如图 5-5 所示。

图 5-4　学前儿童独自游戏　　　　　　图 5-5　学前儿童配合游戏

（3）5 岁以后，合作性游戏开始发展，同伴交往的主动性和协调性逐渐发展。这一时期学前儿童的同伴交往主要是与同性别的学前儿童交往，而且随着年龄的增长，这一特点越来越明显。女孩更明显地表现出交往的选择性，其偏好更加固定。图 5-6 所示为女孩合作搭积木。

图 5-6　女孩合作搭积木

五、同伴关系的培养

学前儿童同伴交往对其社会化的顺利进行，道德品质的发展，以及健康心理品质的形成都会起到独特的作用。同伴交往不仅会影响学前儿童当时的发展，还会影响其以后的社会适应，不好的同伴交往经历还可能导致退缩、攻击、逃学等行为的出现，因此家长和教师必须帮助学前儿童建立良好的同伴关系。

（一）创设良好的家庭人际环境

家长是学前儿童的第一任教师。学前儿童最初是通过与家长交往来学习初步的人际交往原则和方法的。在家庭教育中，家长不仅要关心学前儿童的身体健康，还要注意学前儿童的心理健康，所以家长必须改变错误的教养态度与方法，努力为学前儿童创设良好的家庭人际环境。

1．转变态度

家长应改变对学前儿童过分保护、溺爱的态度，给学前儿童提供与同龄人交往的机会，并及时对学前儿童在交往中出现的问题给予指导和帮助，让其在与同龄人的交往中体验到快乐，学会分享与合作。家长还应给学前儿童做示范、做榜样，在夫妻之间、家长与学前儿童之间要建立和谐的关系。如果家长粗暴、冷漠，就会使学前儿童产生许多心理问题及行为障碍。另外，家长对幼儿园教育要给予大力支持，尽可能做到家园教育一致。

2. 营造互帮互助的家庭氛围

家长要营造互帮互助的家庭氛围，让学前儿童懂得家人之间要互相关心帮助。例如，有好吃的大家一起吃，有好玩的大家一起玩。有些家长会故意说："宝宝给妈妈吃苹果。"结果自己却一口未吃，全让给了学前儿童，其实这只能滋长学前儿童的独占心理，这种行为不可取。

（二）创设和利用幼儿园环境，促进学前儿童同伴关系的发展

交往是一种技能，它需要借助适宜的练习来获得，因此幼儿园要为学前儿童创造良好的交往环境，创设与他人合作与分享的机会。

1. 精神环境的创设

教师要建立平等、民主、尊重、自由、合作、和谐的伙伴型的师幼关系，营造安全、轻松、愉快的氛围，让学前儿童放松心情，愿与教师亲近，从而为有效的沟通打下良好的基础。

首先，教师要对学前儿童表现出支持、尊重、接受的情感态度和行为；其次，教师要有一颗博大的爱心；最后，教师在与学前儿童交往时尽量采用微笑、点头、注视、肯定性手势、抚摩等身体语言。

2. 物质环境的创设

教师要给学前儿童创设安全、整洁、丰富多彩的物质环境，让学前儿童在幼儿园就好像在家一样自由、温暖、快乐，这是帮助学前儿童顺利实现社会化的保证。

首先，班内可开设多种形式的活动区，如益智区、美工区、表演区等；其次，要考虑到空间密度和各区内的人数，避免人数过多、过分拥挤对学前儿童的交往产生负面影响；最后，应为学前儿童提供各类活动材料，使学前儿童开展更多的交流、合作、协商、互助等交往活动。

（三）重视移情训练

通过移情训练，学前儿童可以学会观察、体验、理解他人的情绪情感，产生某种情绪情感共鸣，这有利于学前儿童摆脱自我中心，促进学前儿童建立良好的同伴关系。实验表明，在接受一段时间的移情训练后，大多数学前儿童的同伴关系有了较大的改善；许多学前儿童由于能从对方的角度来考虑问题，避免了同伴间因小磕碰而产生的矛盾和纠纷。

（四）开设课程和全面渗透相结合

开设课程就是将学前儿童同伴交往方式和能力的培养纳入幼儿园课程的设计和实施中去。《纲要》明确指出："建立良好的师生、同伴关系，让幼儿在集体生活中感到温暖，心情愉快，形成安全感、信赖感。"

教师可以通过日常生活的指导帮助学前儿童建立良好的同伴关系。教师要科学、合理地安排和组织学前儿童的生活，教导学前儿童学习一定的人际交往技能，为今后适应社会打下基础；在学前儿童游戏、活动的过程中，组织学前儿童一起执行大家共同的主张；让每一位学前儿童都有平等的机会承担幼儿园各项力所能及的服务工作。

六、同伴交往教育活动指导

学前儿童同伴交往教育是指增进学前儿童与同伴之间的了解与认识，培养学前儿童对同伴形成积极的情感与态度，促进学前儿童与同伴之间相互关心、友好相处，建立良好的同伴关系，并不断提升学前儿童的同伴交往技能，促进学前儿童社会化进程的教育。

（一）同伴交往教育的目标与内容

从《纲要》相关规定可以看出，"乐意与人交往，学习互助、合作和分享，有同情心"是学前儿童人际交往教育的目标。而各年龄段同伴交往教育的目标在《指南》中也有明确规定，具体目标

即"愿意与人交往""能与同伴友好相处"等。

根据同伴交往教育的目标，同伴交往教育的内容可以围绕"分享、合作、倾听、表达礼貌、助人、冲突解决"等来展开，具体包括自我介绍、加入同伴的活动、学会称赞别人、接受别人的称赞、请求帮助、提供帮助、道歉、邀请别人一起玩、应对攻击性行为、协商、给同伴提出建议、学会拒绝、接受拒绝等交往策略与技能。

（二）小班同伴交往教育活动设计案例——"你是我的好朋友"

活动导入：小班幼儿自我意识较强，常以自我为中心，不考虑别人，不善于与人交往。同时，有些家庭只重视幼儿智力的培养，忽视对幼儿交往能力的发展。很多幼儿对"朋友"的概念还不清楚，不理解交朋友的含义。针对这种情况，教师可以设计"你是我的好朋友"教育教学活动。

1. 活动目标

（1）理解"好朋友"的含义，愿意大胆讲述与好朋友间的故事。

（2）知道好朋友之间要友爱相处，互相帮助。

（3）愿意和好朋友做游戏，感受好朋友间做游戏的快乐。

（4）与好朋友和睦相处，并珍惜这份友情。

（5）探索发现生活中的多样性及特征。

（6）发展幼儿的观察能力、分析能力及动手能力。

2. 活动准备

（1）演示课件。

（2）雪花片积木、手偶。

（3）中班、大班幼儿互相帮助、团结合作的照片。

3. 活动过程

（1）出示手偶，讲述故事，帮助幼儿理解"好朋友"的含义。

① 教师介绍手偶。

② 教师讲述故事。

教师：猴哥哥和猴弟弟是一对好朋友，他们每天一起上学、一起做游戏，有好东西一起吃。猴哥哥搬不动小桌子，猴弟弟就会一起来抬；猴弟弟不会系鞋带，猴哥哥会帮他系鞋带……他们真是一对好朋友。

③ 提问：猴哥哥和猴弟弟平时是怎么在一起的？你有好朋友吗？你的好朋友是谁？你们喜欢在一起干什么呢？

（2）说说我的好朋友。

① 出示照片1。

教师：小朋友们看，他们在干什么？

幼儿：他们在一起玩游戏。

教师：你们喜欢和好朋友在一起玩吗？为什么？

幼儿：喜欢，因为和好朋友一起玩很快乐。

小结：我们喜欢和好朋友一起玩，因为这样我们会感到很开心。

② 出示照片2。

教师：好朋友之间除了可以一起玩，还可以做什么？

幼儿说一说，教师随后出示照片。

教师：大家看看照片上的小朋友，他们在干什么？

教师：你们的好朋友遇到困难的时候，你们是不是这样做的呢？

小结：原来我们和好朋友可以在一起玩，还可以互相帮助。

③ 出示照片3。

教师：好朋友在一起还能干什么？还能合作完成很多事情。

④ 教师总结：好朋友就应该互相关心、互相帮助，这样我们的好朋友才会越来越多，我们才会越快乐。

4. 活动延伸

完成游戏，分雪花片积木。

教师：活动室里的雪花片积木很乱，请小朋友们找一个好朋友一起来把它们分分类好吗？

引导幼儿分工合作，共同完成任务。

5. 活动评价

针对小班幼儿的年龄特点，采用讲述故事的导入方式能够引起他们的兴趣。活动中运用一些中班、大班幼儿的真实情景照片，如互动礼让、互相帮助、一起玩游戏的真实情景照片等，让他们体会与好朋友相处的技巧与快乐的感受。这些照片贴近幼儿的生活，都是他们熟悉的情境，便于他们理解，也有助于拓展他们的思路。

实战训练

请同学们根据所学理论知识和活动案例指导，试以"我的新朋友"为主题设计学前儿童同伴交往教育活动。活动目标是激发学前儿童交朋友的愿望，让他们学会关心同伴，与同伴和睦相处，在交往过程中，锻炼他们大胆表现自己的能力，提升他们的语言表达能力，培养他们的人际交往能力和自信心。

课后习题

一、选择题

1. 在学前教育中，幼儿教师要培养学前儿童主动与同伴、老师交往并友好相处，这属于学前儿童（　　）方面的适应能力。

　　A. 主动性　　　　B. 人际交往　　　　C. 独立性　　　　D. 规则意识

2. 下列不属于人际关系的心理组成成分的是（　　）。

　　A. 认知　　　　B. 情感　　　　C. 行为　　　　D. 道德

3. 在学前儿童中，幼儿教师要遵从（　　），以身作则，为学前儿童树立良好的交往示范和榜样。

　　A. 情境性原则　　B. 故事性原则　　　C. 示范性原则　　　D. 娱乐性原则

4. 关于师幼交往教育的价值，下列描述不正确的是（　　）。

　　A. 促进学前儿童社会性的发展　　　　B. 给予学前儿童平等的话语权

　　C. 促进学前儿童主体性的回归　　　　D. 培养学前儿童的依恋情感

5. （　　）是年龄相同或相近的学前儿童相互建立的一种共同活动并相互协作的关系。

　　A. 同伴关系　　B. 亲子关系　　　C. 师幼关系　　　D. 销售关系

二、判断题

1. 在幼儿园的教育实践中，师幼互动包括幼儿教师与学前儿童个体的互动。（　　　）

2. 构建良好的师幼关系，需要幼儿教师尊重学前儿童的自然天性，关注学前儿童的精神世界，接纳学前儿童的独立个性。（　　　）

3. 幼儿教师是培养亲子关系的主体，应掌握正确的培养方式，加强与学前儿童的沟通交流。（　　）

4. 良好的同伴关系是教育的前提和关键。（　　）

5. 在幼儿园一日生活之中，幼儿教师应严格管控学前儿童，时刻掌控学前儿童的活动，以确保他们的人身安全。（　　）

三、简答题

1. 简述学前儿童人际交往教育的内容。

2. 简述学前儿童师幼互动的特点。

3. 简述学前儿童同伴关系的培养方法。

06

第六章
学前儿童道德发展与教育

知识目标

- ➤ 了解学前儿童道德发展及其影响因素。
- ➤ 掌握学前儿童道德教育的基本原则、规律和内容。
- ➤ 掌握学前儿童道德教育的方法。
- ➤ 掌握学前儿童道德教育活动的指导经验。

能力目标

- ➤ 能够灵活运用学前儿童道德教育的方法。
- ➤ 能够设计并实施学前儿童道德教育活动。

素养目标

- ➤ 培养自身道德修养，乐于助人，诚实守信，尊老爱幼。
- ➤ 自觉践行幼儿教师职业道德规范，严于律己，言行一致。

学前期是学前儿童道德判断与行为习惯养成的关键时期，在这一时期对学前儿童进行道德教育，既能帮助他们养成良好的道德品质，为未来成为一名合格的社会公民奠定基础，也能在某种程度上推动我国学前教育进入新的阶段。学前儿童道德教育要求幼儿教师有目的、有计划地对学前儿童进行道德品质教育，培养良好的个性和文明习惯。

第一节　学前儿童道德发展

引导案例

幼儿园开展户外活动时，小朋友们正在进行"小推车"的游戏，突然有个小朋友要小便，告诉田老师后，他就往洗手间跑，跑到小朋友的"接力区"时，他突然刹住脚步，绕道去洗手间了。

于是，田老师就抓住这一举动，等他回来后，不失时机地问他："你刚才去洗手间是怎么走的？"并让他重新走了一遍，展示给其他小朋友看。

田老师问："为什么要这样走？"他回答："小朋友们正在玩游戏，如果我横冲过去，很可能会撞倒他们，他们就得不了第一名了。"

田老师鼓掌以示赞赏，其他小朋友也跟着热烈地鼓起了掌。

学前儿童社会化的核心内容就是使学前儿童成为一个有道德的人、能遵守社会规定的道德规范和行为准则的人。对学前儿童从小进行道德教育，有利于学前儿童拥有符合社会道德标准的行为举止，在未来成为合格的社会公民。

一、认识学前儿童道德发展

道德是指由社会舆论力量和个人内在信念驱使系统所支持的行为规范的总和。学前儿童的道德发展是在其心理发展的基础上，在社会和教育的影响下，将社会和教育的道德要求逐渐转化为个体内在规则系统并具体实践的过程。这一过程包括道德各心理成分间、个体与环境间等一系列相互联系、相互影响的心理活动。

（一）道德的心理成分

较为普遍的观点是将道德的心理成分分成道德认知、道德情感、道德行为与道德意志。

1. 道德认知

道德认知是对道德规范中是非对错、善恶美丑等行为准则及其意义的理解和判断。道德认知是构成道德的基础。例如，随着年龄的增长，学前儿童逐渐懂得什么是诚实，什么是欺骗，什么是勇敢，什么是懦弱，等等。当学前儿童对这些道德认知具有较为系统的认识，产生较为深刻的认识时，才会加以运用，从而调节和控制自己的行为，判断和评价他人的行为。据此，道德认知是道德情感产生的依据，并对道德行为具有定向作用。

2. 道德情感

道德情感是伴随道德认知而产生的，是由人的道德需要是否得以满足而引起的内心体验。它既可以产生于人们在道德观念的支配下采取行动的过程中，如帮助别人时内心的快乐与自豪，也可以产生于人们根据道德观念评价他人或自己行为的过程中，如自己犯错误后产生强烈的自责与羞愧等。道德情感的产生与发展都与道德认知相伴随，同时道德情感也会影响道德认知的形成。

3. 道德行为

道德行为是道德认知的外在表现，也是道德发展与教育的最终目的。道德行为是指人们在一定道德认知和道德情感的推动下表现出来的对他人和社会有道德意义的活动。道德行为是通过反复练习和实践而被掌握和形成的。自动化的道德行为被称为道德行为习惯，它是衡量个体道德品质高低的重要标志。

4. 道德意志

道德意志是指道德行为中自觉克服困难、抵御不良诱惑、控制和调节道德行为的精神力量。这种意志在学前儿童身上就体现为对行为的自我控制能力。这种自我控制能力主要表现为通过抑制直接的、短期的欲望而控制冲动性的能力，是学前儿童自我控制能力积极而重要的成分。

道德认知、道德情感、道德行为、道德意志 4 个方面是一个有机的整体。在道德发展过程中，它们之间既相互制约，又相互促进。道德认知是道德行为的基础；道德情感是道德行为产生和发展的内在必要条件，对道德行为具有推动作用；道德行为是道德认知的外在表现；道德意志则能巩固道德认知，强化道德情感，增加道德行为产生的概率。因此，在学前儿童道德教育中，既要着眼于提升道德认知水平，也要注意激发道德情感，训练道德行为和习惯，最终达到知情行意的统一。

（二）学前儿童的道德内容

学前儿童的道德内容主要包括移情、利他心、同情和怜悯、互惠和分享、遵守社会规则、同情和依恋父母等，表现在教育目标上就是爱祖国、爱集体、待人友善、礼貌、诚实、爱劳动等。学前儿童道德的发展是社会性发展的一个重要方面。

（三）学前儿童道德的发展

学前儿童处在道德发展的第一个阶段，这个阶段的道德发展过程是从按照外在的道德标准进行判断和行动发展到按照内在的道德标准进行判断和行动的过程，这一道德发展阶段与学前儿童认知发展的阶段是相对应的。道德的发展依赖于儿童对行为准则的了解，有赖于学前儿童对客观事实的判断。

1. 学前儿童道德的产生和发展

3 岁前是学前儿童道德萌芽的时期。1 岁的学前儿童并没有真正意义的道德感，到了 2—3 岁，学前儿童才出现道德感的萌芽。例如，与其他学前儿童友好相处会引起友爱、互助、同情等情感体验，但这些情感体验还是浅层次的。

2. 学前儿童道德的发展

（1）服从是学前儿童道德发展的主要特点。学前儿童并不理解道德规则的实质，对成人单方面尊敬，认为一切道德规则是由成人制定的，一切道德规则是不能变更的，他们在道德规则的实践中，只是对成人或年长儿童的言行进行简单的模仿。学前儿童对道德规则的认识与实际行动不一致。例如，学前儿童有时嘴上说应该这样做，可实际上并不去做；或者嘴上说不应该这样做，但事实上却做了。

（2）道德感的发展。3 岁后，随着学前儿童在集体生活中逐渐掌握各种行为规范，其道德感也发展起来。小班学前儿童的道德感主要是指向个别行为的，往往由成人的评价而引起。中班学前儿童比较明显地掌握了一些概括化的道德标准，会因为自己在行动中遵守了老师的要求而产生快感。他们不但关心自己的行为是否符合道德标准，而且开始关心别人的行为是否符合道德标准。大班学前儿童的道德感进一步发展和复杂化，产生了鲜明的道德情感。

受到思维水平限制，学前儿童难以掌握抽象的道德概念。学前儿童对道德标准的理解是与具体的人物相联系的。因此，学前儿童的道德感是不深刻的，大多是在模仿成人、执行成人的口头要求。

（3）道德评价的发展。学前儿童道德的发展更多地可以从学前儿童道德评价的发展方面表现出来。3—6 岁学前儿童道德评价特点如图 6-1 所示。

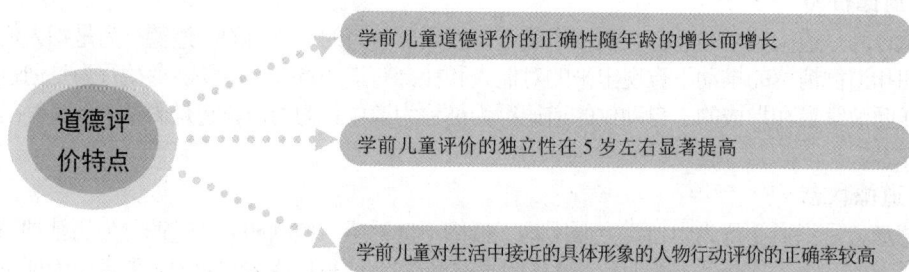

图 6-1　3—6 岁学前儿童道德评价特点

3—6 岁儿童道德评价的发展趋势主要表现在 3 个方面，分别是从具体形象性、情绪性评价到比较抽象性的、带有社会意识的客观评价，从根据行为的效果评价到根据行为的动机评价，以及从复述成人的评价到提出自己的评价见解。

二、影响学前儿童道德发展的因素

学前儿童的道德发展对其身心健康成长起着十分重要的作用。我们从认知能力、道德情绪、社会交往、奖励与惩罚、道德教育等因素来分析其对学前儿童道德发展造成的影响，以期促进儿童道德感的良好形成。

（一）认知能力

学前儿童认知发展是道德发展的必要条件，其认知发展决定着道德发展的水平。学前儿童认知能力有限，他们往往分不清是非，对事物缺乏正确的道德判断，所以要不断丰富他们有关的道德认识，将道德认识和他们的情感体验结合起来，提高其道德认知水平，促进其道德判断能力的发展。

（二）道德情绪

道德情绪是指个体对自我的理解和评价，其主要成分包括移情、内疚、羞耻、同情、尴尬等高层次的情绪。这些道德情绪具有驱动道德行为的功能，影响着个体的道德行为发展和道德品格的形成。

（三）社会交往

学前儿童道德发展是学前儿童与社会环境积极交互作用的结果，特别是在学前儿童与家人、教师、同伴、其他成人等的社会交往中，家人的示范作用、教师的榜样行为、同伴间的相互交往，都对学前儿童的道德发展产生着重要的影响。学前儿童最初的道德判断是在日常生活中成人不断给予的行为与言语的强化中形成的，学前儿童通过成人的表扬与批评、奖励与惩罚逐渐认识社会道德规范，形成道德行为。

（四）奖励与惩罚

奖励与惩罚的根本作用在于对学前儿童道德行为的正确与错误做出明确的道德评价，并让学前儿童体验到那些导致奖励与惩罚的道德行为会给自己带来积极或消极的影响，从而巩固或抑制那些行为。学前儿童的心理发展和认知水平都处于较低的发展阶段，其自我控制力较差，各种是非观念尚未形成。因此，需要细心观察学前儿童的一言一行，发现其优点要及时给予鼓励，发现其缺点要及时批评指正，从而培养学前儿童良好的行为习惯。

（五）道德教育

学前期的道德教育为学前儿童的道德发展奠定了主观基础。在良好的道德教育下，学前儿童开始正确认识自己所面对的社会关系，初步了解并调节这些社会关系应当遵守的道德规范，并逐步将社会的道德需要内化为个体的道德需要，促成道德行为的发生。道德教育不断丰富学前儿童的道德知识，为学前儿童提供具体的道德形象，使学前儿童体验不同的道德情感，指导学前儿童良好道德行为的发生和发展。

随着学前儿童的不断成长，他们开始拥有自我意识，用自己积极的思维建构着自己的道德观念，成人和权威的影响只有通过学前儿童自己的道德思维和道德活动才能发生作用。在道德教育中，只有尊重学前儿童的主体性和能动性，把道德要求转化为他们的主观意愿，让学前儿童实现真正的自我管理与自我发展，才能促成学前儿童道德品质的形成。因此，学前儿童的道德发展在很大程度上受成人对其道德教育的影响。

三、学前儿童亲社会行为

亲社会行为是人与人之间形成和维持良好关系的重要基础，是一种积极的社会行为，受到人类社会的肯定和鼓励。学前儿童的亲社会行为是指学前儿童帮助或打算帮助他人或群体的行为及倾向，包括分享、合作、谦让、援助等，亲社会行为的发展是学前儿童道德发展的核心问题。学前儿童的亲社会行为的形成是在从别人的角度考虑（移情）的基础上，产生情感反应（同情），进而产生安慰、援助等。

（一）学前儿童亲社会行为的类型

亲社会行为的类型也是研究者关注的主要问题，研究者依据不同的标准对其进行了不同的分类。这里根据亲社会行为的发生情境、动机和目的、不同形式和利他性对一般的亲社会行为做以下分类。

1. 根据发生的情境分类

根据亲社会行为发生的情境，亲社会行为可分为紧急情境下的亲社会行为和一般情境下的亲社会行为。

紧急情境下的亲社会行为指为了他人的人身、财产安全，不顾个人安危而采取的救助行动，这类行为实施时存在一定的危险，蕴含着帮助弱者、惩恶扬善的意思。例如见义勇为这类亲社会行为在个体身上发生较晚，在学前儿童阶段比较少见。

另一种是一般情境下的亲社会行为，学前儿童很早就会表现出这种亲社会行为。这种行为一般发生在日常生活中，不需要个体冒生命危险，他们付出的仅仅是较多的时间、物质和精力，却可能使个体得到各种精神和社会的补偿。例如，在公交车上给有特殊需要的人让座，主动打扫公共卫生，等等。

2. 根据动机和目的分类

根据亲社会行为的动机和目的，亲社会行为可分为自发的亲社会行为和常规性的亲社会行为两类。自发的亲社会行为即动机是关心别人的亲社会行为；而常规性的亲社会行为的目的是期望自身得到好处，或避免别人批判自己而做出的善意行为。

3. 根据不同形式分类

有些研究者将亲社会行为划分为分享、合作、助人、安慰等类型，而杰克逊和蒂萨克认为帮助行为、分享行为、合作行为、安慰行为也是学前儿童亲社会行为的主要形式。

4. 根据利他性分类

我国有学者根据亲社会行为的利他性，将亲社会行为分为 8 种不同的类型，如表 6-1 所示。

表 6-1　亲社会行为的 8 种类型

类型	具体说明
调节性行为	利用谦让、幽默、鼓励、赞美等方式调节他人情绪，使其改变不良状态的安慰行为
帮助性行为	传统研究中常涉及的捐赠、合作、紧急或非紧急情况下的物资、体力等援助性行为
分享性行为	将属于自己的物品、机会等给予他人的共享性行为
完全利他性行为	只顾他人利益、不考虑行为代价、不图任何回报的无私性行为
习俗性行为	如微笑、问好、和颜悦色说话等礼貌行为
包容性行为	团结他人、邀请他人参加群体活动等吸纳性行为
公正性行为	如主持正义、见义勇为、在朋友遇到麻烦时挺身而出等支持性行为
控制性行为	如终止他人打架、谩骂等不友好或攻击性行为等

国内外研究者更多地从亲社会行为的不同形式对学前儿童的亲社会行为进行分类，将学前儿童在社会生活中表现出来的助人、合作、安慰、分享、谦让等积极的、有社会责任感的、有益于他人和社会的行为作为典型的亲社会行为来研究。助人、合作、安慰和分享等是学前儿童亲社会行为的主要类型。

（二）学前儿童亲社会行为的发展特点

亲社会行为的认知发展理论最初由柯尔伯格创立，其中心观点是亲社会行为的发展与学前儿童智力、认知技能的发展有关。随着智力的发展，学前儿童逐渐获得一些重要的社会技能，这影响到学前儿童对亲社会问题的推理和为他人利益着想的动机，学前儿童亲社会行为的发展特点如下。

1. 不同类型的亲社会行为发展不均

研究发现，学前儿童的亲社会行为水平随年龄的增长呈不断上升的趋势，表现为大班儿童亲社会行为水平显著高于中、小班学前儿童。但是，学前儿童亲社会行为的各种类型的发展是不均衡的，其中，大、中、小班学前儿童的助人、分享与公德行为发展呈现持平状态，而合作行为则随年龄的增长不断提高，具体表现为大班学前儿童的合作行为水平明显高于中、小班学前儿童。

2. 不同类型的亲社会行为分布不均

学前儿童的亲社会行为包括多种类型，如助人、分享、合作、安慰等，有关研究发现，学前儿童的亲社会行为中，发生频率最高的是合作行为，而其他类型的亲社会行为发生的频率相当低。大、中、小班学前儿童的合作行为分布存在差异，主要表现为大班学前儿童的合作行为明显高于中班和小班学前儿童。

3. 亲社会行为随年龄的增长更多地指向同性同伴

学前儿童的亲社会行为指向同性、异性伙伴的比例随着年龄的增长而变化。观察结果表明，在幼儿园小班，学前儿童的亲社会行为指向同性、异性伙伴的人次之间不存在差异，而在中班和大班，学前儿童的亲社会行为指向同性伙伴的人次显著多于指向异性伙伴的人次。学前儿童亲社会行为的这一年龄特点可能与其性别角色认知的发展有密切关系。

4. 亲社会行为大多并未得到及时的积极反应

同伴对学前儿童的亲社会行为所做的反应因行为类型的不同而变化。同伴对学前儿童的合作行为基本上是做出积极反应，即回报以积极的社会互动——合作游戏；对学前儿童的助人行为、分享行为和安慰行为大部分是做出中性反应，一小部分做出积极反应；在极少情况下对学前儿童的亲社会行为做出错误理解时，则做出消极反应。因此，在观察中，除合作行为以外，学前儿童的亲社会行为大多并未得到及时的积极反应，如感谢、赞许、积极的社会互动等。

第二节　学前儿童道德教育

引导案例

这一天是幼儿园的家长开放日，坐在嘟嘟后排的欣欣"哇"的一声吐了，就在其他小朋友捂着鼻子、皱着眉头，纷纷往旁边躲的时候，嘟嘟顾不得自己被吐脏的外套，毫不犹豫地抓起纸巾帮欣欣擦满桌子的秽物。很快，教室里重归平静。

陈老师借机给小朋友们上了一节道德教育课，她说道："欣欣生病了，这是她最难受、最需要帮助的时候，这时我们是不是应该去帮助她？如果我们捂着鼻子嫌弃她，你们觉得欣欣会不会很可怜、很难过？想想如果生病的是自己，小伙伴们都走开了，没有人关心自己、帮助自己，自己会是什么感受呢？……"

小朋友们听了陈老师一连串的问话，都若有所思，刚才还窃窃私语的小朋友们忽然安静了，都向嘟嘟投去赞赏的目光，关切地望着欣欣。

学前儿童的道德教育应贯穿于整个儿童期，幼儿教师要懂得抓住恰当的教育时机，利用学前儿童的亲身体验与共情感受，对学前儿童进行教育。早期的学前儿童没有道德意义上的是非观念，他们对某一行为的道德判断，只是依据行为的结果而不去考虑行为的意向和动机，幼儿教师应观察学前儿童的行为，使他们知道应该怎样做、不应该怎样做，从而使其明白道理，养成良好的行为习惯。

一、学前儿童道德教育的重要性

学前儿童进行道德教育的重要性主要体现在以下几个方面。

（一）学前期是儿童基本道德行为习惯形成的关键期

学前儿童心理发展理论普遍认为："学前儿童的行为习惯已经初步形成，出现了相对的稳定性。"但学前儿童在学前末期也存在明显的个别差异，且具有较强的可塑性，存在变化的可能性。如果没有特殊的环境、事件或特殊的教育矫正，学前儿童的基本道德行为习惯会在此基础上顺其自然地发展。行为的稳定性是一个人道德品质初步形成的关键特征，因此，重视学前儿童基本道德行为习惯的发展，可以为其日后道德发展奠定重要的基础。

（二）学前儿童道德教育有助于儿童期道德品质的初步形成

儿童期道德品质的初步形成对儿童小学、中学及以后的道德发展有长期的、重要的影响。学前儿童对是非的判断对其以后的道德行为有着直接的、不可忽视的影响。例如，早期比较任性的学前儿童进入小学后会出现更多的问题行为。幼儿教师要抓住道德教育关键期，从小培养学前儿童的良好道德品质，杜绝其不良行为的发生。

（三）学前儿童道德教育是实现教育目的的条件和保证

人的德、智、体等是相互联系的辩证统一体。道德教育能促进学前儿童的品德发展，可以为他们德、智、体等方面的发展提供保证和动力。学前儿童可塑性强，但知识经验少，辨别是非的能力差，因此需要运用正确的思想和方法对他们进行积极的影响，引导他们沿着正确的方向发展，树立正确的世界观、人生观、价值观。

二、学前儿童道德教育的基本原则

德育原则是教育者对受教育者进行思想品德教育时必须遵循的基本要求。它是根据德育过程规律和德育目标、任务制定的，是处理德育过程中一些基本矛盾和关系的基本准则，是对广大教育者实践经验的高度概括和总结。道德教育原则主要对德育内容、方法与途径的选择起指导作用，是在实际德育工作中需要遵循的基本要求。

（一）尊重、信任、热爱与严格要求相结合的原则

这一原则是指在德育中，幼儿教师既要尊重、信任、热爱学前儿童，又要对学前儿童的思想和行为提出严格的要求，把严与爱有机结合起来，促使幼儿教师的合理要求转化为学前儿童的自觉行动和良好的品德。

这一原则的基本要求如下。

（1）尊重、信任、热爱每一位学前儿童。尊重、信任、热爱学前儿童是幼儿教师对学前儿童的基本态度和情感。尊重学前儿童首先要尊重学前儿童的人格和自尊心，尊重学前儿童必须尊重学前儿童的主体性。德育绝不是向学前儿童灌输大道理、命令或强迫学前儿童服从就范的教育。在实施德育时，必须牢记学前儿童是自身发展的主体，离开了学前儿童自身的努力，德育是不会有效果的。

（2）严格要求学前儿童。幼儿教师对学前儿童的要求应当是正确的、简明的、有计划和严格的。严格要求既要面向全体学前儿童，又要注意因人而异；既要达到一定的标准，又要公正无私。提出要求的方式要讲求一定的教育艺术与智慧，还要将其坚定不移地贯彻到底，督促学前儿童切实做到。

（二）一贯性和一致性相结合的原则

一贯性是指作为幼儿教师，对学前儿童的教育要求要坚持一贯，不能随着时间、地点或者幼儿教师心情的不同而有所改变。例如，学前儿童在幼儿园一学期养成的良好行为习惯，可能因一个假期就被破坏了。一致性通常指不同的教育者对学前儿童的要求应该相同。一致性通常包括两个方面，即家庭和幼儿园教育的一致性和家庭成员间教育的一致性。

这一原则的基本要求如下。

（1）一致性和一贯性涵盖了对不同教育者、不同时间场合的教育行为的要求，也就是说不同教育者对于一个学前儿童的教育行为应该保持一致，并长期坚持，这样才有利于学前儿童社会性的发展。

（2）幼儿教师应该经常和家长沟通，首先要在教育观念方面进行沟通，特别是要确保教育目标方面的一致性，也就是要让家长了解学前儿童社会教育的目标，以取得家长的支持和配合；同时，要经常把学前儿童在幼儿园的情况向家长汇报，只有这样才能保持教育的一致性和一贯性，否则家

庭教育有可能会抵消幼儿园社会教育的效果。

（三）疏导原则

疏导原则指的是进行德育要循循善诱、以理服人，从提高学前儿童认识入手，调动其主动性，使他们积极向上。

这一原则的基本要求如下。

（1）坚持正面疏导思想、以理服人。通过摆事实、讲道理，以理服人，启发学前儿童自己去理解自己在思想、行为中的问题，弄清出现问题的原因及行为的后果，从而自觉地遵守和履行道德职责。

（2）因势利导，循循善诱。学前儿童年龄小，精力旺盛，活泼好动，充满活力与想象力，他们往往会积极参加自己喜爱的活动，因此德育要善于把学前儿童的积极性和志趣引导到符合社会需要的正确方向上来。

（3）以赞许、表扬、激励为主，坚持正面教育。学前儿童虽然年龄小，但积极、主动，有自尊心、荣誉感。对他们表现的积极性和微小的进步和他们身上所蕴涵的积极因素都要予以肯定，多加赞许、表扬和激励，引导他们向正确的方向发展，以培养他们的优良品德。

（四）针对性道德教育原则

学前儿童在个性品质的发展上存在着个体差异，所以德育应当有针对性地进行，以保证每个学前儿童的个性健康发展。例如，德育中常用的表扬手段在不同性格的学前儿童身上所产生的效应是不一样的，根据学前儿童的年龄、家庭背景等的不同，应采取不同的表扬方式。例如，有的学前儿童需要幼儿教师的口头表扬胜过物质奖励，而有的学前儿童则相反。同样，批评教育也必须因人而异，因此幼儿教师必须有针对性地进行不同的教育，一把钥匙开一把锁。

这一原则的要求如下。

（1）在对学前儿童进行道德教育时，要根据学前儿童的不同个性进行针对性教育，促使学前儿童的个性朝着良好的方向发展。

（2）在对集体开展道德教育活动的同时，要进行个别行为矫正，帮助学前儿童用良好行为替代其不良行为。当然，在幼儿园进行针对性教育的同时，要取得家长的配合，幼儿园和家庭要对学前儿童有共同的要求并坚持下去。

三、学前儿童道德教育的规律

德育过程是教育者和受教育者双方借助德育内容和方法，进行施教传道和受教修养的统一活动过程，是促使受教育者道德认知、道德情感、道德行为和道德意志发展的过程，是个体社会化与社会规范个体化的统一过程。在对学前儿童进行德育的过程中，德育必须依据学前儿童品德形成的规律展开才更为有效，而品德的形成过程必须依赖于德育过程的积极影响才更容易，德育过程的规律就是这两种过程的有机统一。

学前儿童道德教育的规律表现在以下方面。

（一）学前儿童道德教育过程是在幼儿教师指导下的道德教育活动中实现的

人的道德思想和道德行为不是天生的。学前儿童的品德是在行为实践中逐步发展起来的。人最初的行为不受规则的约束，凭自己意志进行的许多行为又受所在环境的约束不能进行，从而形成某种符合规则的道德意识与行为，所以学前儿童与社会环境相互作用的各种活动，尤其德育活动是学前儿童品德发展的基础。学前儿童的道德认识也建立在社会生活中的行为基础之上，学前儿童通过道德活动获得体验、锻炼意志，从而提高道德素养。

因此，必须让德育在学前儿童的各项日常活动中进行，让他们在实际的活动中受到德育影响。例如，让学前儿童在集体活动中正确处理与同伴、幼儿教师的关系，形成合作与竞争的意识。应以学前儿童的生活事件为主，激发学前儿童的内在动机和生命体验，让学前儿童在现实生活中孕育情感经验，提升道德能力。

（二）学前儿童道德教育过程是使学前儿童知、情、意、行得到全面培养的过程

德育过程是培养学前儿童道德的过程。知，即道德认知；情，即道德情感；意，即道德意志；行，即道德行为。它们既相对独立，又相互联系。知、情、意、行的德育过程可以概括为提高道德认知、陶冶道德情感、锻炼道德意志和培养道德行为习惯。"晓之以理，动之以情，持之以恒，导之以行"是符合德育过程规律的。在这 4 个因素中，"知"是基础，"行"是关键。

一般来说，德育过程是沿着知、情、意、行的顺序形成和发展的。但是，它们在形成和发展的方向和水平上常处于不平衡的状态，这就要求幼儿教师注意德育过程的多端性，从某个因素开始，最后使学前儿童品德达到知、情、意、行全面协调发展。

（三）学前儿童道德教育过程是解决思想矛盾与冲突，加速学前儿童思想品德成长的过程

矛盾是推动事物发展的根本动力。学前儿童思想品德的提高与发展也是由思想品德内部矛盾的动力作用引发的。德育过程中的基本矛盾是幼儿教师向学前儿童提出的道德要求与学前儿童原有的品德水平之间的距离。

德育过程既是社会道德行为内化为个体的思想品德的过程，又是个体的思想品德外化为社会道德行为的过程。它需要实现矛盾向幼儿教师期望的方向转化，外因是条件，内因是根据，外因通过内因而起作用。它也是教育和自我教育的统一过程。德育过程的核心是让学前儿童通过各种活动逐步缩短幼儿教师要求与原有水平的距离，促进矛盾的积极转化。

（四）学前儿童思想品德形成的长期性和反复性规律

任何一种道德观念、行为习惯的形成，都是一个由量变到质变的长期过程。一个人的良好思想品德的提高和对不良思想品德的克服，都要经历一个反复的培养教育或矫正训练的过程，这是一个无止境地认识世界、认识自我的过程，特别是道德行为习惯的培养，需要一个长期反复培养与实践的过程。

德育过程是一系列复杂的过程，学前儿童的思想品德的发展受到多种因素的共同作用。幼儿教师要发挥主导作用，必须同家庭和有关社会机构取得联系，有目的、有计划地控制、调节环境对学前儿童的影响，降低不良环境的影响。

四、学前儿童道德教育的内容

学前儿童道德教育是建立在对学前儿童社会性发展理解基础上的。受身心发展特点的限制，学前儿童无法真正理解抽象的善恶教育，所以针对学前儿童的道德教育必须结合学前儿童的身心发展特点，把握学前儿童德育的特点，采用适合学前儿童的教育内容。

学前儿童道德教育的内容主要包括以下几个方面。

（一）文明礼貌的教育

我国是文明古国，至今流传着灿烂的历史文化和优秀的传统美德。这在学前教育中体现为注重学前儿童的文明礼貌的教育，帮助学前儿童养成文明健康的生活习惯。

在实施文明礼貌的教育时，首先要培养学前儿童礼貌待人的态度与行为习惯。从第一天入园起，幼儿教师就要抓住各种机会，运用各种方式让学前儿童掌握生活中基本的文明礼貌用语，如"请""您""谢谢""对不起"等，帮助学前儿童运用恰当的文明礼貌用语与人交往。其次，要通过日常生活的各个环节渗透礼貌待人的教育，引导学前儿童养成文明的生活态度和行为习惯，例如遵守公众场合的规则与秩序等。这既是个人修养的体现，也是对他人生活的影响。让学前儿童从小具有公

德意识和良好习惯是德育非常重要的内容。

（二）人际交往的训练

社会环境的核心因素是人，建立与周围人的和谐关系是人们适应环境、心情舒畅地生活和学习的关键。学前儿童从家庭进入幼儿园，人际交往圈逐渐拓宽，人际交往能力也逐渐发展。因此对学前儿童进行人际交往的训练非常必要。要教育他们懂得遵守规则，懂得分享，等等。例如，懂得与同伴共同分享食品和玩具，懂得喝水、吃饭时要排队，等等。

幼儿园为学前儿童提供了稳定的同伴交往环境，这为培养学前儿童亲社会行为提供了良好的条件。这种环境能满足学前儿童的社交需要，使其获得社会支持和安全感。

在人际交往的训练过程中，幼儿教师要注意以下几点。

（1）培养学前儿童积极的交往态度。要通过各种方式鼓励学前儿童与他人交往，让学前儿童克服心理上的畏惧感。

（2）帮助学前儿童掌握正确的交往方式和策略。这种教育既可以通过日常生活进行渗透，也可以通过对随机事件的处理来实现。

（3）引导学前儿童发展合作、分享、谦让等亲社会行为。幼儿教师要有意识地通过生活实践进行引导，例如在组织游戏时创设玩具的分享时间，在学前儿童需要帮助时引导其他学前儿童伸出援助之手，等等。

（三）建立责任感

学前儿童的责任感既体现在认知层面，也体现在他们的具体行为层面。在认知层面，要让学前儿童理解责任感的含义及意义，也要在平时的生活中对学前儿童做出具体的行为要求，例如自己的事情自己做，答应的事情就要完成；学会思考行为的后果，勇于承担责任，不责怪别人。

幼儿教师要根据不同年龄阶段的学前儿童责任心发展的特点进行责任感的培养。对小班学前儿童责任感的培养重在具体的行为要求，对中班学前儿童可以适当增加认知层面的内容，对大班学前儿童要注重增加他们的情感体验。

（四）萌发情感

幼儿教师要注意培养学前儿童爱父母、爱老师、爱同伴、爱家乡、爱祖国的情感。要引导学前儿童首先对身边的人产生积极的情感，然后将积极的情感延伸开来。幼儿教师要教育学前儿童首先关心体贴自己的亲人和同伴，例如，关心亲人，与同伴分享食品、玩具等，由此延伸到爱家乡、爱祖国。对家乡、祖国的爱需要激发学前儿童的情感体验，例如通过参观博物馆、科技馆，研学旅行等活动，学前儿童可以领略到祖国幅员辽阔、物产丰富、文化悠久，由此萌发他们对家乡、祖国的热爱之情。

（五）培养良好的个性品质

诚实、自信、勇敢、活泼开朗等都是良好的个性品质，它们推动着学前儿童积极地与周围环境中的人与物交往，有利于学前儿童与周围环境中的人与物建立良好的和谐关系，从而健康快乐地成长。

随着"二孩""三孩"时代的来临，有些学前儿童有了弟弟妹妹，这有利于改善学前儿童自私、任性的个性特点，有助于培养他们关爱他人、活泼开朗的性格。幼儿教师要有针对性地使学前儿童的个性健康发展，做好学前儿童的品德教育。

五、学前儿童道德教育的方法

学前儿童道德教育的形式多样、途径广泛，不受时间、地点等条件的限制。学前儿童道德教育的方法如下。

（一）游戏法

游戏是学前儿童的基本活动，学前儿童的大部分生活内容都与游戏相关。他们通过游戏认识世界，学习生活准则，形成道德规范，尤其是角色扮演的游戏。学前儿童通过角色扮演，学习遵循社会的角色要求去分析问题、处理问题、体验情感，并通过及时的反馈了解别人的需求和感受，从而更好地掌握与角色相适应的行为及道德规范。

运用游戏法进行道德教育时，要注意以下问题。

首先，要重视学前儿童的已有经验。学前儿童的游戏是对现实生活的模仿和再现，所以游戏涉及的内容要贴近学前儿童的现实生活，要易于学前儿童理解，这样学前儿童才能有更深入的体会和更深刻的感受。

其次，要注重学前儿童在游戏中的情绪体验。例如，在角色扮演游戏中，让学前儿童充分体验角色的需求和感受，这样才能使其萌发关心、帮助别人的情感。

再次，要及时引导学前儿童就游戏中出现的问题进行分析与讨论。在游戏中出现问题时，幼儿教师不能一味地批评教育，而要正确引导学前儿童思考为什么会这样，应该怎样做才会更好，使其逐渐明白做人、做事的道理。

最后，要注意引导学前儿童将游戏情境中的行为及道德规范迁移到日常生活中来，使其在日常生活中也能表现正确的行为及道德规范。游戏源于生活，最终还要回归生活。当学前儿童在游戏中明白事理后，幼儿教师要及时引导学前儿童思考在现实生活中该如何做，并在一日生活环节中注意提醒学前儿童。

（二）移情训练法

移情，又称感情移入，指设身处地地站在他人的位置去理解他人的情感需要及活动。移情训练法是指幼儿教师或家长通过学前儿童的现实生活事件或通过讲故事、情景表演等方式，引导学前儿童设身处地站在他人的立场考虑问题，使学前儿童理解和分享他人的情绪、情感体验，从而与他人产生情感共鸣的过程。

运用移情训练法时，需要注意以下两点。

第一，创设的情境应来自于学前儿童熟悉的社会生活，符合学前儿童的年龄特点，是学前儿童能理解的，这样学前儿童才能产生移情。

第二，移情训练要创设情境和氛围引导学前儿童进入角色，通过换位来体验、感受、理解他人的情感需要，最终唤起学前儿童的情感共鸣。

（三）积极暗示法

积极暗示法就是给予学前儿童积极的心理暗示，相信他们能做到，相信他们能做好。积极暗示法总是从积极的方面来肯定学前儿童，信任学前儿童，因此能使幼儿教师与学前儿童的关系融洽，避免学前儿童产生逆反心理，促使学前儿童主动、积极地发展。

积极暗示的方法包括语言的暗示、榜样的暗示等。对学前儿童影响最大的暗示方法是手势、身体动作和表情。例如，学前儿童爱说话，成人噘噘嘴；学前儿童做小动作，成人招招手；学前儿童打瞌睡，成人敲敲桌子；等等。这些暗示都能帮助学前儿童克服自己的缺点。

（四）行为练习法

行为练习法是指幼儿教师在学前儿童道德教育过程中，引导学前儿童按正确的道德准则规范自己的行为，让学前儿童通过参加各种活动和交往受到实际锻炼，以形成良好的社会行为习惯的方法。

行为练习的方式多种多样，可以利用幼儿教师人为创设的情境进行练习，也可以利用幼儿教师组织的多种实践活动进行练习，如各种劳动、社会活动、整理玩具、值日等，还可以通过各种生活情景中幼儿教师组织的学前儿童行为进行练习，如来园和离园的礼貌行为练习、用餐时的餐桌礼仪练习等。

运用行为练习法时，应注意以下事项，如图6-2所示。

练习前要明确行为练习的目的和要求，要有周密的计划

行为练习要持之以恒

行为练习法

尊重和发挥学前儿童的主动性和积极性，使学前儿童成为行为练习的主人

行为练习要循序渐进，要适合每个学前儿童已有的经验和发展水平

图6-2　行为练习法的注意事项

学前儿童德育必须从情感入手，重点放在道德行为的形成上，需要注意以下3点。

* 由表及里，由具体到抽象。对学前儿童的品德教育，必须按照其认知特点来进行，做到由表及里，由近及远，由具体到抽象，循序渐进。
* 直观、形象，避免说教。为适应儿童思维能力的特点，德育的内容和方法必须直观、形象、具体，这样才容易被学前儿童理解和接受。空洞的说教除了让学前儿童鹦鹉学舌似地说一些道德名词外，对他们毫无益处。
* 注重个别差异。学前儿童认知的发展存在个别差异性和反复性的特点。德育中常用的方法和手段在不同性格的学前儿童身上所产生的效果是不一样的。幼儿教师应在了解每个学前儿童个性特点的基础上有针对性地进行教育，尝试寻找适合每个学前儿童的最佳教育方案。

第三节　学前儿童道德教育活动指导

引导案例

四岁的童童手里拿着两个苹果，许老师逗她说："童童，把苹果分给我一个好吗？"童童虽然很爽快地给了许老师，却一直盯着许老师。

过了一会儿，她见许老师仍没把苹果还给她，就说："给我！"许老师问她："你刚才不是已经答应送给我了吗？为什么现在又不给我吃了？"童童却始终只回答两个字："给我！"

当天恰好是明明的生日，明明的爸爸特意买了蛋糕和糖果送到幼儿园。许老师让大家一起为明明唱生日歌，一起照合影。明明亲手发给每一个小朋友蛋糕和糖果，并对其他小朋友说："请你吃蛋糕和糖果。"小朋友们纷纷说："谢谢明明！"明明很快乐。

许老师趁此机会赞扬了明明的这种分享行为，教导小朋友们分享可以使别人快乐，自己也会感到幸福。童童看着手里的苹果，想了一下，主动送给了明明，对他说："给你吃苹果，祝你生日快乐！"

幼儿教师要抓住学前期这一关键时期对学前儿童实施道德教育，这样既能培养学前儿童良好的行为规范与道德品质，又能帮助他们树立正确的价值观和人生观，为其终生发展奠定基础。要想顺利开展学前儿童道德教育活动，幼儿教师必须依据国家、社会对人才的要求与学前儿童身心发展水平确立合理的活动目标，选择恰当的教育内容，设计并实施教育活动。

一、学前儿童道德教育活动的目标

学前儿童道德教育活动的目标是培养能够遵守社会行为规则、有责任感和归属感、关爱自己和他人、爱护大自然和生存环境、爱集体、爱家乡、爱祖国的学前儿童。具体来说，可以将该目标分为以下几个方面。

（1）知道自己的家乡、民族和祖国，爱家乡、爱民族、爱祖国。

（2）愿意并主动参加集体活动，对集体有归属感，能够适应集体生活并在其中愉快生活、健康成长。

（3）理解并遵守集体规则，遵守社会行为规范和社会公德。

（4）能够认真、负责地完成自己的任务，努力做好力所能及的事，有初步的责任感。

（5）讲文明、懂礼貌，诚实守信，不说谎。

（6）爱父母长辈、老师和同伴，尊重、关爱他人，平等待人。

（7）爱护公物，有节约意识，热爱自然，保护自己的生存环境。

幼儿教师在设计教育活动时，应根据不同年龄段学前儿童的特征，层层递进、由易到难制定小、中、大班的教育活动目标，如表6-2所示。

表6-2　学前儿童道德教育活动目标

层次	道德教育活动目标
小班学前儿童	（1）知道自己是中国人，认识国旗，知道国歌，初步萌发热爱祖国的情感； （2）喜欢上幼儿园，喜欢老师和同伴，对集体活动感兴趣，愿意与同伴一起活动； （3）在成人的提醒下，能够初步遵守集体规则； （4）能够完成一些力所能及的简单任务； （5）学会使用"你好""谢谢""请""对不起"等简单的礼貌用语； （6）能分清自己和别人的东西，知道未经允许不拿别人的东西，借的东西要归还； （7）听父母长辈的话，知道父母长辈对自己的关心爱护； （8）初步懂得爱护玩具和其他物品，学习整理玩具，游戏后自觉将玩具放回原处；
中班学前儿童	（1）知道自己的家乡，了解一些家乡著名的景点和历史，并从周围熟悉的事物中萌发热爱家乡、热爱祖国的情感； （2）积极参加集体活动，喜欢自己的同伴、老师与幼儿园； （3）感受集体规则的意义，在成人的提醒下能够遵守集体规则； （4）具有初步的独立意识，能够独立完成力所能及的任务，愿意为同伴和集体服务； （5）能够比较正确地使用常见的礼貌用语； （6）知道说谎是不对的，不私自拿不属于自己的东西； （7）亲近信赖父母长辈，关心同伴，能够与同伴一起友好地做游戏，不打人，不骂人，愿意把自己喜爱的图书、玩具等与同伴分享； （8）爱护幼儿园的玩具、用具、花草树木，进一步学习整理玩具，用过的物品能放回原处； （9）能在成人的提醒下节约粮食、水电等资源
大班学前儿童	（1）知道自己的民族，了解祖国著名的风景名胜、历史人物、传统节日、民间习俗以及祖国的一些伟大成就等，为自己是中国人而自豪； （2）对集体有归属感，在集体生活中积极、快乐，愿意为集体做事； （3）理解规则的意义，能够自觉遵守集体规则，能与同伴协商制定游戏与活动规则； （4）遇到困难不胆怯，能够有始有终、认真负责地坚持完成任务； （5）能够较为生动地使用礼貌用语，学会礼貌待人； （6）做错事要敢于承认并愿意改正，不说谎； （7）与同伴友好相处，乐于帮助别人，能在老师的引导下尊重和肯定同伴的优点，原谅同伴的过失； （8）爱惜物品，注意节约资源，爱护身边环境与花草树木，热爱大自然

二、学前儿童道德教育活动指导经验

我国公民基本道德规范集中概括为"爱国守法、明礼诚信、团结友善、勤俭自强、敬业奉献"。此道德规范落实到学前教育阶段，体现为对学前儿童进行爱国主义教育、集体主义教育、社会行为规范教育和个人品德教育等内容。学前儿童道德教育活动指导经验如表6-3所示。

表6-3　学前儿童道德教育活动指导经验

主题		道德教育活动指导经验
爱国主义教育		(1) 运用多种学前儿童感兴趣且能够理解的方式向他们介绍自己的家乡、民族和国家，让他们了解我国的传统文化，激发学前儿童的爱国情怀； (2) 充分利用社会资源，引导学前儿童实际感受家乡的变化和发展，感受祖国文化的丰富与优秀，激发学前儿童爱家乡、爱祖国的情感
集体主义教育		(1) 亲切对待学前儿童，关心他们，让他们感受到来自集体生活的温暖与快乐，萌发集体意识，产生归属感； (2) 引导学前儿童建立良好的师幼关系、同伴关系，鼓励他们参加集体活动，帮助他们正确认识自己和他人，培养与他人合作的能力，学习初步的人际交往技能
社会行为规范教育		(1) 让学前儿童了解基本的社会行为规范，理解规范的意义，体会规范的重要性； (2) 引导学前儿童自觉遵守游戏和公共场所的规则，遵守社会公德，有规则意识； (3) 引导学前儿童与同伴共同协商制定游戏规则与活动规则； (4) 帮助学前儿童树立公平意识，采用公平的方式进行游戏，出现争执时鼓励学前儿童以协商的方式解决问题，采用合理方法化解同伴之间的冲突
个人品德教育	责任意识	(1) 引导学前儿童完成力所能及的任务，培养他们的责任感与认真负责的态度； (2) 提供自由活动的机会，支持学前儿童自主地选择、计划活动，鼓励他们通过多方面的努力解决问题，不轻易放弃克服困难的尝试
	诚实守信	教育学前儿童懂得诚实守信的可贵，答应别人的事情一定要做到，不说谎，敢于承认错误，成为一个有诚信的人
	平等友善	(1) 认识到同伴之间是平等的，学会谦让，不以大欺小，要互相学习； (2) 学会与同伴分享、合作，掌握一定的交往技巧，自主协商解决遇到的问题，主动帮助有困难的小朋友，与人为善，团结友爱； (3) 向学前儿童介绍我国各民族和世界其他国家、民族的文化，使其感知人类文化的多样性和差异性，培养理解、尊重、平等的态度
	文明礼貌	了解并遵守基本的社交礼仪，使用礼貌用语，不说脏话
	勤俭节约	引导学前儿童在日常生活中爱护玩具和其他物品，爱护公物，节约粮食、水电等资源
	保护环境	教育学前儿童爱护身边的公共环境，培养学前儿童热爱自然、保护环境的意识

三、学前儿童道德教育活动设计案例

大班学前儿童道德教育活动设计案例——"做个守信用的孩子"

活动导入：为了教育幼儿在生活中做守信用的人，懂得守信用的重要性，幼儿教师设计并实施了道德教育活动"做守信用的孩子"，使幼儿明白在生活中答应别人的事情必须做到，体验守信用给别人带来的愉快。

1. 活动目标

（1）通过聆听故事和讨论事例，知道守信用的含义。

（2）懂得做一个守信用的人，答应别人的事要说到做到。

（3）感受守信用对交往的重要性，体验守信用给别人带来的愉快。

（4）培养幼儿思考问题、解决问题的能力，以及快速应答能力。

（5）乐于探索、交流与分享。

2. 活动准备

两个布娃娃。

3. 活动过程

（1）引发幼儿对守信用的关注和了解，理解其含义。

① 导入

教师：老师请大家听一个故事，名字叫《乐乐和波波的约定》，谁知道约定是什么意思？（帮助幼儿理解约定就是彼此说好的事情）

② 教师分段讲述故事

A. 欣赏前半段，通过提问梳理故事情节：故事里波波和乐乐约定了什么事？波波做到了吗？他这样做对吗？乐乐为什么难过？如果你是乐乐的话你会怎么想？（帮助幼儿分析体验不守信用给别人带来的不愉快）

什么是守信用？你觉得波波应该怎么做才对？（引导幼儿明白守信用就要说到做到，如果不小心忘记了约定，要及时向对方道歉并争取对方的原谅）

B. 欣赏后半段，通过提问梳理故事情节：波波妈妈答应了波波什么事？她做到了吗？

波波和乐乐玩到了波波妈妈做的玩具降落伞，感觉怎么样？（体验到守信用给自己和别人带来的愉快）

（2）组织幼儿展开讨论：为什么要守信用？怎样做才是守信用？（鼓励幼儿大胆发表个人看法，引申到平常的生活事例中——答应别人的事一定要说到做到，懂得守信用的重要性）

（3）教师讲述事例，通过具体生活情景引导幼儿进行辨析，加深对守信用的理解，增强感受。

A. 小琳答应爸爸晚上只看半小时动画片，看完就准备睡觉，时间一到，闹铃响了，小琳就自己关了电视机。

B. 小君答应妈妈上街不买玩具手枪了，可是到了商店，他一定要买玩具手枪，妈妈不买，他还哭闹。

C. 辨析讨论：小琳、小君谁做得对？谁是守信用的孩子？为什么？

（4）生活经验交流："我喜欢守信用的人"。

引导幼儿结合自身的生活交往经验讲讲自己是怎样守信用的，自己有没有因为不守信用引起了自己或者别人的不愉快。

小结：在生活中我们都喜欢守信用的人，所以我们要做守信用的人，答应别人的事就要说到做到，如果不小心忘记了约定，要及时向对方道歉并争取对方的原谅，这样大家才能愉快相处。

附：《乐乐和波波的约定》

小兔波波与小狗乐乐是好朋友。

一天，他们的好朋友小花猫生病了，波波和乐乐约好第二天早上8点钟去看望生病的小花猫。可第二天早上，小兔花花来找波波去踢球，波波就跟花花去踢球了。乐乐左等右等都等不到波波，生气地哭了起来，最后自己一个人去看小花猫了。当波波记起与乐乐的约定，去找乐乐时，乐乐说："你怎么才来呀，我已经回来了。"说着，就掉下了眼泪。

这时，波波妈妈走过来，对波波说："答应别人的事情就应该做到，你应该做一个守信用的人。乐乐，别难过，一会儿阿姨给你们做个玩具降落伞，明天早上8点钟，阿姨陪你们一起去看小花猫，你们可以带着玩具降落伞和小花猫一起玩。"

晚上，波波妈妈在灯下与波波一起做玩具降落伞。夜深了，波波对妈妈说："妈妈，我很困，不做了，去睡觉吧。"妈妈说："答应别人的事，就应该做好。"听了妈妈的话，波波懂得了要做一个守信用的好孩子才会得到别人的尊重，因此波波与妈妈一起将玩具降落伞做好了。

第二天早上8点钟，波波妈妈、波波、乐乐带着做好的玩具降落伞去看望小花猫，大家开心极了。

4. 活动延伸

回家后，由家长给幼儿讲述关于守信用的历史小故事，加深幼儿对守信用的理解。

5. 活动评价

此次活动的目的是让幼儿明白在生活中答应别人的事应该做到，理解守信用的重要性。此次活动通过讲故事的形式，引导幼儿学习、观察与讨论，让幼儿进一步理解守信用的含义。活动生动有趣，层次清晰，能够引起幼儿的学习兴趣。

课后习题

一、选择题

1. （　　）是对道德规范中是非、对错、善恶、美丑等行为准则及其意义的理解和判断。
    A. 道德认知　　　B. 道德情感　　　　C. 道德行为　　　　D. 道德意志

2. 对学前儿童亲社会行为的发展特点，下列描述不正确的是（　　）。
    A. 不同类型的亲社会行为分布不均
    B. 亲社会行为更多地指向异性同伴
    C. 亲社会行为随年龄的增长而增多
    D. 亲社会行为大多并未得到及时的积极反应

3. （　　）指的是进行德育要循循善诱、以理服人，从提高学前儿童认识入手，调动其主动性，使他们积极向上。
    A. 一致性原则　　B. 一贯性原则　　　C. 针对性原则　　　D. 疏导原则

4. （　　）指导学前儿童良好道德行为的发生和发展。
    A. 实践活动　　　B. 道德教育　　　　C. 经验　　　　　　D. 遗传

5. 幼儿园王老师通过组织实践活动对学前儿童进行道德教育的方法属于（　　）。
    A. 游戏法　　　　B. 讲解法　　　　　C. 行为练习法　　　D. 移情训练法

二、判断题

1. 道德行为是指道德行为中自觉克服困难、抵御不良诱惑、控制和调节道德行为的精神力量。（　　）

2. 道德认知是道德情感产生的依据，并对道德行为具有定向作用。（　　）

3. 幼儿教师创设情境，让学前儿童进行角色扮演，通过换位去体验、感受、理解他人的情感需要的教育方法属于积极暗示法。（　　）

4. 学前期的道德教育为学前儿童的道德发展奠定了客观基础。（　　）

5. 德育原则是教育者对受教育者进行思想品德教育时必须遵循的基本要求。（　　）

三、简答题

1. 简述学前儿童道德教育的移情训练法。

2. 简述学前儿童道德教育的疏导原则。

3. 简述学前儿童道德教育的内容。

07

第七章

学前儿童社会适应与安全教育

知识目标

➢ 了解学前儿童的入园适应问题及入园适应工作的误区。
➢ 掌握学前儿童入园适应教育。
➢ 了解学前儿童入学准备内容。
➢ 掌握学前儿童入学适应教育策略。
➢ 掌握学前儿童安全教育的环境创设。

能力目标

➢ 能够设计并实施学前儿童社会适应教育活动。
➢ 能够灵活运用学前儿童安全教育的方法。
➢ 能站在学前儿童的角度创设适宜的安全教育环境。
➢ 能够设计并实施学前儿童安全教育活动。

素养目标

➢ 学会换位思考，能站在学前儿童的角度理解他们遇到的社会适应问题。
➢ 树立安全意识，确保学前儿童人身安全是教育教学的前提与首要任务。

社会适应是《指南》中社会领域的子领域之一，是学前儿童在社会领域学习与发展的核心内容之一。《纲要》中明确指出："幼儿园必须把保护幼儿的生命和促进幼儿的健康放在工作的首位。"因此，在学前教育中，要根据学前儿童的自身发展需要和社会需要，促进其德、智、体、美、劳全面发展，同时也要重视学前儿童的安全教育问题。

第一节　学前儿童社会适应教育

引导案例

睿睿今年 4 岁，在幼儿园上小班，他非常活泼好动，每当上课时别的小朋友都在认真听讲，他却爱自己做小动作，一会儿摇摇头，一会儿摸摸脸，一会儿拉拉旁边的小朋友，只有在老师点他名字时，他才稍稍收敛一些，但很快又会开始做小动作。

户外活动时，他更是横冲直撞，毫无约束，一天中向老师告他状的小朋友接连不断："老师，他打我！""老师，他抢我的玩具！""老师，他推我！"……

幼儿园里经常会有一些适应能力较差的学前儿童，他们的规范与纪律意识薄弱，自制能力差，不能很好地约束自己的行为，也不能正常地与同伴进行良性互动。学前儿童社会适应是学前儿童从家庭走进集体、步入社会必须面临的一课。

一、认识社会适应

社会适应即对社会生活环境的适应，指个体以各种心理活动的方式对自身行为进行调节，从而使自身行为达到年龄、社会要求以及文化所期望的程度。

学前儿童的社会适应是其在由自然人逐渐转变为社会人的社会化过程中所习得的行为能力。社会适应是个体社会生活的基本任务，是个体生存与发展的核心问题。学前期是学前儿童从自然人过渡到社会人的重要转折期，对学前儿童未来的发展至关重要，所以社会适应是学前儿童社会化的重要目标，也是衡量学前儿童发展水平的重要指标。

（一）社会适应的结构与能力

社会适应的结构包含生活适应、环境适应、文化适应、人际适应和学习适应。社会适应能力是指个体对其周围的自然环境和社会需要的适从与对应的能力。学前儿童的社会适应能力即学前儿童为了适应和接受新的环境，解决矛盾冲突情境的能力，具体包括初步形成对新环境的适应能力，对陌生人的适应能力，对同伴交往的适应能力，独立克服困难、解决实际生活中简单问题的能力，以及最初学习生活的能力。

学前儿童进入幼儿园后，经过一段时间的磨合及自我调节，大部分能够适应幼儿园的生活。图 7-1 所示为学前儿童在幼儿园里快乐地参加美术课集体活动。

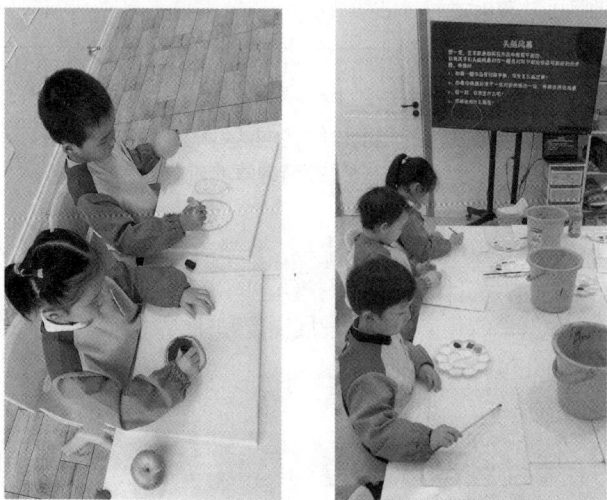

图 7-1　快乐的美术课

（二）社会适应对学前儿童的发展意义

社会适应对学前儿童的发展意义重大，具体体现在以下几方面。

1. 社会适应是使学前儿童成为"人"的重要标志

社会属性是人的本质属性。婴儿呱呱坠地时，基本上只具有自然属性，从自然人向社会人过渡，是婴幼儿的重要任务。学前儿童在与他人交往、独立生活的过程中，不断遵循社会规范，应对社会环境变化与挑战，不断发展社会适应能力，不断形成人的社会属性。

2. 社会适应是学前儿童健康发展的有机组成部分

促进学前儿童身心和谐、健康发展是学前教育的目标。《纲要》中提出："幼儿园必须把保护幼儿的生命和促进幼儿的健康放在工作的首位。" 1989 年，世界卫生组织指出，健康应该包括 4 个方面：躯体健康、心理健康、社会适应良好和道德健康。可见，社会适应良好是学前儿童健康发展的重要组成部分，也是学前教育的重要任务。

3. 社会适应是学前儿童社会领域学习与发展的重要内容

2012 年教育部颁布的《指南》将学前儿童学习划分为五大领域，其中"社会"领域包含两个子领域：人际交往和社会适应。社会适应是学前儿童社会领域学习与发展的核心内容之一，喜欢并适应群体生活、遵守基本的行为规范、具有初步的归属感是社会适应的基本目标。

二、学前儿童入园适应教育

学前儿童入园适应指新入园学前儿童从家庭的小环境过渡到幼儿园的大环境，逐渐熟悉幼儿园环境、遵循幼儿园的相关要求，从生理、心理和行为上做出调整，与幼儿园的同伴及教师建立正常的人际关系，从而真正融入幼儿园生活的过程。

学前儿童入园适应包括生活常规适应、社会性适应和学习适应，如图 7-2 所示。

生活常规适应： 主要包括进餐、午睡等一日生活环节及其规则的适应

入园适应

社会性适应： 主要指情绪适应、规则适应，以及人际交往适应等方面

学习适应： 主要包括参与幼儿园班级活动等方面的适应

图 7-2　学前儿童入园适应包括的内容

（一）学前儿童的入园适应问题

从熟悉的家庭环境到陌生的幼儿园环境，从最亲密的父母陪伴到与陌生的教师、小朋友长期相处，从相对随意的生活活动安排到有组织、有纪律的生活和学习方式的转变，在这个转折点上，学前儿童难免会遇到一些问题，出现适应不良现象，具体包括以下几方面。

1. 情绪焦虑

学前儿童来到幼儿园，接触到陌生的环境和陌生的人，会产生不适感。这种不适感让学前儿童感到不安、焦虑，突出表现为入园时的哭闹行为。特别是从小没有离开过父母、依恋性比较强的学前儿童，离开父母来到一个新环境中，会产生很严重的分离焦虑、情绪不稳等适应不良现象。

2. 生活不适应

在家庭里，往往是爸爸妈妈、爷爷奶奶等照顾一个学前儿童，在幼儿园里，几位幼儿教师同时照顾二十几个甚至更多学前儿童，对每个学前儿童的关注自然会减少很多。从单独被照顾转换到集体生活中，再加上不少学前儿童在家里没有经过基本的生活训练，甚至不会自己吃饭、不会自己上厕所等，导致学前儿童容易出现一些生活不适应现象，如进餐困难、排泄异常等，甚至频繁生病。幼儿园统一的作息时间对学前儿童的规则意识也有一定的要求，有的学前儿童该睡觉的时间睡不着，甚至在休息时间会吵闹。

3. 人际交往不和谐

3 岁左右的学前儿童进入幼儿园，交往对象由家人变为小朋友和幼儿教师，有不少学前儿童人际交往技能欠缺，不太会和小朋友交流，还不能用语言较好地表达自己的愿望与需求，往往会出现一些人际适应不良情况和人际交往不和谐的现象，如孤僻、退缩、争抢玩具、不遵守规则、不会和小朋友友好相处、过度黏人等。

（二）做好学前儿童入园适应工作

幼儿教师应联合家长、社区等教育资源，做好学前儿童入园适应工作，具体包括以下几方面。

1. 入园前的准备工作

入园前的准备工作包括幼儿园准备和家庭准备两方面。

（1）幼儿园准备

幼儿园要通过多种形式帮助家庭和学前儿童提前开展入园准备工作。

① 开展专题讲座。幼儿园积极开展"2—3 岁婴幼儿的身心发展特点""入园适应的注意事项"等讲座，让家长更多地了解 2—3 岁学前儿童的身心发展特点、学前儿童入园后可能遇到的问题，以

及幼儿园教育的方式方法，更有针对性地做好学前儿童入园准备工作，对学前儿童入园可能出现的问题有心理上及对策上的准备，这种做法可以有效地缓解家长、学前儿童的入园焦虑心理。

② 开展亲子活动。幼儿园可以组织家长带学前儿童参观幼儿园，提前了解幼儿园的环境，也可以开展亲子活动，让学前儿童在家长的陪伴下对幼儿园的教师、同伴和环境有进一步的了解；尝试让学前儿童脱离家长单独与幼儿教师和其他学前儿童进行游戏，感受集体游戏的快乐，激发学前儿童上幼儿园的欲望。

③ 营造温馨的班级氛围。幼儿教师在学前儿童入园前可以将教室的环境布置得像家一般温馨，例如，在班级的墙壁挂上学前儿童与家长的合照；在图书区摆放可爱的沙发、椅子，安装带有卡通图案的窗帘，精心为学前儿童创设"家"一样的环境。

（2）家庭准备

学前儿童离开家庭走向幼儿园，家庭对学前儿童的影响也非常大，做好家庭准备工作能够使学前儿童更顺利地适应幼儿园生活。

① 入园的心理准备。入园的心理准备包括学前儿童的心理准备和家长的心理准备两方面。

● 学前儿童的心理准备。家长在学前儿童入园前应该多和学前儿童聊一些关于幼儿园的情况，让学前儿童感觉上幼儿园是一件开心的事情，幼儿园里有很多好朋友和好玩的玩具，也要告诉学前儿童进入幼儿园以后的作息时间，让学前儿童知道上幼儿园是没有家长陪伴的，并且要自己吃饭、自己睡觉等，让学前儿童做好心理准备。

● 家长的心理准备。家长要做好心理准备。学前儿童离开家庭走向幼儿园，之后逐步走向社会，这是学前儿童成长的必经之路，即使有不适应现象也属正常。家长要克服紧张、心疼等情绪，要充分信任幼儿园，相信自己的孩子能够顺利适应幼儿园生活。

② 入园的能力准备。家长要让学前儿童在入园前做好能力准备，帮助学前儿童顺利适应幼儿园生活。在入园前锻炼学前儿童的自理能力，如吃饭、睡觉、穿脱衣服，使其掌握基本的生活技能；提供其与他人接触的机会，减少其对陌生人的恐惧感，锻炼其交际能力；培养其初步的学习能力，为其进入幼儿园后的集体教学活动奠定基础。

③ 入园的物质准备。家长可以和学前儿童一起去商场挑选其喜爱的书包、衣物等必需品，共同为上幼儿园做准备，让学前儿童对上幼儿园产生向往之情。如果幼儿园允许，家长可以鼓励学前儿童将自己喜爱的玩具带到幼儿园，这有利于缓解学前儿童在面对新环境时的紧张感和焦虑感。

2. 入园后的工作

学前儿童入园后，幼儿教师要做好工作安排，家长要积极配合幼儿园的工作，帮助学前儿童尽快适应幼儿园生活。

（1）幼儿教师的准备

① 根据学前儿童入园适应阶段，灵活安排一日生活，逐渐推进入园适应。下面以 9 月入园为例加以阐述，如表7-1 所示。

表7-1　学前儿童入园适应 4 阶段

适应阶段	名称	各阶段主要工作安排
第一阶段 （第 1—6 天）	适应困难期	学前儿童刚入园时，顺应学前儿童需求、安抚学前儿童情绪、减弱适应障碍应成为最主要的工作
第二阶段 （第 7—16 天）	波动调整期	稳定已适应的学前儿童，避免其反复成为工作的重点；幼儿教师安排恰当的活动内容，吸引学前儿童的注意力
第三阶段 （第 17 天—国庆节长假前）	基本适应期	幼儿教师关注正常的活动安排，指导家长避免国庆节长假之后学前儿童出现严重的入园不适反复情况
第四阶段 （国庆节长假后 1 周）	二次适应期	国庆节长假过后，多数学前儿童能较快地适应，但也有个别学前儿童入园不适反复情况严重，幼儿教师要特别关照

② 组织丰富多彩的一日活动。小班学前儿童处于感知运动阶段，幼儿教师可以多组织一些丰富多彩的一日活动，例如组织简短有趣的游戏活动、音乐活动，或者给学前儿童讲生动的故事，让学前儿童涂涂画画，通过创设温馨的班级环境建立民主、友爱的师幼关系，关注学前儿童的个体差异，促进学前儿童的入园适应。

③ 鼓励学前儿童以大带小，以强带弱。幼儿教师在了解每个学前儿童特点的基础上，将其搭配分组，安排内向的与外向的坐在一起，年龄较大的与年龄较小的坐在一起，能力较强的与能力较弱的坐在一起，促进学前儿童同伴关系的建立和发展，使学前儿童感受到幼儿园生活的乐趣，增强集体归属感，加快适应速度。

（2）家长的工作

① 正视学前儿童的入园不适应现象。家长要正视学前儿童的入园不适应现象，对学前儿童入园可能出现的不适应行为做到心中有数；同时，要了解学前儿童入园适应的过程，调整自身的心理状态和行为，认同幼儿园的教育，坚定送学前儿童上幼儿园的决心，对学前儿童进行正面疏导，帮助学前儿童尽快适应幼儿园生活。

② 积极配合幼儿园工作。家长要及时了解学前儿童在幼儿园的情况，积极配合幼儿园的工作。在不同的适应阶段，家长的配合工作不同。在适应的初期，学前儿童不适应的反应剧烈，拒绝在幼儿园饮水或进食，家长要尽力为其补充营养；入园适应的过程尽量别间断，家长要坚持送学前儿童上幼儿园；国庆节长假期间，尽量与幼儿园的要求保持步调一致，要安排好学前儿童的生活作息和饮食起居。

（三）学前儿童入园适应工作的误区

如何让学前儿童尽快适应幼儿园生活是一个老话题，有很多幼儿教师有自己有效的方法，如提前家访、分批入园、帮助学前儿童做好入园准备等。但是，在学前儿童入园适应工作中也存在一些误区，如强迫分离、冷处理等，这些做法对引导学前儿童尽快适应幼儿园生活其实并不利。

1. 家长认知与情绪误区

对于刚入园的学前儿童出现的入园不适应现象，家长要理智对待，尽量避免陷入认知与情绪误区。

（1）强迫分离法

家长认为送学前儿童到幼儿园以后，一旦其哭闹着不肯让家长离开，千万不能心软，必须马上离开，这就是强迫分离法。强迫分离法非但不能从根本上解决问题，还会加剧学前儿童的分离焦虑，使那些焦虑程度较高的学前儿童对入园产生恐惧。

学前儿童的情绪，尤其是不愉快的情绪必须通过有效的方法加以排解，例如家长可以与学前儿童相处一段时间，并与其一起做游戏；幼儿教师应热情迎接学前儿童和家长，并与家长主动交谈，让学前儿童感受到家长与幼儿教师之间的亲密关系，从而减轻学前儿童的焦虑感。

（2）家长不安的情绪

学前儿童入园工作中亲子分离难，难的是学前儿童离不开家长。但是，有些家长也不放心孩子，他们非常担心从未离开过自己身边的孩子，不断地嘱咐幼儿教师，叮嘱孩子，眼神中透出无比的忧虑。心理学研究表明，情绪具有强烈的传染性。家长的这种忧虑情绪会直接传染给敏感的学前儿童，使学前儿童获取不安的信息，如"妈妈舍不得我，老师不会好好照顾我"等，这会对学前儿童顺利入园造成严重的负面影响。

（3）空头许诺

刚入园的学前儿童都非常关心一个问题，那就是"妈妈什么时候来接我"，大部分学前儿童对时间没有很强的意识，有些家长为了安慰学前儿童，就会说："放心，放学后妈妈第一个来接你。"他们会非常相信妈妈的话，等着妈妈第一个来接。如果家长只是随意这么一说，却没有做到，学前儿童就会很失望，甚至加重分离焦虑。

2. 幼儿教师工作误区

幼儿教师在对待学前儿童入园不适应情况时也存在一些误区，主要表现在以下几个方面。

（1）扮演妈妈的角色

大多数幼儿教师对于入园不适应的学前儿童经常扮演妈妈的角色，安慰哭泣的学前儿童，以期与他们尽快建立新的依恋关系，这可能是个有效的办法，但亲切、友善的关注和适时地在集体中赞扬学前儿童的效果可能会更好，例如夸奖他会自己穿衣服，安排他做其他更小的学前儿童的哥哥或姐姐，等等。

（2）冷处理哭闹不止的学前儿童

针对入园哭闹不止的学前儿童，安抚无效时，幼儿教师有时会采用冷处理的方式，即不搭理他们，让他们独处，以期达到终止哭泣的目的，这种方法只会加重学前儿童对幼儿教师的惧怕与抵触。相反，加倍关注学前儿童的需要、发现学前儿童的兴趣点、引导他们沉浸在新环境中，才是消除孤独感、转变学前儿童不良情绪的好方法。

（3）随便做出承诺

刚入园的学前儿童会一次又一次地询问幼儿教师："妈妈什么时候来接我？"幼儿教师常常因不耐烦而承诺"你吃完饭就来了""你睡醒就来了"。一旦学前儿童发现幼儿教师的诺言落空，就会更加失望，这不利于学前儿童与幼儿教师建立信任和依赖关系。如果学前儿童仍然不能平静下来，幼儿教师可以设法分散其注意力，例如送给学前儿童玩具、图书，或者讲好听的故事，等等。

（4）对学前儿童的需要判断不及时，只是简单询问

随着家长的离开，很多学前儿童会突然感到不知所措。产生这种现象的原因是学前儿童离开了家长，失去了一对一的照顾，不知如何寻求帮助。例如，有的学前儿童尿频，当他想小便时，即使小脸憋得通红，也不吱声。如果幼儿教师没有及时发现，该学前儿童就可能会尿裤子。这种情况下，幼儿教师如果只是频繁地问学前儿童是否小便，而忽略培养学前儿童的主动性，则不能解决该学前儿童胆怯、不会表达自己需要的问题。

（5）幼儿教师工作压力无法调节

学前儿童入园分离焦虑考验着幼儿教师的耐心、毅力。长时间、高压力的工作有时难免让幼儿教师产生厌烦、挫败等消极情绪，甚至影响其工作态度和工作方法。因此，幼儿教师之间要协调配合，及时调节自己的情绪，尽量做到张弛有度，避免上火、焦躁；如果难以控制自己的情绪，就应尽快找到适宜的宣泄途径，以便更好地工作。

三、学前儿童入学适应教育

幼儿园大班学期末，学前儿童将要离开幼儿园开始小学生活，迎接人生中的又一个转折期。做好入学准备、尽快适应小学生活这不仅是学前儿童连续性发展的需要，也是幼儿园的重要任务。幼儿园、家庭、小学要共同努力，形成教育的合力，使学前儿童的入学准备在完整的微生态圈内系统地进行。

（一）幼小衔接、入学准备与入学适应

《规程》（修订稿）提出"幼儿园和小学应当密切联系，互相配合，注意两个阶段教育的相互衔接"。在《纲要》中也有相关的阐述，"幼儿园应与家庭、社区密切合作，与小学相互衔接，综合利用各种教育资源，共同为幼儿的发展创造良好的条件"。

1. 幼小衔接

幼小衔接就是幼儿园和小学两个相邻阶段在教育上的互相衔接，学前儿童在幼儿园与小学之间存在的这个过渡时期，称为衔接时期。幼小衔接倾向于从时间的连续性角度，界定幼儿园和小学为

保证学前儿童自然、平缓地过渡到小学生活而在教育方面所做的衔接和努力。

幼儿教师要做好幼小衔接工作，主要内容如图 7-3 所示。

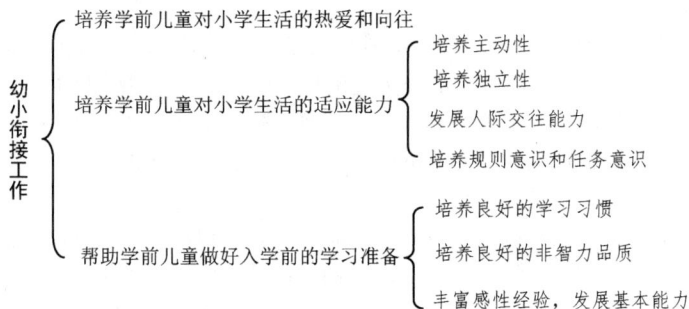

图 7-3 幼小衔接工作的主要内容

2. 入学准备

入学准备是指学前儿童为了能够从即将开始的小学教育中受益，需要具备的各种关键特征或基础条件。

入学准备包括知识准备、能力准备、心理准备和物质准备等，需要学前儿童、学校及家庭和社区共同协作完成。

学前儿童层面的准备主要是最受研究者广泛关注的入学准备模型，包括学前儿童的身体和运动发展、情绪与社会性发展、学习方式、语言发展、认知发展与一般知识基础。

家庭和社区支持包括家长为学前儿童提供资源和支持、社区为家长提供培训和帮助，以及普及高质量的学前教育，等等。家庭和社区层面的准备主要包括为学前儿童提供高质量的学前教育；家长认识到自己作为第一任教师的重要性，并扮演好这一角色；学前儿童要获得照料、营养，锻炼身体，以达到入学所需的健康水平。

学校层面的准备主要包括教师准备、环境准备、课程和教育策略准备及管理者准备等。

3. 入学适应

入学适应是指学前儿童在进入小学后，不断调整自己的身心状态，以期与小学的学习、生活、人际交往相适应的过程。

入学适应分为两方面的内容，一是学业适应，二是社会性适应。学业适应的评定包括学业成绩和对学习的喜爱程度，社会性适应的评定包括同伴关系、师生关系、社会技能和对学校的喜爱程度，如图 7-4 所示。

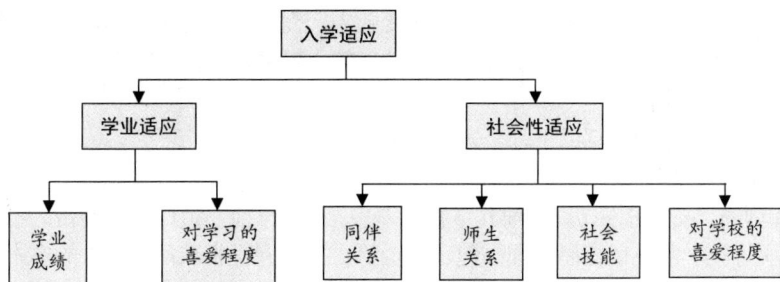

图 7-4 学前儿童入学适应包含的内容

不管是幼小衔接工作，还是入学准备和入学适应工作，都是为了让学前儿童顺利升入小学，快速适应小学生活。

（二）入学准备内容

学前儿童入学准备主要分为入学前准备和入学后的习惯准备。

1. 入学前准备

幼儿园和小学是两个不同的教育阶段，它们既有区别，又有联系。幼儿园以游戏为主，小学以学习为主。上小学后，学前儿童在精神上、体力上的负担明显加重，在情感上、意志上的要求也发生了变化，在生活和活动方面都有了硬性的规定，学前儿童感受到了从未有过的责任或压力。幼儿教师与家长应帮助学前儿童做好上小学的准备，主要包括以下几个方面。

（1）心理准备

入学前，幼儿教师和家长应通过各种方式让学前儿童明白幼儿园结束后就要上小学，通过绘声绘色的形容激励学前儿童渴望早日到小学学习，例如家长可以带着学前儿童走访正在上小学的亲朋好友的孩子，请他们讲讲在小学学习、生活的情况。幼儿教师和家长也要经常与学前儿童沟通，从正面引导学前儿童，激发其对小学生活的向往；要使学前儿童明白，进入小学生活需要按小学生守则和行为规范严格要求自己，使他们做好成为小学生的心理准备。

（2）行为准备

幼儿教师和家长要教育学前儿童遵守学校纪律，小学生活与幼儿园生活不同，很多时候要受到纪律的约束。例如，不能将零食和饮料、玩具等与学习无关的物品带进校园。

培养学前儿童的时间观念，要求学前儿童严格遵守学校的作息时间制度，养成早睡早起的习惯。教授学前儿童正确的站、坐、行等姿势，使学前儿童明白，良好的行为举止不仅是对他人的礼貌，还能促进自身身体的正常成长；特别要注意保护好视力，坚持3个"远"原则，即眼睛距离书本一尺远，手指距离笔尖一寸远，胸前距离桌子一拳远。

（3）物质准备

家长要为学前儿童准备好一年级所用的学习用品，学习用品要实用、适用，切忌样式过于花哨、功能过于烦琐；在学习用品上标记班级和姓名，购置学前儿童专用圆头剪刀，注意数学学具不要带尖头，防止学前儿童被戳伤。

家长要为学前儿童准备一个相对独立的学习环境，儿童房不要摆放电视机、计算机等；为学前儿童准备抹布等清洁用具，培养其劳动意识，适当安排学前儿童做做家务，如扫地、擦桌子、倒垃圾等。

（4）知识准备

基本的知识准备：会数自然数1—20；能计算20以内简单的加减法；会写自己的名字；知道家长的工作单位、电话以及家庭住址。家长应在力所能及的范围内增加学前儿童的识字量，增强学前儿童的阅读能力。

增强阅读能力有助于尽早提升学前儿童的应变能力，提升学前儿童的学习兴趣、理解能力，让其较好地和任课教师沟通，与班级同学交流，让其自信心更足，这也有助于各学科的学习。

2. 入学后的习惯准备

入学后的习惯准备主要包括以下几个方面。

（1）学习用品的整理习惯

入学1—3周内，家长可以帮助学前儿童整理书包，提醒学前儿童第二天要带的物品。3周以后，家长可以通过引导让学前儿童自己整理书包、削铅笔，按照课程表准备第二天的书本、学具。随着时间的推移，学前儿童的能力就会增强，他们甚至完全可以独立整理学习用品。不要因为学前儿童的行动速度过慢，家长就全权包办，这是在滋养学前儿童懒惰和依赖的坏习气。

（2）上课习惯

上课用心听讲，遵守纪律，不随便离开座位，别人讲话的过程中不乱插嘴，不做小动作，发言先举手，得到教师许可后起立发言等都是应有的习惯。家长可以通过以下方法验证学前儿童上课的听课质量：学前儿童回家后能否轻松正确地自行完成作业，能否把课文读通、读懂，书上是否有乱涂乱画的痕迹，等等。

（3）课间三部曲

下课后迅速整理桌面物品，准备好下节课的学习用品；上厕所；回教室喝水。剩余时间可到校园内做些轻松简单的游戏。告诉学前儿童千万不要在校园和教室内追逐打闹，以防发生意外。

（4）交际习惯

要告诫学前儿童学会倾听，别人说话时，不能心不在焉，要专心致志地听，了解对方说话的主要内容和意思；学会讲普通话，声音适度，口齿清楚，语速适中，使对方能听懂自己要表达的意思；与别人交谈时，要态度自然、大方、有礼貌。

（三）入学适应教育策略

从幼儿园升入小学是学前儿童人生中一个重要的转折点。为了使学前儿童顺利适应小学生活，幼儿园、小学、家庭 3 方需要有机配合，形成合力，帮助学前儿童顺利过渡，为此可以采取以下策略进行引导。

1. 提升学前儿童的社会适应能力

幼儿教师可以从以下几个方面来提升学前儿童的社会适应能力。

（1）培养学前儿童的规则意识，助其养成良好的生活习惯

我们可以通过日常的活动培养学前儿童理解每个活动的规则，提升其执行规则的能力，鼓励学前儿童在活动中发现规则，承担不遵守规则所带来的后果。

（2）培养学前儿童的责任感

幼儿教师要让学前儿童认识任务的含义，意识到幼儿教师信任自己才给自己布置任务，培养学前儿童乐意接受任务的意识，帮助他们在实践中学习并掌握完成任务的本领。

（3）培养学前儿童的独立意识和生活自理能力

给学前儿童锻炼的机会，让他们独立完成幼儿教师布置的力所能及的任务。同时，特别要注意培养学前儿童的时间观念和劳动观念。请家长配合幼儿园的目标要求，培养学前儿童做力所能及的家务，如扫地、择菜等。

（4）培养学前儿童的社会交往能力

从小事做起，培养学前儿童的社会交往能力，让学前儿童学会谦虚、有礼貌，不大声喧哗，不与小伙伴抢玩具，等等。这些事情看起来很小，却有利于创造友好合作的氛围，有利于增强学前儿童的交往能力。家长可以多带学前儿童走出家门，广泛结交伙伴，让学前儿童成为一个乐于交往和善于交往的人。

（5）培养学前儿童独立解决问题的能力

幼儿园是培养学前儿童独立解决问题能力的好场所，幼儿教师和家长应主动从学前儿童学习生活的细节入手，教会学前儿童准确表达自己的意见，使其能够妥善地解决遇到的问题及和同伴之间的矛盾。在活动中，特别是自由活动时，应尝试放手让学前儿童自己去解决问题。

（6）进行安全意识教育，增强学前儿童自我保护能力

社会中会有很多不安全因素。幼儿教师应该教学前儿童很好地保护自己，例如告诉学前儿童不随便与陌生人说话，遇到困难如何求助，等等。另外，还要教育他们懂得和遵守交通规则，注意自身安全。

（7）加强学前儿童对环境的适应能力

为了消除学前儿童入学后对环境的陌生感，幼儿教师可以对教学做相应的调整，可以适当减少学前儿童活动、游戏的时间，也可以让学前儿童与小学生交流，观察他们做作业的情况，从而激发

学前儿童想上小学的强烈愿望。这样，从思想、习惯和认知技能上逐步过渡，学前儿童入学后，就比较容易适应小学环境了。

2. 发展学前儿童的学习适应能力

学前儿童入学后，以读、写、算为主导，学习成了其主要活动，但是，幼儿教师不能进入让学前儿童提早接受具体课本知识的误区，而应重视学前儿童进行读、写、算背后的智能发展，如空间关系理解、观察比较、抽象符号操作等。

（1）培养学前儿童的学习兴趣

注意对学前儿童的学习兴趣、学习热情、学习专注性和持久性的培养。学前儿童会对感兴趣的事物进行积极的探究，幼儿教师要培养学前儿童的学习兴趣，使其自主、自愿、主动、愉快地学习。兴趣是推动学前儿童学习的动力，可以多给他们讲一些故事、童话、诗歌等文学作品，这对培养他们的学习兴趣很有帮助。

（2）培养学前儿童的正确的学习态度

兴趣是学前儿童喜欢学习的前提，而要想学习好还必须有正确的学习态度，对待学习认真负责、积极努力；学习态度端正，按时上学、上课，不迟到、不早退，遵守课堂纪律，专心听讲，积极思考和回答问题，按时完成作业；等等。入学前要培养教育学前儿童在做每一件事时都要有认真负责的态度，以便其在进入小学后能以积极的态度学习知识与技能。

（3）培养学前儿童的良好的学习习惯

习惯是学前儿童后天养成的，良好的学习习惯可以让学前儿童终身受益，所以从入学前就要培养他们良好的学习习惯：写作业时，坐姿要端正，要一心一意，不能边看电视边写作业，不能分散注意力，做任何事情都要专心致志；养成自己准备学习用品、整理书包的习惯。

（4）教育学前儿童热爱学校和幼儿教师

学校是对学生进行正规教育的专门机构，是学生度过漫长学习时光的地方。幼儿教师和家长应该向学前儿童多描述有趣的学校生活和学习活动，带领他们到附近的学校参观，让他们熟悉学校的环境，以激发他们对学习的热爱和向往，使其有乐于上学的愿望、想要学习的积极心理。教师是向学生传授文化科学知识和进行思想品德教育的专业人员，因此要教育学前儿童热爱和尊敬教师，他们不仅是学生的道德教员，也是其生活的导师。

四、学前儿童社会适应教育活动设计案例

学前儿童社会适应教育主要包括入园适应和入学适应，幼儿教师应围绕这两个方面来设计社会适应教育活动。

（一）小班儿童社会适应教育活动设计案例——"穿鞋子"

活动导入：刚入园的幼儿缺乏一些基本的生活经验和生活技能，如经常穿错鞋子、系错扣子、吃饭挑食、不爱喝水等。幼儿教师可以设计一些社会适应教育活动，如"穿脱鞋子""穿脱袜子""穿脱衣服""喝水""吃饭""如厕"等，以促进幼儿的发展，提高其生活自理能力。

1. 活动目标

（1）听故事，感受情节的趣味性，说说关于穿脱鞋子的事情。

（2）掌握正确穿脱鞋子的方法。

（3）学会自我服务，乐于帮助同伴。

（4）让幼儿体会做游戏的乐趣，发展幼儿开朗、乐观的性格。

（5）培养幼儿的尝试精神。

2. 活动准备

（1）幼儿操作材料。

（2）故事《穿鞋子》中出现的角色手偶。

（3）一双鞋子、一双袜子。

3. 活动过程

（1）提问题引出主题

① 你收到过新年礼物吗？是什么样的新年礼物呢？说出来听一听。

② 小黑熊也收到了一份新年礼物，可这份新年礼物却给他带来了一些小烦恼，想知道这究竟是怎么回事吗？

（2）引导幼儿看故事，猜情节

① 请幼儿看完整篇故事《穿鞋子》，引导幼儿按顺序观察故事画面。

② 故事中的小黑熊在做什么？小狮子和小黄牛都帮助他做了什么？

③ 那只小老鼠做了一件什么事？

④ 小黑熊的烦恼消失了吗？都有谁帮助了他？这究竟是怎么回事？

（3）幼儿欣赏故事。

① 幼儿分段欣赏故事，幼儿教师一边讲一边解答幼儿遇到的问题。

② 幼儿完整欣赏故事，识记并理解故事情节。

（4）幼儿教师请幼儿配合，利用角色手偶和实物表演情景剧《穿鞋子》。

（5）幼儿教师和幼儿一起讨论正确穿脱鞋子的方法，并进行演示说明。

4. 活动延伸

组织幼儿进行"穿脱鞋子比赛"。

附：《穿鞋子》

小黑熊穿鞋子，穿呀穿，怎么也穿不进去。

"小狮子，快快来，快来帮我穿鞋子！"哎呀呀，怎么也穿不进去。

"小黄牛，快快来，快来帮我穿鞋子！"哎呀呀，怎么也穿不进去。

小老鼠跑来了，骨碌碌，钻进了鞋子里。哎呀呀，原来里面有双袜子。袜子穿上脚，小黑熊鞋子穿好了。

5. 活动评价

生活活动生动形象、多姿多彩、鲜活具体，幼儿教师要注意挖掘生活活动的多重价值。组织这类活动主要是帮助幼儿积累丰富的感性经验，掌握最基本的生活技能，培养幼儿的坚持性、独立生活能力，学习自己解决生活问题的能力，特别是摆脱依赖、走向独立的能力。组织的生活活动要适合幼儿的年龄特点，采用的教学方法要符合幼儿身心发展规律，让幼儿体会生活活动的乐趣，发展幼儿开朗、乐观的性格。

（二）大班儿童社会适应教育活动案例——"整理我的小书包"

活动导入：大班幼儿即将升入小学，会拥有更多的学习用品，为了让大班幼儿能够更顺利地适应小学生活，需要对大班幼儿进行入学适应教育。幼儿教师可以围绕整理书包这一主题设计社会适应教育活动，让幼儿知道书包内该放些什么，如何进行整理，进一步激发他们当一名小学生的愿望，树立自我服务的意识。

1. 活动目标

（1）了解书包的结构和各部分的用途。

（2）学习有序地整理书包。

（3）懂得爱惜学习用品。

（4）积极地参与活动，大胆地说出自己的想法。

（5）学会用轮流的方式谈话，体会与同伴交流、讨论的乐趣。

2. 活动准备

视频录像，每人一个小书包，一个篮子。篮子内放有书、各种本、水杯、雨伞、铅笔、橡皮、尺子、卷笔刀、文具盒等。

3. 活动过程

（1）开始播放音乐《上学歌》，幼儿听音乐走进活动室。

（2）实施过程。

① 谈话导入。

教师：小朋友们，再过几个月，你们就要上一年级，成为一名小学生了。要想成为一名合格的小学生，就要养成良好的习惯，学会自己的事情自己做，今天你们都背来了自己心爱的小书包，真神气啊！接下来我们就来说一说小书包吧。

② 引导幼儿了解书包的结构。

教师：小朋友们，现在请把你们的小书包轻轻地拿起来，仔细看一看你们的小书包是什么样子的，它们的结构如何？谁愿意来向大家介绍一下自己的小书包呢？

小结：××小朋友说得真好，我们每位小朋友都有一个心爱的小书包，上面有漂亮的颜色和图案，还有两根肩带，最重要的是小书包有许多夹层，有的大一点，有的小一点，小书包的两侧还有两个小兜兜。

③ 引导幼儿认识学习用品。

提问：小朋友们马上就要上小学了，你们知道小学生每天上学必须带什么东西吗？（帮助幼儿归类，如学习用品、生活用品等）

④ 整理书包。

幼儿尝试整理小书包。

教师：小书包到底应该怎么用呢？老师在篮子里准备了你们常用的东西。你们认为这些东西放在小书包的哪一层合适呢？现在，请小朋友们试着把这些东西放进小书包里。老师巡视，将表现好的与不好的都拍下来。

提问：谁来说一说你是怎么放的？

个别幼儿介绍自己是怎么整理书包的。

引导幼儿分析探讨整理书包的最佳方法。

教师：每位小朋友都有自己的方法，但怎样整理才能让我们拿取东西更方便呢？下面我们来看看这几位小朋友是怎样整理的。仔细看，看看哪种方法更好。（播放视频录像）

请幼儿评价。

提问：以上几位小朋友谁的整理方法更好呢？为什么？

小结：小书包里面有很多层，每一层都有用处。铅笔、橡皮、尺子放在文具盒里，文具盒、卷笔刀可以放在一起，放在书包最前面的小包里；书和本子分别按由小到大的顺序整齐叠放，平整地放进书包的最大层；雨伞、水杯可以放在书包两侧的小兜兜里。

⑤ 幼儿再次整理小书包。我们根据刚才说的再来整理一次，看谁整理得又快又好又整齐。

小结：这次比上一次整理得更快更好了，都能在较短的时间内整理好自己的小书包，我们一起鼓励一下自己吧："我学会了整理小书包，我真棒！"

教师总结：今天，我们学习了一项整理小书包的新本领，以后整理小书包都要像现在这样分层、分类整理，每一样东西都放在固定的地方，知道什么东西在什么地方，做到自己心中有数，拿取更方便。

（3）结束部分。

教师：我们一起背起小书包唱首好听的儿歌吧！

唱《上学歌》，体会上学的自豪感。

4. 活动延伸

（1）学习分类整理房间，如生活用品、洗漱用品、学习用品等，按一定的规律整理好。

（2）学习整理其他上学用品，如水壶、蜡笔、绳子、毽子等。

5. 活动评价

通过此次整理书包活动使学前儿童萌发做小学生的愿望，培养他们的责任感；让他们了解书包的结构，知道整理书包的重要性，学习整理书包的方法，形成初步的责任意识。在活动中，采用提问法、实操法等发展学前儿童的自主性，使学前儿童充分发挥想象力，按照自己的想法进行操作，并锻炼他们的动手能力和语言表达能力，提升他们的社会适应能力。

第二节　学前儿童安全教育

引导案例

牛牛在幼儿园午睡时总是入睡很慢。周一中午，牛牛又像往常一样，躺在床上翻来覆去睡不着。别的小朋友都已经睡着了，可牛牛将头缩进被子里，把被子高高拱起。

韩老师看到后轻轻地走过去掀开他的被子，看见几颗红豆散落在褥子上，牛牛正自娱自乐地把红豆往自己的鼻孔里塞。

"牛牛，你在干什么？这些红豆是从哪里来的？"韩老师吃惊地问。

"我从家里带过来的，我实在睡不着，正在玩这些豆豆呢。"牛牛满脸疑惑地回答。

经询问，原来牛牛昨天看到妈妈做红豆饭，就把红豆塞进衣服口袋里带来了。韩老师赶紧把牛牛送到卫生室。医生检查后，果然发现他的鼻孔里还有一颗红豆。

学前教育以学前儿童身心的健康发展为基本理念，强调培养学前儿童的安全防护和自我保护能力，突出学前儿童在发展过程中的自主性和能动性，注重早期学前儿童的潜能开发和个性化教育，在关注学前儿童各方面发展的同时，更要关注其在成长过程中的安全教育问题。

一、认识学前儿童安全教育

安全是幼儿教育的根本，只有在安全的基础上，才能谈到学前儿童的教育教学；只有保障学前儿童的安全，家长才能放心，学前儿童才能健康、开心地在幼儿园成长。

安全是指事物的主体在客观上不存在威胁、在主观上不存在恐惧的一种状态。安全是一个综合的概念，有着动态性的特点，表现在随着形势和条件的变化，对安全的威胁和维护安全的手段与方式也发生变化。

学前儿童安全教育是根据学前儿童动作发展、认知发展及生活经验积累等方面的特点，加强学前儿童对周围环境潜在危险的认识，增强其预见性和保护技能，减少意外伤害发生，提高生命质量的教育。

学前儿童安全教育的目标包括使学前儿童懂得安全和自我保护知识，培养其关注安全和自我保护的积极态度，增强其自我保护技能，消除不安全因素，防止和减少意外事故的发生。

为了避免学前儿童遇到意外伤害，社会、幼儿园和家庭各方面都应采取相应的措施来保证学前儿童的安全，增强其自身防范意识，让其能掌握并运用一定的安全知识和方法。

（一）学前儿童安全教育的意义

健康发展是学前儿童长远发展的根本基础，但由于他们年龄小，生活经验贫乏，自我保护能力有限，缺乏防范的基本意识，自我保护意识薄弱，因此最容易发生事故和危险，这一时期学前儿童的安全教育不容忽视。学前儿童安全教育的意义具体体现在以下几个方面。

1. 保护学前儿童健康成长

3—6岁的学前儿童活泼好动，对任何事都充满好奇心，但身体的协调性较差，缺乏一些必要的生活经验，不能预见自己的行为后果。幼儿园可以使用有趣的图片、漫画、标志符号、照片等布置安全宣传栏或墙饰，让学前儿童在环境的潜移默化中受到熏陶，感受安全教育，从而有效地保护学前儿童的健康发展。

2. 保证幼儿园教育活动的顺利进行

幼儿园的根本是保证学前儿童的安全，只有在安全的基础上才能谈教育。教师要将安全教育与幼儿园的保教工作有机结合起来，将安全教育活动与生活相结合，做到寓教于乐，让学前儿童了解、学会一些安全防护措施，让学前儿童在玩中体会什么是安全，逐渐形成安全意识，提升其应对危险的能力，等等。

3. 利于实现社会安定

在幼儿园安全工作中，教师的责任重大，教师是学前儿童安全工作的第一责任人。幼儿园的安全工作不仅关系到祖国下一代的健康成长，也关系到千家万户的幸福和安宁，还关系到教育事业的稳定和发展，以及整个社会的安全稳定。

（二）学前儿童安全教育的内容

根据不同年龄段学前儿童的身心发育特点，安全教育内容可以划分为小班、中班、大班儿童安全教育。

1. 小班儿童安全教育内容

幼儿园小班儿童安全教育主要内容如下。

（1）知道保护五官的方法，例如，不挖鼻孔，不把异物塞到嘴巴、耳朵里，不大声嘶吼。

（2）上下楼梯不推挤，靠右边一个跟着一个上下，不滑扶手，不乱跑。

（3）户外活动时知道保护自己、保护同伴，不推不挤，滑滑梯时不从下往上上。

（4）不做爬窗、跳楼梯、玩门、从高处往下跳等危险的动作。

（5）知道电的危险性，不触碰插座及其他电器。

（6）不随身携带玩具、笔、刀、牙签等器具来园。

（7）不拿玩具和同伴打闹，更不能抓、咬、打同伴。

（8）知道自己的姓名及父母的姓名、电话，且不随便告诉陌生人。

（9）不随便索要陌生人的东西和乱吃陌生人给的食物。

（10）不随便跟陌生人走，不让陌生人触摸自己的身体。

（11）外出活动听从家长或者教师的安排，不随便离开集体。

（12）远离变压器、建筑工地等危险的物品和地方。

（13）懂得玩火、玩电、玩水的危害，不玩火、玩电、玩煤气等，防止意外事故发生。

（14）不拿电话当玩具玩，不要乱拨电话。

（15）自己受到伤害时要及时告诉大人。

（16）不到马路上玩耍，走路靠右边，没有大人带领不自己过马路。

（17）不要随便逗猫、兔、狗等小动物玩，以免发生意外。

（18）不要在电梯上玩耍。

（19）不喝生水，不吃腐烂、变质、有异味的食物。

（20）进餐要安静，不乱跑，不玩勺子、叉子、筷子等餐具。

（21）不玩开水、不动饮水机，以防烫伤。

（22）认识药品的特征，不动药品，不乱吃药，了解乱吃药的危害。

2. 中班儿童安全教育内容

幼儿园中班儿童安全教育主要内容如下。

（1）要记住自己的姓名、家庭住址、家长的全名及工作单位，知道在遇到危险时怎样拨打紧急呼救电话。

（2）一个人留在家里时，如有陌生人来访不要私自开门。

（3）不要用湿手去摸电器的开关、插头，更不能将手指、别针、回形针等放进插座，以免触电。

（4）在家中不要攀爬登高，更不要在阳台、窗边及楼梯口嬉戏，避免发生坠楼和滚下楼梯的事情。

（5）清洁用品或杀虫剂不可拿来玩，捉迷藏时不要躲在柜子里、箱子里。

（6）大人不在家时，不要独自进浴室玩水，更不要在浴室里推、拉、打、跳，随意开启热水龙头。

（7）不要用塑料袋或棉被蒙头，不要将绳子绕在脖子上，也不可把花生、纽扣、弹珠等小东西放进鼻孔或嘴里，以免不小心吸入气管。

（8）不可开启煤气开关，更不能用手去摸明火；知道一旦发生火灾如何自救，如何迅速逃离或等待大人施救。

（9）吃任何东西前一定要先征得大人同意，地上或桌上的东西不可随便捡来吃；还要注意吃东西时不要边吃边跑，否则食物易吸到气管里。

（10）应学会爱惜玩具和如何同小朋友分享彼此的玩具，以免因抢夺玩具受伤或受到破损玩具的伤害。

（11）了解消防栓、灭火器的用途，知道幼儿园的安全通道出口；养成到公共场所注意观察消防标志和疏散方向的习惯。

（12）知道报警电话、急救电话和消防电话，懂得如何打电话求助。

（13）下午放学后要拉着大人走，不能自己到处跑，不能停留在幼儿园玩耍，以防发生意外。

（14）不随意轻信陌生人的话，未经允许不跟陌生人走，更不要让陌生人碰自己的身体。

（15）在家不自己动手反锁门，不玩煤气、炉火、打火机、开水壶、饮水机、药品等危险物品。

（16）无成人带领时不能独自过马路；过马路时应遵守交通规则，走人行道，不在马路上停留和玩耍，上街走路靠右边走。

（17）单独在家时不随意开门，听到敲门声不要开门，要想办法应对，以防窃贼趁大人不在时闯入盗窃。

（18）到野外旅行或散步时不得随便采摘花果、抓捕昆虫，更不应该将其放入口中，以防发生意外。

（19）初步了解雷电的危害，下雨天和有闪电时不到大树及屋檐下避雨。

（20）发生火灾或者煤气泄漏，知道简单的处理和逃生方法。

（21）知道发生灾害时要镇静、不慌忙，听从大人指挥。

（22）初步知道台风、暴雨、地震的危害和简单的保护自己的方法。

3. 大班儿童安全教育内容

幼儿园大班儿童安全教育主要内容如下。

（1）不随身携带玩具及锐利的器具来园，更不应把它们放在口、鼻、耳中，以防受到伤害。

（2）不能拿玩具和同伴打闹，更不能抓、咬、打同伴。

（3）上下楼梯靠右边走，不从楼梯扶手往下滑，不做爬窗、扒窗、跳楼梯、玩门、从高处往下跳等危险的动作。

（4）到公共场所参观游览，以及外出散步或户外活动时，要远离变压器、施工建筑等危险的物品和地方，听教师的话，不得随便离开集体，有事应告诉教师。

（5）在运动或游戏时应听从教师的安排，遵守纪律，有序活动，避免互相追打、乱跑碰撞。

（6）学习安全常识，懂得玩火、玩电、玩水的危害，以防止意外事故的发生。

（7）了解消防栓、灭火器的用途，知道幼儿园的安全通道出口；养成到公共场所注意观察消防标志和疏散方向的习惯；知道各种报警电话，懂得如何报警。

（8）下午放学后，要拉着大人走，不能自己到处跑，不能停留在幼儿园玩耍，以防发生意外。

（9）知道自己的姓名、园名、家长姓名、家长的工作单位、家庭住址及电话，会表达清楚，紧急情况下知道如何保护自己。

（10）不随意轻信陌生人的话，未经允许不跟陌生人走，更不要让陌生人碰自己的身体；只有家长、医生、护士才能触摸自己的身体，如果陌生人要这么做，一定要尽快避开。

（11）在家不自己动手反锁门，不玩煤气、炉火、打火机、开水壶、饮水机、药品等危险物品。

（12）预防中毒事件，中毒事件包括的范围非常广，有煤气、食物、化学品、药品、消毒剂、杀虫剂等多种中毒事件。

（13）单独在家时，不随意开门，听到敲门声不要开门，可以说"我父母不在家，请你以后再来"，以防窃贼趁大人不在时闯入盗窃。

（14）到野外旅行或散步时不得随便采摘花果、抓捕昆虫，更不应该将其放入口中，以防发生意外。

（15）遵守交通规则，知道乘车的安全知识，知道一些安全标记，不在马路上停留和玩耍，要在人行道上走，过马路要走斑马线。乘车时坐稳，不能把手、头伸出窗外，不乱动车上的按钮。

（16）防止玩火，不宜进入厨房，火柴和打火机一类易燃引火物绝不能去玩弄，懂得玩火的危害性。

（17）不要动暖瓶、开水、饮水机，以防止烫伤、烧伤。

（18）不要玩水，不要扭动自来水开关；在湖、河边上玩耍时，要在安全地带内玩耍，绝不要乱跑乱蹦，以免失足误入水中，也不要在下水道井盖丢失的道路上走。

（19）不要玩电，不能去触摸和玩耍正在运转的电风扇等电器产品，不能摸电插座。不用湿手触摸电源开关，在学会操作前不能随便按动电器上的旋钮及各种键；有的家电只有成人才能操作，学前儿童不能随便乱动。

（20）要注意节约用电、安全用电，要随手关灯，没人时不开灯，电视看完要及时关掉。

（21）不要随便拿水果刀、剪刀或其他尖锐器物当玩具，学会正确使用水果刀、剪刀等用具。

（22）运动要注意规则，按顺序进行，避免碰撞，不做危险性游戏，知道"乐极生悲"，懂得登高的危险，不可从高处随便跳下。知道勇敢和逞能是两回事，不拿力所不及的东西。

（23）知道什么是安全的地方、什么是不安全的地方，例如不在加油站、野河等地方玩耍。了解在公共场合走失后的方案（和家长在预定地点、时间集合，找警察、工作人员，借电话，等等）。

（24）不要把铅笔、筷子、冰棍、玻璃瓶或尖锐的东西拿在手上或含在嘴里到处跑，因为这样容易扎伤自己和别人。

（25）不要把塑料袋当作面具往头上套，以免因窒息而死亡。

（26）知道110报警电话的用途和正确的拨打方法。

二、学前儿童安全教育的环境创设

创设童趣化的环境，在教学活动中对学前儿童渗透安全教育。学前儿童一天的游戏活动时间很长，在游戏活动中加强对学前儿童的安全教育，避免安全事故的发生，可以为学前儿童创设一个安全的环境，使学前儿童健康快乐地成长。

（一）创设安全的社会环境

学前儿童的安全，除了人身安全以外，还包括心理安全，即良好的心理品质和良好的环境，为此，我们要为学前儿童创设"绿色社会环境"。

1. 净化、优化媒体和网络环境

由政府牵头，督导、创建并推广有利于学前儿童成长的绿色健康网站，有效发挥网上警察的作用；扶持并激励影视制作商投资制作更多的适合学前儿童成长、教育的影视节目。

2. 加强法律宣传，增强法律意识

在高效发展经济的同时，要高度重视人们的精神文化的丰富和素质的提高，增强人们的法律意识，有效遏制、大力打击违法犯罪活动的发生，为学前儿童营造一个和谐、温馨的现实社会环境。

（二）加强幼儿园的安全措施

安全重于泰山，做好幼儿园的安全工作是保证学前儿童身心健康发展的首要任务。为确保学前儿童的人身安全，要加强幼儿园的安全防范措施。

1. 加强幼儿园的安全措施硬件部分

定期检修幼儿园内建筑物及其配套设备、用具，发现问题要及时处理。学前儿童所使用的一切生活设备都要牢固、简单、安全，没有尖角和裂缝；运动器械要经常维护，例如滑梯、攀登架、秋千、转椅等。

2. 加强幼儿园的安全措施软件部分

如果说设施、设备是幼儿园的硬件部分，那么幼儿园的教职员工就是软件部分。幼儿园要完成保育和教育的双重任务，保证学前儿童的安全是首要的工作。

（1）强化教职工的安全意识。应促使幼儿园全体教职工把学前儿童的安全问题置于头等重要地位，加强责任感，强化安全意识，认真细致地做好工作，避免意外事故的发生。

（2）增强教师的安全常识。首先，教师要掌握基本的安全常识，如生活安全常识、交通安全常识、防火安全常识等；其次，教师要学会识别并能够及时查出周围环境中的安全事故隐患；再次，教师还要掌握意外伤害急救的知识和处理方法；最后，教师要懂得如何将这些安全常识传授给学前儿童，使其根植于心中，增强其安全意识。

（3）加强家园对话与交流。对学前儿童的安全教育工作，单靠幼儿园一方的努力是远远不够的，还需要加强家园对话，经常性地交流意见。例如，家长对幼儿园的哪些安全措施不满，对加强幼儿园的安全有何构想，幼儿园需要家长如何配合，等等。这样一来，可以减少影响学前儿童安全的不良因素，增加其安全可靠性。

（三）提供安全的生活环境

现代社会迅速发展，周围的环境在不断发生变化，相应而来的不安全因素越来越多。由于学前儿童年龄小，缺乏生活经验，往往已接近危险而自己毫无感觉，因此要注意增强其安全意识，并为其提供安全的生活环境。

1. 适当、循序渐进地向学前儿童灌输安全常识

要教导学前儿童熟记自己及爸爸妈妈的名字、家中电话及地址，并学会拨打119、110等紧急求救电话，通过做游戏或讲故事使学前儿童熟悉相应的情景，并学会应用。

2. 安全放置生活用品，合理安置危险物品

将可能产生危险的用品用具合理、妥当地安置好，如剪刀、厨房用品、热水器、电线、插线板等，一般要放置于学前儿童无法触及的地方；将药品、杀虫剂、化妆品等放到学前儿童看不到的位置，最好上锁；要经常检查电器、电线是否漏电。

3. 增强与学前儿童的接触，加强信息交流

学前儿童的表达能力一般都很有限，尤其是其在生病的时候难以说出准确的感受或正确的不舒服部位，这种情况下，遇到急性病发作，救护人员就无法采取急救措施。因此，家长及身边的其他成人就需要与学前儿童保持经常性的接触，及时、准确地把握其所说的真实信息，快速解决问题。

（四）加强学前儿童的安全意识和自我保护意识

由于学前儿童的安全意识和自我保护意识比较薄弱，甚至有的没有自我保护意识，所以需要从以下方面加强学前儿童的安全意识和自我保护意识。

1. 利用特制的安全标志增强学前儿童的安全意识

以手工课的形式与学前儿童一起设计安全标志，并把它们贴到幼儿园中的适当位置上。例如，比照交通安全标志牌制作一些醒目的标志并安置于园内易注意的类似地点等，然后以做游戏的形式，将这些标志的作用和要求告知学前儿童，增强其安全意识。

2. 通过互动游戏增强学前儿童的自我保护意识

设计一些角色扮演、情境模拟或实景演习来帮助学前儿童掌握一些躲避、处理危险的简单方法，使其学会独立处理问题。游戏是学前儿童最喜欢的活动，将自我保护的学习内容融入游戏之中，能使其在轻松、愉快的气氛中增强自我保护意识。

三、学前儿童安全教育的方法

学前儿童安全教育是幼儿园工作的重中之重，是保护学前儿童安全的基础教育，也是学前儿童素质教育的一部分，幼儿教师应始终将其贯穿学前儿童培养的整个过程，帮助学前儿童获得和掌握日常生活中最基本的安全知识和技能。

学前儿童安全教育的方法主要有以下几种。

（一）渗透法

《纲要》指出："密切结合幼儿的生活进行安全、营养和保健教育，提高幼儿的自我保护意识和能力。"幼儿教师应结合学前儿童的日常生活，让他们学习一些自我保护的方法与技能，变消极躲避为积极预防，将各种意外伤害发生的可能性降到最低。

幼儿教师要让学前儿童明确幼儿园生活中各个环节和各项活动的具体要求，建立良好的生活秩序，避免出现对学前儿童的伤害事件。将安全教育渗透到一日生活中，例如不带危险物品入园；安静进餐、细嚼慢咽、不说笑；午睡时保持正确睡姿，不带杂物上床，嘴里不含东西；参加游戏活动时遵守游戏规则和集体纪律；离园时有序排队，等候家长，遵守交通规则；等等。

学前儿童年龄尚小，自觉性和自制力较差，幼儿教师除了提出要求和教授方法外，还要适时提醒，不断强化，使其逐步形成自觉行为，养成良好的行为习惯。幼儿教师要抓住各种契机，对学前儿童进行安全教育，例如针对学前儿童不遵守规则而发生拥挤、摔伤事件时，要让学前儿童对拥挤、摔伤的后果有清晰的认识，并且不失时机地引导他们思考还有哪些情况会出现事故，可能出现何种事故，会对身体造成哪些伤害，应该怎样预防，等等。

（二）游戏法

游戏是对学前儿童进行安全教育的重要途径，幼儿教师通过各种类型的游戏进行安全行为的练习能够使学前儿童的安全教育取得显著的效果。游戏是学前儿童天生喜爱的活动，幼儿教师要善于将各种安全教育的内容自然融入各种类型的游戏中，使他们在有趣、愉快的游戏氛围中尝试思考和解决各种安全问题，这样不仅能使他们从中获得防灾、避害、逃生、自救的方法及自我保护的经验，也能满足他们情感的需求，使其获得信心和成就感。

游戏法主要有角色扮演游戏、情景游戏、体育运动游戏等。例如，在角色扮演游戏中，自然融入"不给陌生人开门""不跟陌生人走""不吃陌生人给的东西"等情节，让学前儿童充分体会游戏乐趣的同时掌握安全教育的内容。

（三）模拟演习法

学前儿童的安全教育活动应开展常态化的模拟演习活动，如防地震、防火灾、防水灾等。幼儿教师可以通过组织幼儿园模拟演习活动，教育学前儿童在突发情况下如何保护自己，使学前儿童掌握在突发情况下有序逃生的方法，当灾难发生时，能够冷静、有效地保护自己。

例如，在模拟地震逃生演习活动时，告诉学前儿童听到警报声后要听从老师的指挥，有序排队下楼梯，不要扭头向后看，要在老师的指挥下快速跑到平坦的广场，远离高楼等建筑物。多次的模拟演习能增强学前儿童的自救意识，促使其自救动作更迅速，不断提高自救技能。

（四）家园互动法

幼儿教师要注意指导家长在家庭生活中对学前儿童开展安全教育。家长可以充分发挥家庭教育的优势，从小对学前儿童进行安全方面的教育，加强其安全行为方面的训练，培养和提升他们自我保护意识和能力。

例如，带学前儿童外出时，家长应指导他们观察马路上的交通标志，遵守交通规则，安全出行；指导学前儿童记住家长的姓名、联系电话等，以防走失后不知道怎么办。幼儿园、家庭和社会必须紧密结合，形成教育合力，才能使学前儿童远离危险，远离意外，远离伤害。

四、学前儿童安全教育活动设计案例

小班幼儿安全教育活动设计案例——"我会滑滑梯"

活动导入： 滑滑梯是小朋友们非常喜欢的一项活动，小班幼儿入园不久还不懂得如何正确、安全地滑滑梯，他们来到滑梯前，都会兴奋不已，经常会争着抢着滑滑梯，这存在一定的安全隐患。因此，幼儿教师设计了"我会滑滑梯"活动，让幼儿学会正确地滑滑梯，引导幼儿学会在人多的时候要依次排队，做小小文明人。

1. 活动目标

（1）学会正确的滑滑梯方法。

（2）初步养成安全意识。

（3）考验幼儿的反应能力，锻炼他们的个人能力。

（4）培养幼儿敏锐的观察能力。

（5）培养幼儿用已有的生活经验解决问题的能力。

2. 活动准备

（1）儿歌《滑滑梯》。

（2）小鸡头饰数个，卡纸做的小虫子若干个，2个滑梯。

3. 活动过程

（1）教师扮演鸡妈妈，幼儿扮演鸡宝宝。鸡妈妈带着鸡宝宝在草地上玩。

鸡妈妈：孩子们，今天天气真好，妈妈带你们一起到草地上捉虫子，好吗？（教师和幼儿边唱

儿歌《滑滑梯》边走出活动室，来到户外的滑梯边）

　　鸡妈妈：孩子们，你们看，这儿有一座"山"，草地在"山"的那边，我们要翻过这座"山"才能到草地上玩，你们会爬吗？（请一个幼儿试着滑滑梯）

　　鸡妈妈：孩子们，你们看他滑得好不好？他是怎么滑的？（根据这个幼儿滑的情况进行引导，如果滑得不好，就请另一个幼儿再去滑，最后进行总结）

　　小结：这座"山"一边是楼梯，一边是滑梯，从楼梯这边上的时候，要双手扶好楼梯的两边把手，眼睛看着楼梯，一层一层地往上爬，爬到顶后，慢慢坐下，双手扶着滑梯两边，两腿并拢，再慢慢往下滑。滑滑梯时要注意秩序，以免发生危险。

　　（2）鸡宝宝和鸡妈妈一起滑滑梯。

　　鸡妈妈：你们可以排好队，一个一个地翻过"山"去草地上捉虫子了。（教师观察幼儿滑滑梯的情况，引导幼儿用正确的方法玩滑梯）

　　（3）鸡妈妈：孩子们，我们安全地翻过了这座"山"，现在到草地上了，我们一起来捉虫子吧！

　　（4）鸡妈妈带鸡宝宝回家。

　　鸡妈妈：孩子们，天快黑了，我们回家吧！（教师带领幼儿从另外一条路回家，路上遇到另外一个滑梯）

　　鸡妈妈：孩子们，你们看，回家的路上又出现了一座"山"，你们能安全地翻过去吗？（引导幼儿回顾刚才学习的滑滑梯的方法）

　　鸡妈妈：看来我的宝宝们都会爬"山"了，现在我们一起慢慢地翻过这座"山"回家吧。（幼儿滑滑梯，教师重点观察，适当引导）

　　附：《滑滑梯》儿歌

　　滑滑梯，滑滑梯，你先我后别着急，

　　上去好像爬大山，爬了一级又一级，

　　下来好像坐飞机，忽忽悠悠落到地。

4. 活动延伸

（1）让幼儿自由滑滑梯，教师巡回观察，注意幼儿的安全。

（2）家长带幼儿滑滑梯，注意要求要与幼儿园保持一致。

5. 活动评价

通过此次活动幼儿能很快地掌握正确的方法，更加安全地滑滑梯，除极个别平衡能力偏弱的幼儿不能很好地完成动作外，在教师的提示下，大部分幼儿都能一个一个地滑滑梯，做到不推、不挤、不争。设计并实施滑滑梯的安全教育，既可以稳定幼儿的情绪，也可以进行安全教育，达到安全与游戏的结合。安全教育是一个长期的过程，幼儿教师要将安全教育渗透到幼儿的一日生活中，不断增强其安全意识和自我保护能力，为每位幼儿撑起一把安全的保护伞。

课后习题

一、选择题

1. 下列不属于学前儿童入园适应问题的是（　　　）。

　　A. 情绪焦虑　　　　　　　　　　B. 人际交往不协调

　　C. 生活不适应　　　　　　　　　D. 骄傲自大

2. 学前儿童入学适应包括两方面的内容，即（　　　）。

　　A. 人际关系适应和课程适应　　　B. 学业适应和社会性适应

　　C. 环境适应和心理适应　　　　　D. 课程适应和环境适应

3. 学前儿童入园后，下列家长行为表现不恰当的是（   ）。

    A. 正视学前儿童入园不适应现象

    B. 坚持送学前儿童上幼儿园

    C. 随便许诺学前儿童放学后会第一个接他

    D. 为学前儿童补充营养，提高身体免疫力

4. 学前儿童入园后，对幼儿教师的工作描述不正确的是（   ）。

    A. 组织丰富多彩的一日生活

    B. 扮演妈妈的角色

    C. 鼓励学前儿童以大带小，以强带弱

    D. 理解学前儿童的分离焦虑，安抚其情绪

5. 对家庭来说，下列不属于其入园准备工作的是（   ）。

    A. 环境准备   B. 能力准备   C. 心理准备   D. 知识准备

二、判断题

1. 社会适应是个体社会生活的基本任务，是个体生存与发展的核心问题。（   ）

2. 入学准备包括知识准备、能力准备、心理准备和物质准备等，这些需要学前儿童独立完成。（   ）

3. 学前儿童安全教育的目标是消除不安全因素，确保学前儿童的人身安全。（   ）

4. 学前儿童的安全教育活动应开展常态化的模拟演习活动，如防地震、防火灾、防水灾等。（   ）

5. 在任何情况下，幼儿教师都可以采用自然后果法对学前儿童进行安全教育。（   ）

三、简答题

1. 简述学前儿童入园适应问题。

2. 简述学前儿童入园适应工作存在的误区。

3. 简述学前儿童安全教育的方法。

08

第八章
学前儿童多元文化与民族团结教育

知识目标

➢ 掌握学前儿童多元文化教育的实施途径。
➢ 掌握学前儿童多元文化教育活动的设计。
➢ 掌握学前儿童民族团结教育的任务与实施的基本路径。
➢ 掌握学前儿童民族团结教育活动的设计方法。

能力目标

➢ 能够选择恰当的途径对学前儿童实施多元文化教育。
➢ 能够设计并实施学前儿童多元文化教育活动。
➢ 能够通过不同途径对学前儿童实施民族团结教育。
➢ 能够设计并实施学前儿童民族团结教育活动。

素养目标

➢ 培养广泛的兴趣爱好，勤奋学习，刻苦锻炼，使自己成为多才多艺之人。
➢ 大力弘扬中华优秀传统文化，坚定文化自信，增强中华文化认同感。
➢ 坚决维护国家统一和民族团结，树立正确的历史观、民族观和国家观。

对学前儿童实施多元文化教育，首先应正确认识多元文化、了解多元文化教育，并充分认识到多元文化教育在学前教育中的重要作用，认识到培养学前儿童多元文化意识、形成正确文化观对其身心发展和未来成长的重要意义。民族团结是各族人民的生命线。在学前期开展民族团结教育有助于学前儿童树立"我是中国人"的意识与信念，促进学前儿童对中华文化多样性和交融性的感知与内化。

第一节　学前儿童多元文化教育

引导案例

张老师是某双语幼儿园的一名幼儿教师，为了让小朋友们认识多国文化，她精心策划了一次多元文化教育活动。在幼儿园开放日，张老师邀请来自不同国家的家长做助教，参加幼儿园的活动，请他们为小朋友们讲述自己国家的风土人情、地理风貌、文化特色等。小朋友们非常感兴趣，听得津津有味，享受了一场丰盛的精神文化盛宴。

为了加强多元文化教育，这个幼儿园还开展了许多节日教育活动，包括中国的传统节日，如春节、元宵节、端午节、中秋节、重阳节等；国际节日，如儿童节、劳动节、妇女节等。幼儿园通过节日教育活动，让小朋友们理解和尊重来自不同地域的文化。

学前儿童多元文化教育致力于帮助学前儿童认识和了解本民族文化的根基和内涵，引导学前儿童学会尊重其他文化的多样性，认同其他文化的差异性，并从中发现文化的共同性和相互依存性。多元文化是指人类群体之间价值规范、思想观念以及行为方式上的差异。

一、学前儿童多元文化教育概述

多元文化教育起源于美国，是美国现代教育倡导的一种文化教育理念，也是一种教育改革运动。

多元文化教育是指以教育中存在的文化多样性为出发点，依据幼儿教师不同的文化背景、文化特征所实施的教育。它传达的是一种倡导教育机会平等的教育理念，是一场为实现教育平等而推行的教育改革运动。

学前儿童作为社会的一员，应该从小培养其对多元文化的理解能力，适度地让其接受跨文化教育，在学习本民族文化的同时，尊重、理解并欣赏其他民族的优秀文化，为自己的身心成长和社会性发展不断积淀文化底蕴。

（一）学前儿童多元文化教育的内涵

学前儿童多元文化教育实质上是培养学前儿童的跨文化适应能力，帮助学前儿童从其他文化角度来观察自己的主流文化，获得适应本民族文化、主流文化及全球化社会所必需的知识、技能和态度，消除在性别、种族、民族、社会阶层特殊性等方面存在的偏见与歧视，每个学前儿童都有同等的学习机会，都能体验学习的成功。

学前儿童多元文化教育定位于以下两个方面。

（1）在多元文化教育的广度上，幼儿园多元文化教育是对学前儿童进行世界文化的启蒙教育，包括本民族文化、其他少数民族文化及国外的优秀文化，使学前儿童能够以客观、公正、开放、包容的态度对待世界文化，形成初步的文化感知力。

（2）在多元文化教育的深度上，幼儿园多元文化教育是引导学前儿童形成对不同性别、不同阶级、不同族群、不同地区及特殊学前儿童尊重和包容的观念，培养学前儿童公平、平等的意识。

（二）学前儿童多元文化教育的内容

当前，我国学前教育中多元文化教育内容一方面要以汉文化与少数民族文化并重，同时加强对优秀的外国文化的学习。既要加强对民族文化的理解和接纳，也要增强对世界文化的了解、判断、选择和认同；另一方面，幼儿园的多元文化教育不仅有关民族文化知识的灌输，还要让学前儿童把握民族文化的特色及其折射出的民族精神，重视在多元文化的学习中对学前儿童进行比较、鉴别、创新等能力的培养。

幼儿教师可以从以下3个方面开展多元文化教育。

1. 加深多元文化认知

学前儿童的社会认知是其对他人、自我、社会关系、社会规则等主动与被动感知理解的一种心理活动。学前儿童对多元文化的社会认知内容包括了解全世界不同的民族与种族，以及他们的语言、生活习俗、民族特色、民族文化、经济发展等，从而树立学前儿童多元文化的初步意识，加深其对世界文化多样性与丰富性的感知。

2. 培育多元文化情感

学前儿童的多元文化情感是建立在认知基础之上，在社会活动中的一种内心感受和心理体验。培育学前儿童积极的多元文化情感，可以从两个方面着手：一方面，培养文化自尊情感，通过民族传统教育和爱国主义教育让学前儿童感受民族文化的丰富性，培养民族文化自尊感；另一方面，培育尊重其他文化的情感，通过面向世界的教育帮助学前儿童了解人类文化的多样性，使其学会尊重其他文化。

3. 促进亲社会性行为

学前儿童的多元文化行为是基于其对多元文化的理解、认同而产生的。多元文化教育的目标就是要引导学前儿童产生良好的亲社会性行为，例如，对少数民族儿童的服饰表现出喜爱、赞美，对外国小朋友的语言表现出友好、亲切，等等。

（三）学前儿童多元文化教育的意义

学前儿童作为一个发展中的人，虽然还没有能力承担社会责任，但必须按照一个合格的社会成员的标准接受教育。在学前儿童社会教育中，融入多元文化教育具有以下几方面重要的意义。

1. 树立全球化视野

21世纪是信息化的时代，互联网把世界变成了"地球村"，不同的文化将面临共同的问题，全球化背景下的教育要解决各自文化中的问题，必须要培养公民的国际视野、全球眼光，相互借鉴经验。因此，多元文化教育可以帮助学前儿童拓宽视野，与国际化接轨。

2. 增进对中华民族文化的认同感和自豪感

多元文化教育的首要任务是让学前儿童认识和了解本国、本民族的文化，感知中华民族内各民族的生活方式、民族特色、民族礼仪、民族语言，充分感受自己的语言、文化、民族历史的美好与伟大，从而增进认同感和自豪感。

3. 培养开放意识和接纳能力

多元文化教育为学前儿童创造了了解和认识世界各国文化、接触不同的民族的机会，既可以让他们知道自己民族的文化与历史遗产，又能让他们学习和感知新的外来文化，同时还增强了他们对其他民族的热爱，学会接纳包容不同的生活方式、习俗与语言。多元文化教育可以从小培养学前儿童开放的意识和接纳他人的胸怀。

4. 学会分享和理解

学前儿童从一个自然人成长为一个符合社会要求的社会人，不仅要面对复杂多变的社会环境，还需要与社会成员进行交往。多元文化的教育有助于帮助学前儿童学会与不同的人打交道，学习互助、合作和分享，学会不同的礼仪，尊重他人的想法，理解他人的感受，同情不同民族人民曾经遭遇的磨难。

二、学前儿童多元文化教育的实施途径

学前儿童多元文化教育可以从环境设置、日常生活、节日庆祝、学习和文娱活动及社会教育活动5个方面进行，以突出多元文化的融合性，继承和发扬本土文化，尊重、包容外来文化，努力培养拥有"中国心"的世界小公民。

（一）在环境设置中营造多元文化的氛围

环境对学前儿童多元文化教育具有潜移默化的作用。多元文化教育需要创设尊重与重视差异的学前教育环境。在幼教环境的设计与布置上要把独特的地域文化、独具特色的民族文化和丰富多样的世界文化结合起来统筹考虑，在园舍结构设计、用料、装饰及实物布局中注意多元文化的渗透和摄入。

例如，可以在墙上张贴中国地图和世界地图，或者将其直接刻在活动场地上，让学前儿童在做游戏和自由活动时可以随时随地学习；或者在幼儿园的环境中充分体现家乡的文化特色，如服饰、美食、地方戏曲、民族歌舞、民间游戏等，如图8-1所示。内外部环境的设计与氛围营造可使学前儿童充分感受多元文化气息，这也是不少幼教机构经常采用的方式。在环境创设中营造多元文化的氛围主要有以下两种方式。

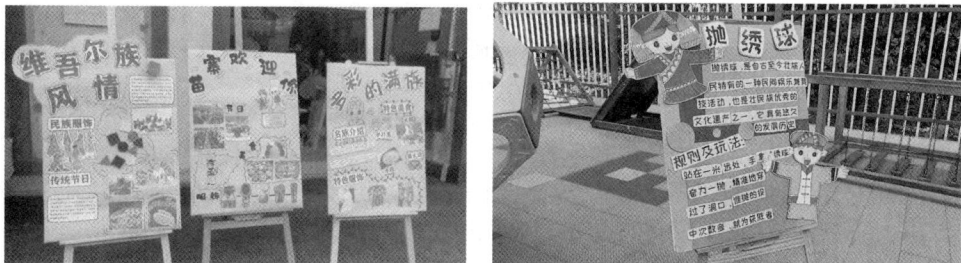

图8-1　体现家乡文化特色的环境创设

1. 打造多元文化主题幼儿园

在环境创设中，可以设置主题墙，粘贴不同民族、不同国家的人文景观、地理风貌等的图片。在少数民族地区，可以根据当地民族风情把幼儿园建设成为以民族特色为主题的幼儿园，使幼儿园的建筑外观、环境装饰、教育理念都充分体现民族特色。

2. 创设多元文化环境

每个民族都有其独特的文化标识。例如，说到新疆的维吾尔族，就会联想到维吾尔族舞蹈，提到藏族就想起洁白的哈达。幼儿教师可以在特定区域设置多元文化环境，把多元文化的教育因子植入幼儿园的物质环境中，使学前儿童受到多元文化环境的熏陶，如打造"民族大舞台"，开展民族服饰秀、歌舞表演，等等。

（二）在日常生活中渗透多元文化

在学前儿童的日常生活中，处处都蕴藏着多元文化学习和教育的契机，衣食住行等领域都可以为学前儿童提供渗透多元文化的场地。多元化内容主要包括多元的服装文化、饮食文化和居住文化等，具体体现为不同民族的服饰，如朝鲜族的特色服装（见图 8-2）；不同民族或国家及地区的具有代表性的食物，如朝鲜打糕（见图 8-3）；等等。

图 8-2　朝鲜族的特色服装 　　　　　　　　　　图 8-3　朝鲜打糕

学前儿童的生活并不是置身于社会之外，在纷繁复杂的社会环境中耳濡目染也是学前儿童社会性发展的重要影响因素。幼儿教师应把社会中一切有利于学前儿童社会性良好发展的重要资源充分利用起来，鼓励学前儿童走出家庭，多参与一些多元文化社会活动，让他们通过社会实践的方式来感受多元文化的精妙。

1. 挖掘家长的潜在优势

家长是孩子的第一任教师，特别是现代城市家庭的家长，在教育和影响学前儿童方面自觉意识比较强。开展多元文化教育活动要提高家长的参与度，幼儿园应该把多元文化教育的目的和要求告知家长，获得家长的认可，挖掘家长的潜在优势，引导和转变家长的观念和行为，最终影响学前儿童。例如，在"家长开放日"让家长观摩幼儿园的多元文化主题活动等。

2. 寻求社区与公共资源支持

充分利用幼儿园周边的社区与公共资源，补充和丰富幼儿园的多元文化教育载体和途径，提高教育的实效。例如，参观民族博物馆，体验民族特色餐饮与民族特色街区，与社区联合开展民族文化活动周，以及邀请历史专家讲解民族历史，等等。

（三）在节日庆祝活动中感受多元文化

节日本就是文化的一种表现，它承载的是文化，具有深层次的文化内涵，所以对学前儿童进行节日教育本质上就是一种多元文化的教育，各种重要的节日都是宝贵的多元文化教育资源。对学前儿童进行中西方节日的教育，是多元文化教育的一种重要形式。

1. 注重节日的选择

多元文化教育倡导"文化自尊"和"文化尊重"。"文化自尊"，就是要了解自己的民族文化，热爱民族文化，并为民族文化感到骄傲和自豪。"文化尊重"，就是要尊重、理解与欣赏他国、他民族等不同的文化。

我国传统节日有春节、端午节、中秋节、重阳节等，国际节日有父亲节、劳动节等。在多元文化教育教学中，首先应该切入我国的传统节日，其次进行国际节日教育。除此之外，学前儿童的生活和知识经验、节日本身的教育意义及家庭对节日的重视程度也是影响节日选择的重要因素。

2. 尊重学前儿童的身心发展特点

幼儿教师要注意从学前儿童的兴趣、需要、能力、经验和文化背景出发，以学前儿童已有的生活经验、认知水平为基础，有目的、有计划地加以合理利用。让学前儿童积极准备活动所需要的物品、布置活动场地，并亲身参与到活动中，使他们有机会接触各个国家和地区不同的文化、不同的风土人情及生活习惯，让他们在活动中感受不一样的异域风情，增进他们对多元文化的正确认知。

3. 把握节日庆祝活动的文化氛围

幼儿教师组织节日庆祝活动，首先要做好充分的准备，把节日的由来、节日的习俗、节日的文化内涵了解透彻；其次要重视环境对学前儿童教育的隐形渗透作用，将节日教育中的物理环境创设得更加贴近节日的活动氛围，使学前儿童能够更多、更牢固地掌握传统文化知识，能够在节日教育中获得充分的情感体验。

幼儿园多元文化教育的节日庆祝活动可以采用两种形式来开展，即主题活动和半日活动。例如，端午节举行包粽子活动，在主题活动中可以邀请家长来园教学前儿童包粽子，在半日活动中可以邀请家长带领学前儿童去龙舟竞赛的现场或者去社区观察艾草。这样既创新了节日教育的形式，也给学前儿童带来了更直观、更丰富的节日体验。

（四）在学习和文娱活动中体验多元文化

学前儿童通过参与幼儿园的学习活动和各类文娱活动，了解我国不同的民族文化和异国文化，体验不同的风土人情，扩展自己的知识面，提高自身的多元文化意识。

1. 在学习活动中感知多元文化

0—6岁的学前儿童往往求知欲强、好奇心强，对外界新奇的事物充满浓厚的兴趣。幼儿教师应结合学前儿童的认知发展规律，将多元文化与幼儿园课程、学校教育及其他学习形式紧密结合，让学前儿童在学习活动中感知多元文化。

例如，幼儿教师可以通过语言角、全民阅读、经典诵读、校本课程等形式将多元文化嵌入学前儿童的各类学习活动中，帮助学前儿童体验更多的文化类型，尤其是与本民族文化差异较大的文化类型，通过引导学前儿童自觉地进行文化比较，从而增进其文化认知，帮助其接纳不同的文化。

2. 在文娱活动中体验多元文化

幼儿教师可鼓励学前儿童积极参与各类文娱活动，利用音乐、美术、戏剧表演等形式组织活动，通过故事、歌曲、图片、工艺品的收集与欣赏，使学前儿童学会从不同的视角审视不同文化的特色，以及它们之间的差异，利用不同的途径如唱歌、舞蹈、绘画、木偶表演、观看卡通片等引导其了解各种不同的文化传统。

当然，幼儿教师也可以通过游戏、亲子活动等形式融入多元文化，使学前儿童了解我国各个民族和其他国家的文化，从而培养学前儿童的多元文化意识。

（五）在社会教育活动中挖掘多元文化资源

社会是共同生活的个体通过各种各样社会关系联合起来的集合。广义的社会是指一个国家、一个大范围地区，或者一个文化圈。因此，我们可以充分利用大自然和社会的有效资源对学前儿童进行多元文化教育，具体方式如下。

1. 在社会环境中挖掘多元文化资源

学前儿童周围的环境中潜藏着丰富的多元文化资源，只要合理挖掘和利用，就能开阔学前儿童的视野，丰富学前儿童的文化图式，拓宽学前儿童的发展空间。例如，幼儿教师可以组织学前儿童到博物馆、海洋馆、美术馆、歌剧院等社会场所进行参观游览，让他们亲身体验各类文化的异同，还可将各民族的小朋友请进幼儿园，大家一起联欢，共同进行分享和体验活动。

2. 利用家长资源进行多元文化教育

幼儿教师可以鼓励拥有不同文化背景的家长或具有国外工作经验、国外旅行经历的家长给学前儿童讲述自己的所见所闻，和学前儿童一起唱歌、绘画，或者共同观赏他们拍摄的具有异域风情的图像、视频资料等，让学前儿童直观地感受多元文化的视觉冲击，共享人类社会文化的发展成果。

三、学前儿童多元文化教育活动设计案例

幼儿园有必要开展多元文化教育活动。多元文化教育的实质是立足于本国文化认同的世界文化启蒙教育，这种教育同样强调体验式学习和环境的教育功能。幼儿园实施多元文化教育的实质是让学前儿童在逐渐把握本民族文化特色、形成对本民族文化的归属感的同时，能够以客观、公正、开放、包容的态度对待外来文化，培养初步的文化认知感与判断力。

（一）学前儿童多元文化教育活动的目标

多元文化教育主要是对学前儿童进行世界文化的启蒙教育，应以本国文化为主、外国文化为辅，培养学前儿童公平、公正的意识。

学前儿童社会教育目标的分类结构中特别提出了多元文化教育的发展目标，如图8-4所示。幼儿教师实施学前儿童多元文化教育，应参照学前儿童多元文化教育的发展目标，结合教育实际，有条不紊地进行。

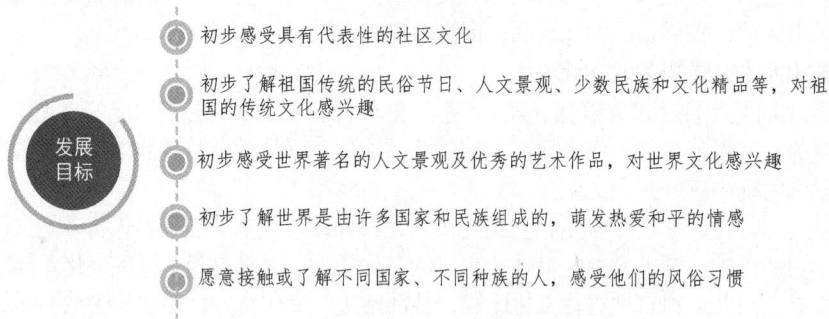

发展目标

- 初步感受具有代表性的社区文化
- 初步了解祖国传统的民俗节日、人文景观、少数民族和文化精品等，对祖国的传统文化感兴趣
- 初步感受世界著名的人文景观及优秀的艺术作品，对世界文化感兴趣
- 初步了解世界是由许多国家和民族组成的，萌发热爱和平的情感
- 愿意接触或了解不同国家、不同种族的人，感受他们的风俗习惯

图8-4　学前儿童多元文化教育的发展目标

（二）学前儿童多元文化教育活动的设计

随着世界经济全球化时代的到来，各国之间的交流互动越来越频繁，社会日益多元化。要使学前儿童在这样的环境中成长为一个具有责任感的合格公民，能够成功而又幸福地生活，幼儿园必须为他们打下理解和接纳多元文化的基础，而打下这个基础的最佳途径就是在幼儿园开展多元文化教育活动。

在实践方面，多元文化教育活动设计应着力解决以下几个问题。

1. 增强活动设计的适应性和灵活性

学前儿童多元文化教育活动设计要适应不同地区、不同幼儿园、不同文化背景的需求。众所周知，我国在漫长的历史发展中，形成了世界上独一无二的"中华文化"，即以汉文化为主体，各民

族的文化及外来文化不断同化和融合。增强活动设计的适应性和灵活性，使它能够兼顾不同文化背景下学前儿童的学习需求，是多元文化活动必须解决的首要问题。

2. 注重增强活动设计的综合性和开放性

中华民族是一个由56个民族组成的具有强大凝聚力的大家庭，每个民族在长期的发展过程中都会不断地创造和形成具有独特的民族风格和智慧的民族文化，在文化多元化和经济全球化浪潮的冲击下，多元文化教育应注重多元文化活动设计的综合性和开放性。

（1）应注重增强综合性。优秀的活动设计应该让学前儿童了解自己，并对社会有足够的了解，应描绘多种民族文化的经验，开阔学前儿童的视野，让每一个学前儿童都有机会去接触、去感受，以更加宽广的视野关注和整合各民族文化的精华。

（2）要注重增强活动设计的开放性。随着信息社会的到来，每个国家、地区、民族和个人等都越来越趋于一种开放的状态，各种文化不断渗透和融合。要注重增强活动设计的开放性，使它能够及时反映经济全球化发展的需求，以帮助学前儿童达成对世界文化的理解和尊重。引导学前儿童在理解不同的文化过程中开阔视野，培养他们从不同的文化视角看世界，以培养其豁达的胸襟及多元的解决问题能力。

3. 寻求活动设计的创新性

多元文化活动设计应注重展现创新性。多元文化活动作为一种文化现象，注重文化自身的创新与发展，关注和吸纳各民族文化在交流和互动中所产生的"边缘文化"或"创新文化"，以实现活动内容上的"吐故纳新"，寻求多元文化活动设计创新性是使多元文化教育充满生命力的保证。

4. 关注活动主体的互动过程

多元文化活动不仅是知识的载体，更是存在活动主体的动态过程，这就意味着在多元文化课程设计中，幼儿教师除提炼各民族文化的精华之外，还要充分关注各民族文化交流与互动的方式和过程，加强学前儿童在活动中的参与体验，增强其对各民族文化的认同。

（三）大班幼儿多元文化教育活动设计案例——"中国的传统食品"

活动导入：为了使幼儿更加全面地了解中国的传统节日，设计"中国的传统食品"教育活动，可以使幼儿感受我国劳动人民的聪明与智慧，通过做美食、赏美食、说美食、吃美食等环节，引导幼儿了解中国饮食文化的特点，培养幼儿的民族自豪感。

1. 活动目标

（1）了解关于中国传统食品饺子、粽子、月饼的知识。

（2）萌发对中国传统食品文化的热爱之情。

（3）懂得谦让、分享，并掌握餐饮礼仪。

（4）能积极地参与活动，大胆地说出自己的想法。

（5）激发好奇心和探究欲望。

（6）能学会用轮流的方式谈话，体会与同伴交流、讨论的乐趣。

2. 活动准备

（1）视频资料：《除夕的来历》《粽子的来历》《月饼的来历》。

（2）食品：饺子、月饼、粽子。

（3）饺子、粽子、月饼、外国传统美食图片若干。

（4）盘子、筷子、湿纸巾等。

3. 活动过程

（1）导入：观看视频《除夕的来历》

① 教师：小朋友们，刚才你们看到了些什么？你们知道这一天叫什么吗？这就是我国农历的除夕，也就是每一年的最后一天。你们知道除夕为什么要吃饺子、吃团圆饭吗？

② 教师介绍除夕吃饺子的来历。

③ 小结：原来吃饺子是表达我们中国人在辞旧迎新之际祈福求吉愿望的特有方式，幼儿园每年在迎接新年之际也会包饺子，回忆一下我们包饺子、吃饺子的快乐时光吧！

④ 出示图片（迎新年包饺子、吃饺子的图片）。

（2）分绍我国传统节日"吃"的文化

① 教师：饺子是我国的传统食品，你们知道什么叫作传统食品吗？经过历史的洗礼，至今仍旧保留下来的食品就是传统食品。

② 教师：小朋友们想一想，除了饺子你们还知道哪些传统食品呢？（小朋友们自主回答后，教师出示"粽子"的图片）

③ 教师：小朋友们，你们喜欢吃粽子吗？你们知道在哪个节日会吃粽子吗？你们知道粽子的来历吗？

④ 播放视频《粽子的来历》。

⑤ 小结：原来粽子有这样的来历，这就是我们中国特有的食品，它不仅是用来吃的，它还代表着一种含义。

⑥ 我们已经知道了我国的两种传统食品了，你们还知道有哪些传统食品呢？（幼儿纷纷发言，引出月饼）

⑦ 教师：你们知道月饼的来历吗？在哪个节日会吃月饼呢？为什么中秋节要吃月饼呢？

⑧ 播放视频《月饼的来历》。

⑨ 小结：看完这个视频，你们知道月饼是怎么来的了吗？看来我们中国的传统食品文化内涵丰富，寓意深刻。

（3）品尝和分享传统食品。

① 教师：没想到我们中国的传统食品背后有这么多的故事，你们现在想不想尝一尝我们中国的传统食品呢？

②（把食品端出来）今天老师把它们带到了活动现场，要和大家一起分享。

③ 请幼儿自主选择食品并尝一尝，同时提醒幼儿要与同伴、老师分享食品，也要注意卫生，食用之前先用湿纸巾擦手。

④ 小结：刚才我发现大家拿食品的时候表现得非常有礼貌，懂得谦让，懂得分享，也知道讲卫生，吃东西前后都会擦手，吃完也会擦嘴巴，这些行为都值得表扬。

4. 活动延伸

（1）出示图片，简单介绍外国传统食品文化。

（2）教师：今天我们不仅了解和品尝了我们中国的几种传统食品，还听了相关的故事，大家回家后可以让爸爸妈妈为我们讲述更多的有关食品的故事。

5. 活动评价

本次教育活动通过播放视频、教师讲解等方式，让幼儿了解了几种传统食品的来历。有趣的故事激发了幼儿探索食品的兴趣，能使其感受到中华食品文化的博大精深，感受我国劳动人民的聪明才智。该活动符合幼儿的心理需求，符合幼儿的认知规律。通过学习，幼儿对饮食文化形成了初步建构，萌发了作为中华儿女的自豪感。

⚙ 实战训练

　　请同学们根据所学理论知识和活动案例指导，试以"茶文化"为主题设计幼儿多元文化教育活动。要求符合幼儿年龄特征，能够调动幼儿的生活经验，激发幼儿热爱生活、热爱家乡的情感。

第二节 学前儿童民族团结教育

引导案例

某幼儿园大（1）班的陈老师正在给小朋友们讲"班超出使西域"的故事。

"班超，是东汉著名的军事家和外交家。西汉末年，北方匈奴时常侵犯汉朝的边疆，还控制了西域，西汉朝廷与西域的来往中断。东汉时期，班超受命出使西域，他克服重重困难，使西域各国重新与东汉朝廷建立联系。班超得到了西域各国的信任，并在西域镇守了 30 余年，收服了西域 50 多个国家，为西域的回归做出了巨大贡献。班超官至西域都护，封定远侯，世称'班定远'。班超出使西域打通了中国通往西亚的道路。"

陈老师说："这个故事告诉我们，促进民族团结是我们每个人的责任，只有民族团结，国家才能昌盛，我国是一个多民族的国家，我们一定要团结起来，为祖国发展贡献自己的一份力量。"

接下来，陈老师给大家介绍："今天我们班来了一位新同学，他是回族小朋友，名叫马晓宇，你们谁愿意成为他的好朋友，和他一起玩，在生活和学习上帮助他呢？"

陈老师话音刚落，小朋友们就纷纷举起了小手……

民族团结是各族人民的生命线，是国家发展的基石。在学前期开展民族团结教育，有助于学前儿童深刻认识国家统一和民族团结是各族人民的最高利益，积极认同中华民族的历史和文化，主动培育和践行社会主义核心价值观。

一、学前儿童民族团结教育的价值与意义

在学前阶段开展民族团结教育，既要准确把握民族团结的含义，又要兼顾学前儿童的发展规律及其成长的文化背景，以确保学前儿童民族团结教育的精准性、适宜性和有效性。在学前期开展有效的民族团结教育，可以使学前儿童从小感知各民族共享的中华民族形象和中华民族符号，牢固树立自己是中华民族一员的意识，所以具有重要的价值与意义。

学前教育阶段是个体人生观和世界观形成的最初时期，幼儿教师应引导学前儿童形成对国家、民族以及文化的正确认知。民族团结教育既是文化教育，又是价值观教育，是实现学前儿童国家认同、民族认同和文化认同的重要手段。

学前儿童民族团结教育的价值与意义主要体现在以下几个方面。

（一）有助于引导学前儿童深刻认识国家统一和民族团结是各族人民的最高利益

民族团结教育是爱国主义教育的重要组成部分，通过民族团结教育强化学前儿童爱国主义教育，其意义在于引导学前儿童从小树立正确的国家与民族观念、增强致力于维护民族团结的意志与信念，从根本上抑制各种历史虚无主义以及诋毁、破坏民族历史文化现象的发生，培养学前儿童形成正确的世界观和历史观。

（二）有助于引导学前儿童深刻认同中华民族的历史和文化

当今世界格局错综复杂，维护国家统一和民族团结的任务也更为艰巨。民族团结教育致力于引导学前儿童认识中华民族的发展历史与文化，帮助学前儿童认识到灿烂的中华文化是由各族人民共

同创造的，伟大的民族精神是由各民族共同培育的。与此同时，民族团结教育致力于培养学前儿童的中华民族共同体意识，能够让学前儿童认识到中华民族共同体意识是国家统一之基、民族团结之本和精神力量之魂。

（三）有助于引导学前儿童积极培育和践行社会主义核心价值观

社会主义核心价值观是社会主义核心价值体系的内核，是开展学前教育的根本指针和基本要求，是学前儿童价值观的核心内容。民族团结教育将实现中华民族伟大复兴作为根本目标，旨在引导学前儿童在享受物质条件改善的同时，树立起正确的义利观和崇高的理想信念，帮助他们将自身的发展与国家、民族的发展有机统一起来。

（四）有助于学前儿童弘扬和传承中华优秀传统文化

各民族文化枝繁叶茂，是中华民族生生不息的动力。中华民族的优秀传统文化、革命文化和社会主义先进文化共同构筑了中华文化的主体与主流，它们凝聚着中华民族的奋斗历程，联结着中华民族的过去、现在和未来，是中华民族屹立于世界民族之林的强大精神力量。幼儿教师要教育学前儿童自觉传承和弘扬中华优秀传统文化，让各民族共享的中华文化符号和中华民族形象得以彰显，增强学前儿童对中华民族的认同感、归属感和自豪感。

二、学前儿童民族团结教育的任务

针对学前儿童开展的民族团结教育，其主要任务应是帮助学前儿童形成准确的身份认知，并在此基础上使其不断感知中华文化的民族性、交融性和发展性。

（一）发展学前儿童对民族的概念认知，树立民族意识与信念

民族团结教育就是要引导学前儿童发展对民族的概念认知，帮助他们树立各族人民都是中国人的意识和信念。学前儿童的民族团结教育内容必须是具体的、形象的，应以图片、音视频等资料或者现实生活中的真实事物为依托。因为学前儿童的学习始于对事物形象的感知，其学习意义的发生起源于对经验的不断积累和对经验的内在加工。

幼儿教师要注意引导学前儿童认识民族这一概念的外在表现形式，让他们在反复的比较中理解民族所蕴含的意义。一方面，可以向学前儿童展示不同民族的图片或视频，让他们直观地感受各民族在服饰、饮食等方面表现出来的差异和特征；另一方面，可以通过学前儿童喜爱的方式（如儿歌、故事等）传递不同民族的文化和思想，让学前儿童在信息的传播中感知不同民族在思维、信念及生活方式等方面的多元性。

另外，幼儿教师还可以开展民族传统节日活动，让学前儿童更形象地感知民族文化的多元性与丰富性，通过这些教育活动树立学前儿童关于中华民族的意识和信念。

（二）促进学前儿童对中华文化多样性和交融性的感知与内化

幼儿教师要注意采用不同表现形式的民族文化促进学前儿童对中华文化多样性和交融性的感知与内化。

团结的前提是对差异的认同和接纳，以及具有共同的发展目标。除了树立共同的文化和身份认同外，幼儿教师还应通过引导学前儿童认识各民族文化的多样性和交融性，帮助他们树立共同发展的理念。中华民族的文化源远流长，各民族在长期的历史发展过程中形成了自己独特的文化形态，并表现在服饰、建筑、饮食等方面。在开展民族团结教育的过程中，幼儿教师不仅要向学前儿童呈现不同民族的多样性文化，同时还要引导他们理解这种多样性文化的意义及其交融发展的历史规律。

中华民族是在各民族长期的交往和融合中形成的，各民族在价值信念、文化品质和行为模式上

都具有共同的基因。幼儿教师要让学前儿童认识到这种共同的基因是追求民族团结的现实基础。中华各民族在文化上不存在优劣之分，中华文化的多样性是中华民族向前发展的动力。民族团结能够促进中华民族在各个方面的和谐、可持续发展，是实现中华民族伟大复兴的重要支柱，也是全国各族人民追求美好生活的基本前提。

三、学前儿童民族团结教育的实施

学前儿童民族团结教育的根本目的是帮助学前儿童形成正确的民族观念，增进学前儿童对中华民族与中华文化的认同，发展学前儿童的民族团结行为，为民族团结以及各民族共同发展奠定良好的基础。学前儿童民族团结教育是一个系统和持久的工程，幼儿教师必须通过组织良好的课程活动体系促进学前儿童形成对中华民族的全面且正确的认知。

融合不同学科领域、组织实施专题教育活动、加强国家通用语言文字教育与幼儿园文化建设是保障学前儿童民族团结教育实施的基本路径。

（一）学科融合

幼儿教师可以通过学科融合强化学前儿童民族团结教育的系统性和科学性。幼儿园是开展制度化学前教育的主阵地，具有组织化、专业化和系统化等特征，能够确保学前儿童的认知和经验得到最大限度的发展。

幼儿园开展民族团结教育，一方面可以设置专门的民族教育课程，向学前儿童传递关于民族的观念、知识和文化，强化学前儿童对民族文化和民族团结的自身感知；另一方面，可以将民族团结教育融入不同的学科领域，让学前儿童在不同情境、不同维度及不同层次上感知民族文化的多样性和民族团结的价值与意义。

学前儿童的学习具有生活性、经验性和综合性的特点，以学科融合的方式开展民族团结教育，一是要将民族团结教育融合到不同的领域活动中，通过不同的课程实践活动让学前儿童多方位理解民族的概念及其表现形式；二是通过具有民族特色的节日增进学前儿童对不同民族文化的感知和接纳，让学前儿童在情感、信念方面认同和接纳民族团结的理念并发展出相应的行为。

采用学科融合的方式进行学前儿童民族团结教育既可以拓展学前儿童的认知与经验范畴，又可以促进学前儿童思维和能力的同步发展，是符合学前儿童发展规律和学习特点的民族团结教育组织方式。

（二）专题教育

幼儿教师还可以通过专题教育的方式深化学前儿童民族团结教育的针对性和深刻性。专题教育的主题和实践方式有很多种，幼儿教师可以结合本地优秀教育资源设置民族团结教育主题，其表现形式可以是主题教学、教辅读物、实地参观、社会实践等。民族团结专题教育以不同的方式展示和阐述同一个主题，可以帮助学前儿童形象地建构起对民族理论、民族政策、民族文化等与民族概念相关的立体认识，有助于增进民族团结教育的深度。

幼儿教师可以将民族文化与政策知识融入各种专题活动中，例如，"我们都是一家人""我们都讲普通话""华夏儿女一家亲"等专题活动，并结合学前儿童的学习特点和经验发展水平，根据实际情况将专题教育常态化。

（三）国家通用语言文字教育

幼儿教师可以通过国家通用语言文字教育铸牢学前儿童的中华民族共同体意识。国家通用语言文字是增进民族交流的重要工具，是实现国家认同的重要载体，从小使用国家通用语言文字可以帮助学前儿童铸牢中华民族共同体意识。

我国国家通用语言文字即普通话和规范汉字。开展民族团结教育可以在通过国家通用语言文字教育发展学前儿童语言能力的同时，培养他们的文化观和价值观。一方面，体现在课程教学上，幼儿教师采用普通话进行教学并引导学前儿童学习使用普通话；另一方面，通过环境创设为学前儿童营造讲普通话和使用规范汉字的氛围，增强学前儿童使用国家通用语言文字的意识；还可以积极开展普通话朗诵等语言类活动，强化学前儿童的语言能力。

（四）文化建设

幼儿教师可以通过幼儿园文化建设培育学前儿童的爱国情感和民族团结信念。幼儿园文化建设是开展学前儿童民族团结教育的重要支撑，幼儿园应创新育人载体，构筑民族团结教育文化体系，以文化育人的方式培育学前儿童的爱国情感和民族团结信念。

幼儿园爱国文化建设包含环境创设和文化活动两个方面。

在环境创设上，幼儿园应将那些具有民族特色、展现民族风采和宣扬民族团结的典型人物、事件等通过墙面装饰、影像作品等表现出来，让学前儿童在环境的熏陶中获得对各民族文化的理性认识；在文化活动上，幼儿园应开设各类主题鲜明、内容丰富、形式多样的民族团结教育文化活动，树立民族团结典型，促进学前儿童萌发积极的民族团结意识和民族团结信念。

幼儿园应充分利用各种民族文化资源，通过民族歌曲、民族舞蹈、民族体育运动等方式开展丰富多彩的民族团结教育，促使学前儿童树立起求同存异、共同发展的文化信念，积极接纳各民族之间的文化差异，主动推动各民族之间的交流与团结。

四、学前儿童民族团结教育的内容

目前，学前儿童民族团结教育的目标尚未明确，教育内容亟待梳理与系统研发，幼儿教师的教学方法与教育内容需要进一步活化与转化，以适应现代学前儿童教育，促进学前儿童健康成长。下面以开展民族团结教育中的中华优秀传统文化教育为主展开教育内容的阐述。

幼儿教师在选择中华优秀传统文化教育内容时，需要从社会发展需要、学前儿童发展需要和学科体系内容3个方面来考虑。

在幼儿园可以开展的中华优秀传统文化教育的内容主要涵盖以下方面。

（1）中华传统节日（如春节、元宵节、清明节、端午节、中秋节、重阳节等）与饮食（面食等）文化；

（2）中华艺术启蒙。例如，音乐方面包括歌曲、舞蹈、器乐、曲艺等；美术方面包括绘画艺术、雕塑艺术、工艺美术、建筑艺术、美术欣赏等；文学方面包括神话传说、童话故事、寓言、谚语、歇后语等；游戏活动包括助兴、竞技、斗赛、杂艺等。幼儿园组织的民俗竞技游戏与戏曲表演如图8-5所示。

图8-5 幼儿园组织的民俗竞技游戏与戏曲表演

某幼儿园开展的中华优秀传统文化教育内容如表8-1所示。

表8-1 某幼儿园开展的中华优秀传统文化教育内容

类别	具体内容
传统饮食文化教育	包饺子、煮汤圆、包粽子、做月饼、做陕西特色小吃（肉夹馍、凉皮）、做冰糖葫芦、茶道等
传统服饰文化教育	旗袍、汉服、丝绸及服饰的变迁
名胜古迹教育	长城、故宫、天坛、兵马俑、大雁塔
传统文学教育	《三字经》、《弟子规》、《百家姓》、古诗词、成语故事、书法、写对联、猜灯谜、民间故事、绕口令以及汉字的演变
传统艺术教育	打腰鼓、皮影戏、剪窗花、刺绣、扎染、捏泥人、做风筝、做灯笼、京剧脸谱、画国画、唱秦腔、制作青花瓷、扭秧歌、编制中国结、学书法
传统武术教育	太极拳、太极扇、中国功夫
历史名人教育	屈原、孔子、司马光、孔融、张衡、孟子、荀子
传统科技教育	篆刻、四大发明
传统节日教育	端午节、元宵节、中秋节、重阳节、春节以及二十四节气
传统民间游戏活动	竹筒投壶、舞龙、跳房子、套圈、老鹰抓小鸡、拔河比赛、丢手绢、踩高跷、跳皮筋、打陀螺、放风筝、滚铁环、踢毽子
传统棋文化教育	五子棋、象棋、围棋、六子冲

此外，还有中华礼仪与民俗文化，中华历史人物与文化发展，如孔子与儒家文化（仁、义、礼、智、信）等。幼儿教师在设计教育活动、选择教育内容时，应注意考虑学前儿童的发展特征与生活经验，结合学前儿童的学习与理解承受能力，设计难度适宜的活动内容。

根据中华优秀传统文化教育内容的不同性质，幼儿教师在组织具体的教育教学活动时可以采用不同的方法，主要有示范法、范例法、故事法、角色扮演法、游戏法等，还可以结合以往的中华优秀传统文化启蒙教育方法，如读诵法、讲解法等，进行中华优秀传统文化教育，激发学前儿童的爱国之情。

五、学前儿童民族团结教育活动设计案例

（一）大班中华优秀传统文化教育活动设计案例——"美丽的中国结"

活动导入：中国人很久以前就学会了编中国结。漫长的文化沉淀使中国结渗透着中华民族特有的文化精髓，蕴含着丰富的文化底蕴。一个小小的中国结或出现在家中的墙上，或挂在汽车里，或呈现在街边的艺术品店铺中，学前儿童时刻感受到一种传统文化的熏陶。以中国结为主题开展教育活动，可以让学前儿童初步体验我国传统文化的博大精深，培养其热爱祖国的情感。

1. 活动目标

（1）感知中国结的色彩、构造，欣赏中国结的美，了解中国结的含义。

（2）通过中国结感受中国人民的团结，激发热爱祖国的情感。

（3）了解中国结是中国特有的一种民间工艺品，初步萌发民族自豪感。

（4）学习客观地评价自己或别人的作品，从而获得愉快的情绪体验。

（5）培养学前儿童乐观、开朗的性格。

2. 活动准备

（1）知识准备：提前让幼儿了解中国结是中国传统文化之一。

（2）物质准备：在活动室布置大大小小的样式不一的中国结；多媒体课件《中国结》。

3. 活动过程

（1）观察中国结，感知其色彩与构造。

① 中国结的名字。

教师：小朋友们，你们知道它们的名字吗？你们知道它们为什么叫"中国结"吗？

小结：中国结是中国人自己发明的，是有中国特色的布绳结，体现了中国人的团结、勤劳、勇敢，人们把美好的愿望编织到中国结里。

② 了解中国结的形态和结构。

教师：小朋友们，你们看这些中国结有哪些相同的地方？（回答：都是红色的）你们看到红色有什么感觉？中国结下面的这些是什么东西呢？（出示"流苏"的字卡）这些流苏还像什么？还有什么是相同的呢？

（教师用手摸中心部分"结"来提醒小朋友）每个中国结都有心形的、菱形的、圆形的结，这是中国结的主体，叫"结体"，表示团结起来力量大。在结体的上面，这又是什么呢？它像中国结的耳朵，是"结耳"（出示汉字）。如果它能听到声音，它会听到哪些声音呢？

有流苏、结体、结耳，就可以组成一个完整的中国结（出示汉字）。中国结有很长的历史了，人们会在节日编织中国结，把愿望都编在中国结里，希望能实现。

（2）教师：小朋友们，你们都在哪儿见过中国结？看到中国结有什么感受？（教师播放幻灯片，吸引幼儿思考、观察、欣赏中国结）

（3）扩展幼儿的认识。

教师：小朋友们看看还有什么？你们最喜欢哪一个？例如，鱼表示年年有余，簸箕表示丰收，酒桶表示长长久久……

4. 活动延伸

让幼儿和爸爸妈妈一起搜集更多的中国结的图片，了解中国结有哪些含义，并和爸爸妈妈一起动手设计并编织一个中国结，把美好的祝福都编进去，把编好的中国结带到幼儿园，和小朋友们一起分享自己有哪些美好的祝福。

5. 活动评价

中国结是我们中国特有的民间手工艺术品，它造型优美、多样，蕴含着美好的意义。在民族文化共享的今天，中国结也走上了世界文化的舞台，深受世界人民的喜爱，国内外都有它的踪迹，它是我们民族的骄傲。

以"中国结"为主题设计教学活动，一是从审美目标出发引导幼儿感知编织艺术的魅力，提升幼儿对美的感知能力；二是从大班幼儿的年龄特点出发，引导幼儿充分观察、体验和交流，激发幼儿的民族自豪感。

（二）大班传统文化研学活动设计案例——"我是中国人"

活动导入：为使幼儿了解传统文化与艺术，激发幼儿的爱国热情，幼儿教师围绕"我是中国人"主题设计两日研学活动，旨在使幼儿通过实践感受艺术氛围，体验艺术真谛，激发爱国之情。

1. 舞龙

（1）活动目标

① 发展动作敏捷性、连续性。

② 增强合作与竞争意识。

③ 了解传统文化与艺术。

（2）活动过程

① 观看舞龙活动。教师：他们在干什么？他们是怎么舞龙的？

② 欣赏舞龙活动。教师：龙由哪些部分组成？（龙头、龙身、龙尾）它们有些什么特别的地方？

③ 制作龙。幼儿分组，用纸板、彩带等材料制作一条龙。

④ 进行舞龙比赛。随音乐节奏的变化改变舞龙的姿势，感受热闹的气氛，以整个身体不断开的"龙"为胜。

2. 扎染

（1）活动目标

① 了解扎染是我国传统的、特殊的印染工艺。

② 体验我国劳动人民的聪明智慧。

（2）活动过程

① 向幼儿介绍扎染工艺的来历及文化背景。

② 工作人员演示扎染工序，引起幼儿的制作兴趣。可以任意扎；有规则地扎（重点是将所需的图案扎紧、扎牢、系牢）；染制。

③ 幼儿进行制作。工作人员进行必要的安全提示并讲解制作要求。在工作人员及教师的帮助下，幼儿完成制作。

④ 幼儿欣赏各自扎染的作品，感受染料渗透形成的花纹、图案。

3. 京剧脸谱

（1）活动目标

① 知道京剧中的各种脸谱的名称，各种脸谱代表京剧中的不同角色，不同角色有不同的表演动作。

② 激发探索兴趣，培养自信心和表演欲望。

③ 在参与活动的过程中萌发喜爱京剧的情感。

（2）活动过程

① 欣赏京剧《四大发明》。

② 幼儿能通过欣赏萌发我们是勤劳祖先后代的自豪感。

③ 欣赏京剧《我是一个中国人》。

参与体验。教师引导幼儿从脸谱、道具、动作上逐个分析，知道每个角色的名称，创造性地学做不同角色的动作。"刚才我扮演了谁？你从哪里看出来的？"（幼儿说出，教师出示脸谱、道具并介绍角色名称）教师启发幼儿做出不同的手位和亮相动作（重点指导：圆场步、跟步）。

游戏：看谁说得对。教师不做任何装饰，只做出不同角色的动作，幼儿猜出教师扮演的是哪种角色？幼儿戴各种脸谱进行自由表演。

4. 京剧脸谱

（1）活动目标

① 初步欣赏京剧的曲调，知道名称，初步理解内容。

② 萌发作为中国人的自豪感和喜欢民族文化的积极情感。

（2）活动过程

① 教师播放锣鼓经伴奏，引导幼儿走小碎步，在最后两拍做出不同的亮相动作。

② 欣赏京剧《我是一个中国人》。让幼儿听听这是什么戏？欣赏第二遍，然后告诉名称，边听边理解内容，师幼讨论中国的伟大；边听边观看京剧表演，欣赏不同的角色，如武生、老旦、花旦、花脸。

现代学前教育的理念是让每个幼儿都能在原有的基础上得到发展，从小树立民族团结意识，培养爱国情怀。幼儿教师要紧紧把握这个理念，使幼儿在积极、愉快的气氛中以游戏的形式轻松地认识并理解传统文化的内容，感受民族团结的力量，萌发热爱家乡、热爱祖国的感情。幼儿教师在活动中要注意引导幼儿"感受与欣赏""表现与创造"，不断丰富幼儿的想象力和创造力，激发幼儿的爱国之情。

🔍 实战训练

请同学们根据所学理论知识和活动案例指导，试以"了不起的中国制造"为主题设计学前儿童民族团结教育活动。要求符合幼儿年龄特征，能够引导幼儿理解团结的力量，激发幼儿热爱祖国的情感。

课后习题

一、选择题

1. 下列对学前儿童多元文化教育的意义描述不恰当的是（　　　）。
    A. 培养开放意识和接纳能力
    B. 树立全国化视野
    C. 增进对中华民族文化的认同感和自豪感
    D. 学会分享和理解

2. （　　　）对学前儿童多元文化教育具有潜移默化的作用。
    A. 学习　　　　　B. 交流　　　　　C. 环境　　　　　D. 社会

3. （　　　）主要是对学前儿童进行世界文化的启蒙教育，应以本国文化为主、外国文化为辅，培养学前儿童公平、公正的意识。
    A. 多元文化教育　　　　　　　　B. 思想道德教育
    C. 安全教育　　　　　　　　　　D. 自我意识发展教育

4. 幼儿教师在设计多元文化教育活动时，应增强活动设计的（　　　），使它能够兼顾不同文化背景下学前儿童的学习需求。
    A. 综合性与开放性　　　　　　　B. 综合性与差异性
    C. 开放性与创新性　　　　　　　D. 适应性和灵活性

5. （　　　）是实现学前儿童国家认同、民族认同和文化认同的重要手段。
    A. 民族团结教育　　B. 多元文化教育　　C. 价值观教育　　D. 道德教育

二、判断题

1. 学前儿童多元文化教育的目标之一是使学前儿童初步感受具有代表性的社区文化。（　　　）

2. 幼儿园开展民族团结教育必须设置专门的民族教育课程，不能将其融入不同的学科领域教学。（　　　）

3. 幼儿教师在组织具体的民族团结教育教学活动时，只能采取讲解法进行传统文化教育，以激发学前儿童的爱国之情。（　　　）

4. 民族团结教育有助于学前儿童弘扬和传承中华优秀传统文化。（　　　）

5. 学前儿童的多元文化情感是建立在认知基础之上，在社会活动中的一种内心感受和心理体验。（　　　）

三、简答题

1. 简述学前儿童多元文化教育的内容。
2. 简述学前儿童多元文化教育的实施途径。
3. 简述学前儿童民族团结教育实施的基本路径。

09

第九章
学前儿童社会问题行为与
特殊教育

知识目标

> ➢ 了解学前儿童问题行为的一般表现与类型。
> ➢ 掌握学前儿童问题行为的标准。
> ➢ 了解常见的几种学前儿童问题行为。
> ➢ 掌握学前儿童问题行为的干预方法。

能力目标

> ➢ 能够针对学前儿童出现的问题行为进行干预。
> ➢ 能够针对特殊儿童实施学前儿童特殊教育。

素养目标

> ➢ 培养沟通能力和表达能力，与他人建立良好的人际关系。
> ➢ 激发创造力和想象力，能够设计高质量的教育活动。

学前儿童在成长过程中可能会出现不同类型、不同程度的社会问题行为。这种行为是一种既不利于他人又不利于自己的行为，会影响到学前儿童的身心健康发展，甚至会给他人带来麻烦，但是学前儿童的问题行为会在成人的正确指导下随着其成长发展而逐渐减少或消失。因此，幼儿教师应对学前儿童的问题行为进行准确界定，并采用恰当的教育方法进行矫正，以促进学前儿童健康发展。

第一节　认识学前儿童问题行为

引导案例

沫沫是幼儿园小班的一个女孩，她今年3岁，性格活泼开朗，老师和小朋友们都很喜欢她，但她有一个习惯——爱吸吮手指。无论是在上课、游戏还是午睡时，她都会不自觉地把食指放入嘴里吸吮。

其他小朋友午睡醒来，就会跟老师说："老师，沫沫睡觉又吃手指了！"这时，她又会用无辜的眼神看着老师，仿佛在说："我不是故意的，是它自己跑到我嘴里的。"

有时候，看见她在吮吸手指，老师也会提醒她，她会立刻把手指拿出来，可过了一会儿又不知不觉地开始了。

学前儿童在成长过程中可能会出现一些令人烦恼或讨厌的行为，如吮吸手指、多动、胆小、说谎、学习困难及做出破坏性行为等。这些行为有的属于发展过程中的问题，有的则是由生理缺陷或心理障碍造成的，还有的是受环境和教育的影响而产生的。学前儿童一旦出现上述问题，往往会给家庭、学校、社会带来许多麻烦。如果对这些问题处理不当，不仅会影响学前儿童的健康成长，还会对他们未来的发展及成人后的品德、行为等都会产生不良影响。

一、学前儿童问题行为概述

问题行为是一种既不利于他人又不利于自己的行为。问题行为在学前儿童发展过程中普遍存在，甚至反复发生。这种行为常常导致学前儿童行为和情绪异常，既影响他人发展，又影响自身发展。

问题行为实际上就是行为问题，也称为行为异常、行为障碍、偏差行为等，在学前儿童中主要是指其出现的妨碍个性良性发展、智能正常发展、身心健康成长，或者给家庭、幼儿园、社会带来麻烦的一系列行为。简言之，问题行为是偏离社会正常要求或个体正常发展的行为。

问题行为的产生有一定的心理和社会根源，它们的形成与发展是一个渐进的过程。当学前儿童偶尔出现问题行为时，家长和幼儿教师绝不能掉以轻心。家长和幼儿教师应深入了解学前儿童的心理及其行为产生的原因，有的放矢地进行教育，从而减少学前儿童的问题行为。

（一）学前儿童问题行为及一般表现

学前儿童问题行为是指妨碍学前儿童身心健康发展和良好品德的形成，给家庭、幼儿园乃至社会带来麻烦的行为。

学前儿童问题行为的一般表现为行为不足、行为过度和行为不适当 3 种类型。

1. 行为不足

行为不足是指人们所期望的行为很少发生或从不发生。例如，学前儿童很少讲话或不愿和同伴接触、交往，智力发展迟滞，不会自己穿衣服和吃饭，等等。

2. 行为过度

行为过度是指某一类行为出现得太多。例如，学前儿童上课时经常注意力不集中，不遵守纪律，做小动作，扰乱别人，经常咬指甲，等等。

3. 行为不适当

行为不适当是指期望的行为在不适宜的情境中发生，但在适宜的情境中却又不发生。例如，学前儿童管快递员叫"爸爸"，学前儿童将喜欢的玩具放在垃圾堆里，或者学前儿童在悲伤时大笑、欢乐时大哭，等等。

（二）学前儿童问题行为的类型

学前儿童问题行为的表现形式多样，成因也非常复杂，人们对它的认识也不尽相同。依据学前儿童问题行为的表现可以将其分为生理性问题行为、心理性问题行为和品德性问题行为 3 类。

1. 生理性问题行为

生理性问题行为主要与学前儿童的发育成熟度有关，由发育不成熟或某方面的缺陷导致，通过身体表现出来。例如小便时弄湿衣服、碰撞、吸吮手指等，这些行为属于生理性的，一般是暂时性的，在学前时期的某一阶段发生，在适当的教育训练下，后期会缓解、好转或消失。

2. 心理性问题行为

心理性问题行为主要是由心理方面的原因造成的行为问题，主要表现为以下几种类型，如表 9-1 所示。

表9-1　心理性问题行为表现类型

类型	心理方面的原因造成的行为问题
神经性行为	由于矛盾心理引起的神经性行为，如强迫性行为、歇斯底里行为、神经性厌食等
情绪方面的问题	过度敏感导致的神经质、焦虑、多疑、烦躁、过分依赖、敌对情绪等
性格方面的问题	性格偏执、反复无常、爱发脾气、胆怯、退缩等
过度的行为问题	注意力障碍、综合多动症、冲动等

3. 品德性问题行为

品德性问题行为是由于接受不良教育而导致的行为问题，这类行为通常会伤害别人或违反道德规范准则，如攻击性行为、有意说谎、不遵守游戏规则等。如果学前儿童出现这类问题，幼儿教师与家长需要及时进行教育和指导，促使其予以改善。

二、学前儿童正常行为的标准

行为是指受思想支配而表现出来的外表活动，问题行为和正常行为是对应的概念，问题行为的判定需要在与正常行为的比较中获得。

一般来说，学前儿童正常行为的标准主要包括以下几方面。

（一）学前儿童能学会表达与控制自己的情绪

学前儿童能逐步学会正确表达自己的情绪。学习情绪的正确表达是学前儿童社会性发展的一个重要任务。一个不能正确表达自己情绪的学前儿童会给自己或他人的生活带来困扰。学前儿童通常在不同的情境中能够控制自己的情绪，例如和同伴一起玩耍，同伴开心的时候自己也会很高兴，同伴受伤时自己也会难过，等等。

另外，学前儿童的情绪表达与控制跟所处的环境有关，例如学前儿童发现自己处于陌生环境时会大哭大叫，而只要妈妈一出现很快就会恢复平静；如果此时学前儿童仍惊恐不已，甚至完全相反，对陌生环境毫无反应、无动于衷，都是不正常的表现。

（二）学前儿童的行为必须与年龄相符

学前儿童是发展中的个体，对于学前儿童的行为评价必须要考虑到学前儿童的年龄因素，即将学前儿童的行为与其所处的同类群体的常规行为进行比较后发现并无明显特殊之处。例如，一个5岁学前儿童某个方面的行为长期显示与3岁学前儿童的行为类似，那么就可以判断该学前儿童存在问题行为。

（三）学前儿童能正确处理与同伴的关系，解决冲突

同伴互动是学前儿童社会学习的主要途径，学会与同伴正确相处、良好互动也是他们学习的重要内容，学习正确处理与同伴的关系是他们学习更复杂的社会规范的基础。健康的学前儿童乐于并善于与同伴交往，在交往中表现出愉快的情绪，对同伴表现出更多的亲社会行为；能够恰当地处理与同伴之间的矛盾，即使有矛盾也能在他人的劝说引导下恢复良好的同伴关系；反之，如果学前儿童在群体活动中常常独自一个人，对同伴表现得较为冷漠，一旦发生争执便容易冲动，表现出攻击性行为，则可以判断该学前儿童存在问题行为。

（四）学前儿童在日常生活、学习中能逐步学会并遵守纪律，懂得奖惩的意义

学前儿童在日常生活、学习中能逐步学会并遵守纪律，懂得奖惩的意义，并能遵守基本的社会规则。社会生活是一种群体生活，人们在群体生活中为了共同的协作需要种种纪律与规则，学前儿童应在学习中掌握基本的团体规则与规范，懂得如果不遵守纪律与规则将会受到惩罚。

（五）学前儿童的行为要与文化习俗相适应

不同的地区有着不同的文化习俗，这些文化习俗维系着当地人的共同生活。学前儿童生活于这样的文化共同体中，也需要将当地的文化习俗进行内化，以适应所生活的环境。当然，对文化习俗的适应并不意味着对文化习俗无条件地认同，对一些不适应时代的文化习俗，则需要通过教育来加以改变，引导学前儿童学习新的文化习俗。

学前儿童的问题行为与正常行为是一个连续体，两者不是对立的，大多数学前儿童处于两者之间，一般学前儿童都存在不同程度的问题行为。与此同时，学前儿童的社会性行为的内容是多

方面的，有些学前儿童许多方面的行为都是正常的，只是在某些方面存在问题行为，我们对此要正确看待。

三、应对学前儿童问题行为的基本要求

学前儿童的行为通常以外显的形式反映出其发展过程中的种种问题，幼儿教师通过观察学前儿童的行为发现问题，并对其进行相应的教育与指导。在这个过程中，幼儿教师应遵从应对学前儿童问题行为的基本要求，采取有效的应对方式，矫正学前儿童的问题行为。

（一）正确认识学前儿童的问题行为

首先，幼儿教师在界定学前儿童的问题行为时要慎重，不能单凭以往的经验简单判定，因为对学前儿童问题行为的界定会影响幼儿教师的态度和行为。学前儿童问题行为的界定实质上是一个从量变到质变的过程，中间有一个过渡区域，并不能一刀切为"有"或"无"。即使学前儿童出现了问题行为，也并不表明他们与正常儿童有多大的不同，他们不过是表现出有暂时偏离正常轨迹的可能性。幼儿教师要正确认识学前儿童的问题行为，切不可随意夸大或缩小其问题行为的严重性，更不能直接将学前儿童的问题行为视为品德问题。

其次，幼儿教师要重视学前儿童问题行为的发展性。幼儿教师必须掌握学前儿童发展的基本知识，了解他们的发展特征，遇到问题时能够做出理智的判断和正确的引导，不至于惊慌无措或无视学前儿童的问题行为。学前儿童偶尔的异常行为会随着他们的成熟与发展逐渐消失。

最后，了解学前儿童问题行为产生的复杂性。学前儿童问题行为产生的因素十分复杂，除了学前儿童自身的因素外，还有家庭、同伴、幼儿园等其他因素，而且学前儿童问题行为的产生往往是多个因素共同作用的结果。幼儿教师在采取应对方法之前，最好先弄清楚是什么因素导致了学前儿童的问题行为，这样才能做到有的放矢、对症下药。

（二）干预与预防并重

大部分学前儿童的问题行为都是可防可治的，幼儿教师与家长不仅要重视对学前儿童问题行为的干预，还要重视对学前儿童早期问题行为的预防。对一些由于发展限制形成的行为问题，如发脾气、咬人、身体攻击、不爱分享等，不要去强制改变，而应采取预防性的措施，这样会更有效，而对一些由于家庭社会影响而形成的行为问题，在没办法预防的情况下则只能尝试进行干预甚至矫正。

幼儿教师应依据学前儿童身心发展的规律，以及相关的学前儿童问题行为影响因素的研究，在学前儿童问题行为尚未形成、形成之初，以及比较顽固等不同阶段采取不同的防治措施，给予正确的引导；同时，应着眼于研究与培养学前儿童积极的情绪、行为和人际关系，为学前儿童创设适宜发展的环境，支持与促进他们健康成长。

（三）发展性教育与补偿性教育并重

发展性教育包括集体发展性教育和个别发展性教育两个方面。集体发展性教育主要是指通过幼儿园日常活动、游戏活动、体育和音乐等教育活动促进学前儿童心理与行为健康发展；个别发展性教育主要是指通过培养学前儿童良好的心理品质及预防不良行为倾向等个别化措施，促进一般学前儿童的心理与行为健康发展。补偿性教育采用得比较多的是集体补偿和个体补偿相结合的教育方法。

发展性教育与补偿性教育不仅可针对不同行为问题程度的学前儿童，同样适用于同一位学前儿童。学前儿童积极、主动地成长与发展决定了治疗与矫正应该是一个动态的过程，方法的选择、实施的步骤等都要依据学前儿童发展的规律与实际。因此，只有发展性教育与补偿性教育并重，才有可能探索出适宜于应对学前儿童问题行为的途径与方法。

第二节　学前儿童常见的问题行为

引导案例

　　幼儿园的午睡时间到了，小朋友们在准备如厕。男孩子们有序地站在小便池前排起队，赫赫站在浩浩后面，挨得很紧。浩浩转过头，对赫赫说："赫赫，你往后面站一点儿，行吗？"

　　赫赫没理他，仍然贴在浩浩身后。浩浩上完洗手间提裤子的时候，胳膊肘不小心碰到了挨着他的赫赫，赫赫不由分说从背后紧紧勒住浩浩的脖子，浩浩大喊："放开我，你干吗？！"

　　老师听见后，立刻走上前，一边叫赫赫松开手，一边观察浩浩的脖子。当老师问赫赫："你为什么要勒浩浩的脖子？"赫赫理直气壮地说："他用胳膊肘撞我！"

　　学前儿童在发展过程中出现的类似赫赫这样的行为都属于问题行为，这种问题行为一般是暂时的，会随着学前儿童生理和心理水平的发展、认识能力的提高、行为控制能力的增强而逐渐减少，同时在成人的正确引导和教育下，也是可以逐步矫正的。

一、攻击性行为

　　在我国，攻击性强是很多独生子女人格发展中的主要问题之一。学前儿童的攻击性行为不利于其形成良好的人际关系，往往会造成人际间的矛盾、冲突甚至伤亡等，阻碍学前儿童的个性和社会性的健康发展，所以攻击性行为作为一种消极的社会行为，越来越受到社会的重视。

（一）攻击性行为的含义

　　班杜拉认为，攻击性行为是一种复杂的事件，对其下定义不仅要考虑到伤害的意图，还要考虑到社会的评价，看究竟哪一种伤害行为称得上是"攻击性行为"。我国的心理工作者认为，攻击性行为就是"伤害他人身体的行为或语言行为""是有意伤害别人且不为社会规范所许可的行为"。综合观点认为，伤害意图、伤害行动和社会评价是攻击性行为概念的3要素，攻击者具有伤害他人的主观意图，目的是直接造成被攻击者的伤害或通过唤起被攻击者的恐惧而达到其目的。

　　攻击性行为，又称侵犯性行为，指当需求得不到满足，或者自己的权利受到损害时，学前儿童出现的身体上的进攻、言语上的攻击等侵犯性行为，主要表现为打、踢、咬、抓、撞、威胁、骂人、羞辱、大声叫嚷、叫喊名字、抢走别人的东西等。攻击性行为是一种以伤害他人或他物为目的的行为，是一种不受欢迎但经常发生的行为。攻击性行为是一种有意伤害生物体的行为，且被伤害者会力图避免这种行为。虽然攻击性行为一般都会带来伤害的结果，但学前儿童的攻击性行为却有着不同的原因。

　　研究者一般认为攻击性行为有两个要点：第一，行为本身既对他人不利，也对自己不利，即行为具有有害性；第二，行为必须是反复发生的，即具有反复发生性。某一行为是否是问题行为，首先要看该行为是否具有有害性，但是仅具备了有害性仍然不能判断该行为是攻击性行为。例如，某学前儿童有一天打了自己的同伴，我们不能由此断定该学前儿童具有攻击性行为；只有该学前儿童经常攻击自己的同伴，我们才能说他具有攻击性行为。

（二）攻击性行为的类型

　　根据不同的分类标准，攻击性行为可以划分为不同的类型，心理学中具有代表性的分类方法主要有以下几种。

1. 根据攻击性行为者的动机及是否对他人造成伤害分类

攻击性行为分为敌意性攻击行为和工具性攻击行为。敌意性攻击行为以伤害他人或破坏他人物品为主要目的；如果主要目的不是伤害他人或破坏他人物品，而是为了获得他人的关注、某种物品或资源，则属于工具性攻击行为。

2. 根据攻击性行为的表现形式分类

研究者将其区分为主动攻击、被动攻击和间接攻击。

（1）主动攻击：由攻击性行为者在未受刺激的情况下主动发起，主要表现为获取物品、欺负或控制同伴等。

（2）被动攻击：受到他人攻击或刺激后做出的反应，主要表现为愤怒、发脾气或失控等。

（3）间接攻击：无明显的身体接触，通常在攻击者和受害者之间具有某种媒介，这种类型很少发生在学前期。

3. 根据攻击性行为发生的频率分类

攻击性行为分为习惯性攻击行为和偶发性攻击行为。习惯性攻击行为通常指个体多次发生攻击性行为，却由于没有得到有效的控制而养成习惯，致使攻击性行为经常发生。偶发性攻击行为只是偶然的一两次的行为，大多数学前儿童的攻击性行为属于这种类型。

（三）学前儿童攻击性行为的特点

学前儿童的攻击性行为与成人不同，有其自身的特点，具体表现为以下几个方面。

（1）学前儿童攻击性行为频繁，主要表现为为了玩具和其他物品而争吵、打架。

（2）学前儿童更多依靠身体上的攻击，而不是言语上的攻击。

（3）学前儿童攻击性行为呈现从工具性攻击向敌意性攻击转化的趋势。

（4）学前儿童的攻击性行为存在明显的性别差异，如图9-1所示。

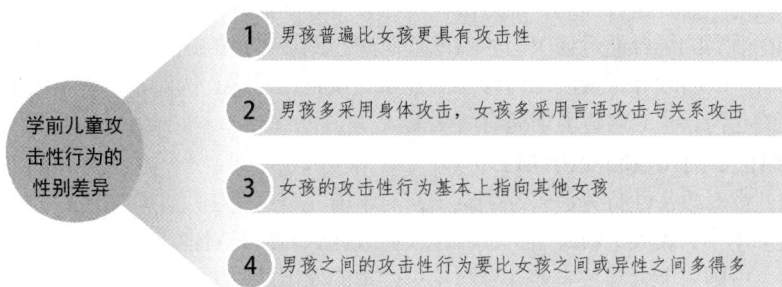

图9-1 学前儿童攻击性行为的性别差异

就攻击性行为的频率而言，学前儿童的攻击性行为较为频繁，随着年龄的增长呈线性下降。从攻击性行为的类型来看，学前儿童的攻击性行为以工具性攻击为主，主要是抢占玩具或空间，随着年龄的增长，敌意性攻击出现的次数逐渐增加；学前儿童以身体攻击为主，言语攻击和间接攻击随着年龄的增长而逐渐增多。

（四）攻击性行为的教育对策

学前儿童的攻击性行为不仅影响了其他学前儿童的正常生活和学习，还会影响自己一生的发展。由于攻击性行为具有危害性和可改变性，我们必须采取恰当的教育措施，预防、控制和矫正学前儿童的攻击性行为。

1. 创设良好的生活环境

良好的生活环境包括家庭环境和幼儿园环境。

（1）创设良好的家庭环境。家长只有为学前儿童创设一个温暖、平等、友好的家庭环境，关心学前儿童，采用正确的教育方法教育学前儿童，学前儿童才能健康、正常地发展。家长必须注意自身的修养，不要因为自己对某些事情有看法或不顺心，就在学前儿童面前毫无顾忌地攻击别人。夫妻之间尽量避免争吵，为学前儿童树立良好的榜样。另一方面，要加强与学前儿童心灵上的沟通，要耐心、仔细地倾听学前儿童说话，了解他们的真实想法，让他们感觉到被尊重。

（2）幼儿园要为学前儿童创设适宜的活动环境，为学前儿童提供足够的空间、营养丰富的食品、各种娱乐器材、有趣的书籍等，这样有助于减少其攻击性行为的出现。同时，要注意各活动区域的间隔，防止因活动区域过分拥挤引发学前儿童无意的碰撞，进而造成冲突和摩擦；玩具数量也要充足，以减少学前儿童彼此争抢玩具的矛盾冲突，从而避免攻击性行为的发生。

在活动中，还要为学前儿童提供正确的行为参照模式，引导其通过观察学习人际互助的榜样，鼓励他们多与别人合作，通过模仿学会谦让、互助、合作等亲社会行为，通过强化而形成稳固的亲社会行为模式。在活动中，幼儿教师应起到榜样作用，言行一致，以身作则，做学前儿童行为的表率。

2. 培养学前儿童的自我控制能力

要通过摆事实、讲道理来教育学前儿童，引导他们认识攻击性行为带来的不良后果，对攻击性行为产生自责心理；培养学前儿童的同情心，让他们学会通过移情换位思考，把自己置于受害者的地位，设身处地地体会受害者的苦痛；使其学会自我控制和自我反省，有效地抑制攻击性行为，养成良好的行为习惯。

3. 引导学前儿童合理宣泄不良情绪

每个人都会有负面情绪，学前儿童更是这样。由于学前儿童不善于表达，所以烦恼、挫折、愤怒这些不良情绪就会成为自控力弱的学前儿童发生攻击性行为的导火线。不良情绪积累得越多，攻击性行为产生的可能性就越大，而过分压抑往往会爆发出突然的、猛烈的攻击性行为。

因此，要教给学前儿童合理的宣泄方法，例如，引导学前儿童学会用言语来倾诉受到侵犯的体验，引导他们在适当的场合通过痛哭、叫喊以宣泄内心无法排遣的挫折、愤怒与烦恼，或者让学前儿童参加各种有趣的游戏等置换活动转移学前儿童的侵犯性情感。例如，每天早上来个心情预报，说明一下自己的心情，也会对宣泄情绪有所帮助。

4. 及时纠正学前儿童的攻击性行为

提高学前儿童对攻击性行为危害性的认识，对学前儿童身上出现的攻击性行为，家长和幼儿教师不能以"孩子还小，长大了就好了"或"也没造成什么后果，管他干吗"为借口置之不理，必须及时进行干涉，否则可能会导致学前儿童产生更严重的攻击性行为。要及时进行教育引导，使学前儿童认识到攻击性行为是不能被接受的，并帮助受害者维护其合法权益。幼儿教师与家长之间也要经常沟通，互相交流情况，家园合作，共同探索教育管理攻击性行为的有效方法。

5. 坚持赏识教育的原则

坚持多鼓励、少批评的赏识教育的原则，多发现学前儿童的优点，淡化缺点，可以有效避免其攻击性行为的发生。例如，平日里要善于观察，多发现学前儿童身上的闪光点，对其优点或点滴的进步要给予充分的肯定和表扬，利用对其优点的鼓励来淡化其不良行为习惯；而对于学前儿童的缺点，要寻找合适的教育契机进行恰当引导。

6. 通过各种活动矫正学前儿童的攻击性行为

如果学前儿童身上出现了攻击性行为，家长和幼儿教师也不要过于紧张，要适当通过各种活动帮助学前儿童矫正攻击性行为。例如，在言语活动中，利用童话故事中关心他人、助人为乐的正面人物对具有攻击性行为的学前儿童进行教育；同时，还可以有针对性地利用创设的游戏活动矫正个体的不良行为。

二、说谎行为

说谎行为也是学前儿童常见的一种社会问题行为。研究者一致认为，说谎是个体有意做出假的陈述并意图使接收者接受这一错误信念的行为。它是一种以欺骗他人为目的，心口不一致的表达方式。从学前儿童的社会性发展来看，说谎属于交际中的问题行为；从学前儿童的心理发展来分析，说谎属于认知活动，反映学前儿童心理理论能力的发展进程。

学前儿童说谎在生活中具有一定的普遍性，正常情况下学前儿童会因为种种原因而说谎，只是带有一定的偶然性，并与一定的具体情境相联系。另外，学前儿童在遭遇困难或处境难堪时说一句小小的谎话来掩饰自己不足为奇，但如果使用过度，经常说谎，屡教不改，就会造成社会适应不良问题，形成人格偏差。

（一）学前儿童说谎的类型

研究发现，几乎所有的学前儿童都会说谎，但学前儿童说谎并不一定都是不诚实的品质问题，学前儿童说谎的原因有很多，其说谎的类型主要有以下几种，如图9-2所示。

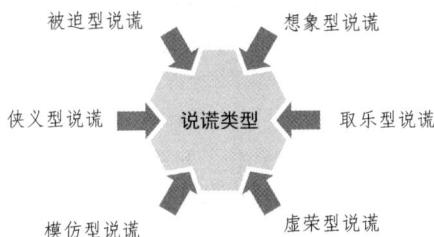

图9-2　说谎的主要类型

1. 想象型说谎

想象型说谎是指学前儿童把想象的东西当成现实，或者把事实夸大而表现出的说谎行为。学前儿童的好奇心强，脑子里会有各种各样的想象，并把想象的东西当成事实，以满足自己的心理需要。当学前儿童把这种夸大的并不现实的想象的东西当作事实说出来，自己还沉浸在其中时，成人听起来就成了说谎。家长需要把学前儿童善意的想象和恶意的谎言区分开来，对学前儿童的想象应当予以鼓励。

2. 取乐型说谎

取乐型说谎是指学前儿童用谎话捉弄别人，以获得快感的说谎行为。有些学前儿童用欺骗说谎来捉弄别人，并因此自鸣得意。《狼来了》故事中的孩子就属于此类。应让学前儿童懂得欺骗别人最后会自食其果，从而改正这样的行为。

3. 虚荣型说谎

虚荣型说谎是指学前儿童为了炫耀自己而表现的说谎行为。有的学前儿童说谎是为了避免丢脸或想得到赞许的目光，炫耀自己。对这样的说谎行为，在理解学前儿童的同时，家长和幼儿教师应抓住学前儿童"要面子"的积极一面，引导学前儿童懂得只有付出努力才能获得赞许。

4. 模仿型说谎

模仿型说谎是指在成人经常表现说谎行为的示范下，学前儿童模仿成人表现出的说谎行为。有些家长自己就常常说谎，甚至要求学前儿童对别人说谎，这样学前儿童自然就很容易说谎成性。家长的行为举止中表现出来的人格特征、道德品质对学前儿童的影响远胜于任何说教。纠正这样的说谎行为，家长应该从自身做起，诚实守信。

5. 侠义型说谎

侠义型说谎是指学前儿童为了保护同伴表现出的说谎行为。有些学前儿童会为庇护同伴的错误或者为他们的不良后果承担责任而说谎。例如，阳阳的表弟不小心把爸爸的茶杯摔碎了，阳阳就谎称是自己干的。对于这种侠义型的说谎，家长既要肯定学前儿童的动机，又要引导他们学会实事求是。

6. 被迫型说谎

被迫型说谎是指学前儿童为了逃避幼儿教师或家长的批评与惩罚而表现出的说谎行为。有些学前儿童犯了错误，害怕被成人批评责骂，就隐瞒了事实而说谎。一般幼儿教师或家长过于严厉时，学前儿童容易表现出被迫型说谎。

很多幼儿教师或家长对学前儿童说谎的行为感到生气和苦恼，对明显的说谎和死不承认的说谎尤其恼火。说谎往往被人们视为一种恶劣的品质问题，但对于学前儿童来说，说谎的原因是多方面的，不能一概而论，需要具体问题具体分析。

（二）学前儿童说谎的原因

学前儿童说谎的原因可以从无意说谎和有意说谎两个方面进行分析。

1. 无意说谎

无意说谎是指学前儿童分不清自己的想象与现实之间的界线，试图用言语描述某种幻想的东西。学前儿童会把自己想象的东西当作事实加以描绘，形成无特殊目的的谎言，这种谎言实质上是学前儿童想象的反映。

无意说谎的主要原因有以下几种。

（1）满足愿望的心理。学前儿童有时会把幻想、愿望与现实混合在一起。他们为了满足某种心理需要，经常无意识地和不自觉地"说谎"，这与品德无关。

（2）理解性心理错觉。学前儿童常因认识不足和理解错误而产生心理错觉，用想象的情节代替记忆不确切的情节，于是便出现了"说谎"现象。

例如，小明在幼儿园里做了错事，老师教育他说："你做错事是不对的，但知错能改同样是好孩子。"小明回家后高兴地告诉妈妈，说："老师今天表扬我了，说我是好孩子！"这种情况就是学前儿童由于缺乏经验而产生了理解性心理错觉。

（3）自信心的萌动。学前儿童由于理解问题的简单化和不善于分辨想象与现实，往往不切实际地夸大内容。

例如，在体育游戏中拍皮球时，幼儿教师问："咱们班谁会拍皮球？"结果全班学前儿童都争着举手说："我会拍皮球！"这就是学前儿童自信心的萌动，幼儿教师切不可将此视为"说谎"或"吹牛"，对学前儿童的积极性要加以保护。

2. 有意说谎

有意说谎通常带有明显的欺骗目的。有时，学前儿童说谎是他们推理的产物，例如，当他们知道一旦讲出事实真相将要受到惩罚时，就有可能用谎言来掩盖事实。当学前儿童意识到不隐瞒事实将得不到社会承认或幼儿教师和家长表扬时，也可能采用说谎的手段。有意说谎容易变成一种习惯行为，这类说谎与品行有关，虽然不能说是品行坏，但多少反映了学前儿童品德发展中存在的问题。对这类说谎行为，幼儿教师要给予足够的重视。

有意说谎的主要原因有以下几种。

（1）取悦家长、虚夸成绩。学前儿童有时想取悦家长而又没有实际成绩，往往会出现有意说谎行为。这类说谎行为属于有意编造事实骗人，是说谎行为中错误性质较为严重的一种，多发生在5岁以上的学前儿童身上。这类说谎行为的产生多与成人的教育不当有关。幼儿教师要注意经常和家长取得联系，交流情况，一旦发现此类说谎行为，必须家园配合，正确把握对学前儿童的期望。

（2）谎造优越感，满足虚荣心。自我表现是人的一种需要，学前儿童对这种需要更为迫切，他们为了表现自己，引起成人和同伴的注意，使自己显得很了不起，就出现了这类说谎现象。因此，幼儿教师要注意给学前儿童创造一些自我展示的机会，让他们在展示自己的能力时获得满足感。

（3）开脱责任，逃避惩罚。这类说谎行为往往是学前儿童的恐惧心理所致。学前儿童做错了事或者有过失行为时，为了开脱责任，逃避家长和幼儿教师的惩罚，便有意说谎。幼儿教师要认识到这类说谎行为的实质是学前儿童在恐惧心理支配下所采取的一种自卫措施，其错误和责任应更多地归咎于成人，而不是学前儿童。

（4）成人说谎，殃及儿童。有些学前儿童说谎往往与成人的影响有关，特别是家长的说谎行为经常是造成学前儿童说谎的直接原因。家长和幼儿教师是学前儿童心目中的权威人物，如果在学前儿童面前说了谎，就会使学前儿童产生"说谎不为错"的错觉，他们就可能会效仿。

（三）学前儿童说谎行为的教育对策

当发现学前儿童的说谎行为时，幼儿教师首先要分析其说谎的原因，进而想出针对性的对策，进行有效的教育指导。

1. 正确认识学前儿童的无意谎言

很多时候，由于学前儿童自身发展而导致的谎言，如想象性谎言，都是由客观原因造成的，是一种无意谎言。在面对这种谎言时，幼儿教师要以正确的态度和方式对待，在弄清事实之前，要充分谅解他们，而不是直接将其行为判定为"说谎"，对其严厉斥责，甚至进行体罚。

对学前儿童的理解至关重要。如果在没有了解清楚事实的情况下就对学前儿童进行责罚，很容易引起他们的反抗心理，导致之后的教育更难。另外，幼儿教师和家长应经常与学前儿童进行沟通，及时发现他们存在的问题，在遵从学前儿童身心发展规律的前提下，正确认识学前儿童的无意谎言。

2. 理智对待学前儿童的有意谎言

与无意谎言相比，学前儿童的有意谎言更值得幼儿教师和家长关注。对待学前儿童的有意谎言，首先，幼儿教师和家长应在日常生活中重视学前儿童的价值观教育，用正确的价值观进行引导，鼓励他们做诚实的好孩子；其次，对待已经出现的有意谎言要理智，以教育为主。幼儿教师要认真分析学前儿童的说谎原因，针对不同的原因"对症下药"，采取恰当的处理方式。

3. 发挥成人的榜样作用

由于学前儿童具有很强的模仿能力，他们能从社会、家庭、幼儿园等其他成人身上学到很多，尤其是幼儿教师和家长。正所谓"近朱者赤，近墨者黑"，幼儿教师要为学前儿童树立学习的榜样。幼儿教师要以身作则，在要求学前儿童不说谎的同时，自己在日常生活中也要做到言行一致、诚实守信，对他人的承诺要及时履行，为学前儿童树立良好的榜样。另一方面，幼儿教师和家长不要为了讨好学前儿童而轻易许诺一些事，如果许诺了就要努力兑现，对无法兑现的承诺要向他们承认错误。

三、社交退缩性行为

在学前儿童成长的过程中，与他人有良好的人际交往和合作互动是学前儿童社会性发展的关键，也是其将来适应社会、更好地生活的奠基石；而不愿与人交往，常常表现"独处"的社交退缩性行为，则会阻碍学前儿童的社会人际交往，影响他们良好性格的形成。

社交退缩性行为是指学前儿童在陌生和熟悉环境下都表现出的独自游戏、消磨时光的行为。学前儿童的社交退缩性行为是指学前儿童主动脱离同伴群体和不与同伴交往，被同伴排斥和拒绝，并在熟悉的环境下出现的长时间的独处行为。与同伴互动，对学前儿童的社会、情绪、认知和道德发展都起着独特的作用。

学前儿童的社交退缩性行为是指在日常生活中不主动与同伴交往，沉默寡言，宁愿一个人玩，也不愿与他人一起玩耍，其在陌生的环境中表现出害怕、胆小、独来独往等问题行为。社交退缩性行为会阻碍学前儿童对外界环境的探索，影响其社会化和认知的发展。

（一）社交退缩性行为的类型

学前儿童社交退缩性行为主要分以下 3 种的类型。

1. 安静孤独型

安静孤独型，又称主动退缩型，表现为在同伴环境中，学前儿童独自游戏或独自进行探究活动的行为，学前儿童表现得对物比对人更感兴趣，反映了低交往的趋近动机和低交往的回避动机。

2. 沉默寡言型

沉默寡言型，又称为害羞型，表现为跨情境的旁观和无所事事的行为。具有这种类型行为的学前儿童趋、避动机冲突，既想参与同伴互动，又怕参与同伴互动，表现出矛盾、胆小、拘谨等情绪问题，其根源可能在于学前儿童的抑制性气质或学前儿童对负性评价的预期。这种行为处理不好可能会发展为社交焦虑。

3. 活跃孤独型

活跃孤独型，又称被动退缩型，表现为同伴在场时学前儿童独自一人频繁的、机械的身体运动和功能游戏，以及独自一人的装扮游戏。活跃孤独型的学前儿童喜欢参与同伴互动，交往趋近动机高，回避动机低，但由于常被同伴拒绝而不得不独自活动，反映了冲动和不成熟的行为。

（二）社交退缩性行为的特点

社交退缩性行为作为学前儿童社会化研究的重要内容，也是学前儿童经常出现的问题行为，它不仅会影响学前儿童的社会化进程，还会对学前儿童的健康成长造成深远的影响。社交退缩性行为的特点如图 9-3 所示。

社交退缩性行为的特点 → 胆小、害怕、羞怯

→ 孤僻、不合群，难以适应新环境

→ 对客观现实常采取被动或逃避的行为方式

图 9-3　社交退缩性行为的特点

（三）社交退缩性行为的教育对策

研究表明，学前儿童的社交退缩性行为对他们的发展具有不同程度的负面影响，所以幼儿教师要及时发现并预防干预，促进学前儿童正常发展。

1. 正确判断社交退缩性行为

在确定学前儿童是否表现出社交退缩性行为时，必须充分考虑年龄因素和个体差异。同样是进行长时间的孤独游戏，学前儿童在 6 岁时可能是社交退缩性行为，而在 3 岁时则可能是正常行为。3 岁前的学前儿童完全处于自我中心思维发展阶段，在他们的游戏中社会性互动较少，游戏类型主要表现为旁观、独自游戏和平行游戏。如果 3 岁前的学前儿童总喜欢一个人玩，不能直接判断他们有社交退缩性行为。

3—6 岁的学前儿童如果是在陌生的环境中表现出一两次的胆怯、害羞，也不足以证明他们就表现出了社交退缩性行为，真正意义上的社交退缩性行为是跨时间和跨情境的，即不论是在陌生的环境还是在熟悉的环境，都经常性地有这类表现。因此，当学前儿童表现出独自游戏等不合群行为时，幼儿教师先要做出正确判断，然后区别对待。

2. 教授必要的社会交往技能

有些学前儿童之所以表现出社交退缩性行为，一个重要原因就是他们缺乏某些社会交往技能，他们原本希望参与到同伴交往中去，但由于不知道如何采取正确的交往方法而怯于与人交往或者是被同伴拒绝。

例如，幼儿园的一位小朋友由于爱抢其他小朋友的玩具，有时别人不给他，他还会推人，甚至打人，其他小朋友都不愿意和他玩。他看到别的小朋友在一起玩得很开心，很羡慕，也很想加入，但因为别人都不欢迎他，他只好自己一个人玩。其实这位小朋友也有参与交往的愿望，但因其攻击性行为而被同伴拒绝。如果教他一些合作、交换、轮流等交往的技能，让他采用正确的方式与他人交往，他就会减少攻击性行为，被同伴接纳的可能性会更大。

有较强社会交往技能的学前儿童在与同伴互动时能获得更多积极的经验，更容易受到同伴的接纳与喜爱，这也让他们有更高的自我效能感，从而愿意参与同伴交往。

3. 创设鼓励学前儿童参与社会交往的环境

幼儿教师要与家长共同努力，创设适宜的环境，鼓励学前儿童参与社会交往，让其积累积极的交往经验。幼儿教师可以通过一些特别安排创设鼓励与促进学前儿童社会交往的环境，例如，特别安排有社交退缩倾向的学前儿童的座位，让他们挨着外向、活泼、友善的学前儿童坐；创设和组织个别互动机会多的集体游戏；在活动中把有社交退缩倾向的学前儿童与社会交往能力较好的学前儿童配对，给予他们榜样的力量；等等。

在家庭中，家长也要有意识地为学前儿童创设、增加社会交往的机会，例如，经常带学前儿童去逛逛商场、拜访亲朋好友，积极参与社区、机构等组织的亲子活动，让他们习惯于见到很多人，鼓励他们主动进行社会交往，及时在交往情境中发现问题并给予必要的支持与帮助，让学前儿童积累积极的交往经验。另外，家长还要与幼儿教师经常沟通，配合幼儿教师开展有针对性的活动，等等。

4. 家长改变教养观念与教养方式

部分学前儿童的社交退缩性行为与家庭环境和家长的教养观念与教养方式有一定的关系。家长要善于反思与调整自己的教养观念与教养方式。家长要充分尊重学前儿童，尊重他们的意见与想法；在不涉及安全、道德的问题上，最好让他们自己去面对和解决问题，必要时再给予支持和帮助，不要总是为他们安排好一切；在家庭中营造民主、协商的氛围，多征询他们的意见和想法，为他们的发展提供良好的环境与机会。

四、孤独症

孤独症，是一种以某种行为缺陷模式加以界定的发展障碍，又称自闭症，它是一种大脑广泛性发育障碍性疾病，起初被认为是精神分裂症的一个症状，直到 20 世纪 70 年代，才被看作一种在社交技能、认知和交流等多方面存在障碍的发育障碍。

孤独症是一种精神发育障碍性疾病，具有社会交往、言语沟通和认知功能特定的发育延迟和偏离的特征，其严重的社会交往障碍、言语障碍及刻板重复等行为异常会导致严重、广泛存在于患儿发育过程中的行为功能障碍，使大部分患儿不能融入社会，严重影响患儿的身心健康及生活质量，给家庭和社会造成沉重的负担。

（一）学前儿童孤独症特征与具体表现

美国儿童及成人孤独症学会顾问委员会总结了学前儿童孤独症行为的 4 个特征：对任何一种感觉刺激的反应异常，或迟钝或敏感；发育速度和顺序出现异常；言语性认知及非语言性认知异常；与人、物和事的联系异常。

社会交往障碍、言语障碍和重复刻板行为是学前儿童孤独症的主要临床表现，又称"Kanner 三联征"，同时伴有智力异常、感知觉异常、兴趣单调、多动和注意力分散、自伤行为及情绪方面等特征。

学前儿童孤独症的具体表现如下。

1. 社会交往障碍具体表现

孤独症学前儿童普遍缺乏社会性互动，缺乏对社交刺激的敏感性和回应。他们对周围事物毫无顾忌，旁若无人，从不主动与其他学前儿童玩，很难与人建立起社会性联系。

2. 言语障碍具体表现

言语障碍一般最早被父母发现，起初容易被误认为是听力缺失。部分孤独症学前儿童虽然具备听说能力，但是缺乏互动交流，而且经常说出很难理解的话，经常表现为自言自语、模仿或机械地重复别人的话，不会自己组织语言，在言语沟通方面存在严重的障碍。通常情况下，孤独症学前儿童的情绪、身体状态等都会影响其对声音的反应。

3. 重复刻板行为具体表现

孤独症学前儿童经常表现出兴趣狭窄、重复的行为或刻板的动作，对环境要求十分苛刻，有强烈的要求维持环境不变的意愿，比较专注于某种或几种游戏活动，例如，反复地排列、堆高积木块和摆放拼图；着迷于玩具汽车轱辘、电风扇等旋转物体；喜欢听音乐、看电视广告和天气预报，对动画片却毫不感兴趣。多数报道显示孤独症学前儿童常形成对某一物品不寻常的依恋，要求穿特定的衣服，坚持固定的作息时间，外出走固定的路线，等等。

（二）学前儿童孤独症感觉统合训练

因为孤独症学前儿童存在着个体差异，所以每个孤独症学前儿童都有不同侧重方面的感觉统合失调和不良行为，且不能正确表达需求，配合度较差，每次训练均需家长的全程配合。在训练过程中，应鼓励包括父母在内的家人有耐心、有恒心地参与感觉统合训练，并给予其必要的心理辅导和支持。感觉统合训练是治疗孤独症学前儿童的一种有效方案。

在训练过程中，需要遵循以下原则。

（1）要让孤独症学前儿童感觉自由、放松、快乐，避免压力，在游戏中改善症状而不是将其作为课业强迫孤独症学前儿童完成。

（2）训练中孤独症学前儿童是主角，根据孤独症学前儿童不同刺激的需要进行训练项目选择，每次课程安排多个训练项目供其自由选择。

（3）要让孤独症学前儿童自发地寻求感觉刺激，给予引导，不是简单地教他们怎样去做。

（4）在训练过程中，多鼓励孤独症学前儿童，给予肯定和积极的反馈，帮助家长认识孤独症学前儿童的进步和成功。

通过对孤独症学前儿童进行感觉统合训练，可以促进其触觉系统的正常化，帮助他们稳定情绪；能够增强孤独症学前儿童的自我调节能力，促进他们对身体的认识；促进孤独症学前儿童言语和交往能力的发展。同时，感觉统合训练特别强调学前儿童在快乐中运动，所以训练中以训练者调动孤独症学前儿童的积极性和兴趣为重点，为其营造一个良好的互动环境，可以帮助他们逐步学习交往。

第三节 学前儿童问题行为的干预方法

引导案例

硕硕今年3岁，上幼儿园小班，他平时比较调皮，喜欢抢别人的玩具、绘本等，甚至把自己不爱吃的饭菜倒到别人碗里。

一天早餐时间，硕硕吃完面包后，居然把自己喝剩的牛奶倒进对面小朋友的杯子里。老师看到这一幕，默默走过去，把对面小朋友杯子里的牛奶又倒回硕硕的杯子里，然后给对面小朋友重新倒了一杯。

小朋友们都津津有味地吃着，老师暗中观察着硕硕。只见他两眼直愣愣地盯着牛奶，眼睛还时不时地偷看老师，看老师没反应，他有点儿急了，眼里噙着泪花跟老师说："老师，我不要这杯牛奶。"

老师若无其事地说："为什么不要呢？这不是牛奶吗？"

硕硕不服气地说："这是他的牛奶。"

老师说："咦！这不是你刚才倒进去的牛奶吗？"

这时硕硕低下头小声说："这里面有他喝过的牛奶，妈妈说，不能吃别人吃过的东西。"

老师立即接话："你妈妈说得非常对，那你喝过的牛奶能倒进别人的杯子里吗？"

"不能。"硕硕低下了头说。

后来，硕硕再也没有做过类似的事情，渐渐地彻底改正了以前的不良行为。

学前儿童的问题行为会给其自身及周围人的生活和工作造成不利影响，如果不能选择有效的方式对这些行为加以干预和矫正，学前儿童在社会交往等各方面的发展就会受到不同程度的影响，其身心健康成长也会受到影响，甚至会导致心理和发育障碍问题。因此，幼儿教师必须了解常见的干预与指导方法，并学会在实践中正确运用。

一、自然后果法

法国教育家卢梭提出："我们不能为了惩罚孩子而惩罚孩子，应当使他们觉得这些惩罚是他们不良行为的自然后果。"自然后果法就是指当学前儿童有过失行为时，成人不去人为限制学前儿童的自由，而是用过失产生的后果去约束学前儿童的自由，从而使学前儿童明白其危害，并下决心不再重犯的方法。

采用自然后果法时，需要注意以下事项。

（一）让学前儿童体验自己行为的后果

自然后果法的目的是让学前儿童感受到自己的行为带来的后果，在其中产生自我体验，从而意识到要对自己的行为负责。在此过程中，幼儿教师要尽量减少对学前儿童行为的干涉，避免唠叨、埋怨甚至惩罚，让他们自己进行选择，学会承担，让他们在实践中体会自己选择的行为所带来的后果。

（二）幼儿教师适时介入，不能放任自流

自然后果法作为一种教育方法，关注的是学前儿童对过程与结果的体验，而不是形式上的绝对"自然"。在遵循教育规律的前提下，幼儿教师对学前儿童自然行为的细致观察、对行为进程的适时干预，或是对自然行为结果的强化（弱化）都是可行的，而且是必要的。

（三）并不适用于学前儿童的所有行为

一般来说，只有当过失行为后果不影响学前儿童的身心健康时，幼儿教师才可以让学前儿童体验这种后果带来的危害。如果后果可能给学前儿童的心理造成折磨，建议幼儿教师最好不要使用，以免对学前儿童造成伤害。

在使用自然后果法时，要将其与人为后果法相区分，要注意做到平等对待，确保学前儿童的安全，应注意就事论事、因人而异。

二、强化法

强化法也是一种对学前儿童问题行为进行干预的有效方法，指系统地应用强化手段来增加某些适应性行为，以减少或消除某些不适应行为的心理治疗方法，包括正强化、负强化、消退及惩罚 4 种类型。强化法是以操作学习理论为基础的。当个体自发做出某个行为后，如果得到强化，这个行为在以后就有可能再次发生；如果未得到强化或得到惩罚，那该行为发生的概率就会降低。

针对学前儿童的心理发展特点，下面具体介绍 4 种国内外常用的强化法。

（一）正强化法

正强化法是指当某操作性行为在某种情境或刺激下出现后，及时给予行为者一种正强化物，如果这种正强化物能够满足行为者的需要，则以后在这种情景或刺激下，这一特定的操作性行为的出现概率会升高。

正强化法是行为矫正技术中一种最基本的方法，其操作过程如图 9-4 所示。

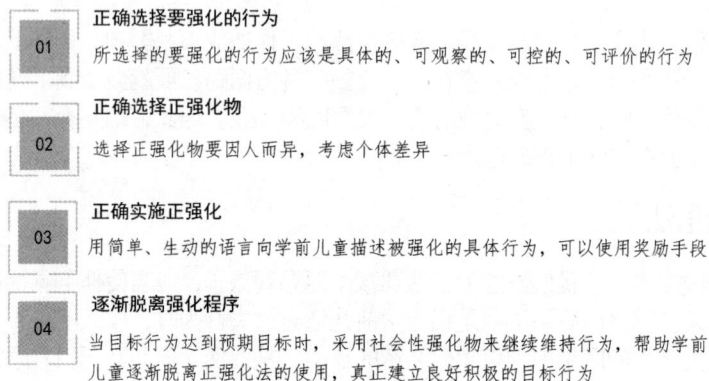

01 正确选择要强化的行为
所选择的要强化的行为应该是具体的、可观察的、可控的、可评价的行为

02 正确选择正强化物
选择正强化物要因人而异，考虑个体差异

03 正确实施正强化
用简单、生动的语言向学前儿童描述被强化的具体行为，可以使用奖励手段

04 逐渐脱离强化程序
当目标行为达到预期目标时，采用社会性强化物来继续维持行为，帮助学前儿童逐渐脱离正强化法的使用，真正建立良好积极的目标行为

图 9-4　正强化法的操作过程

（二）负强化法

负强化是指当主体的某种行为被负面刺激，如惩罚或失去奖励等时，主体就会尽力避免这种行为。也就是说，学前儿童产生某种不良行为时，可以加强学前儿童对此行为的厌恶程度，以后在同样的情况下，学前儿童便不会再出现此行为或降低此行为的出现概率。例如，某一学前儿童有吮吸食指的不良行为，幼儿教师征得家长的同意后，在其食指上涂上黄连粉，他一吮吸食指就会觉得苦。为了逃避这种厌恶刺激，他就不把食指含在嘴里，若干次以后，避免苦的感觉形成了回避条件反射，从而让他改掉了吮吸食指的习惯。

运用负强化法矫正学前儿童的不良行为需要遵循以下程序，如图 9-5 所示。

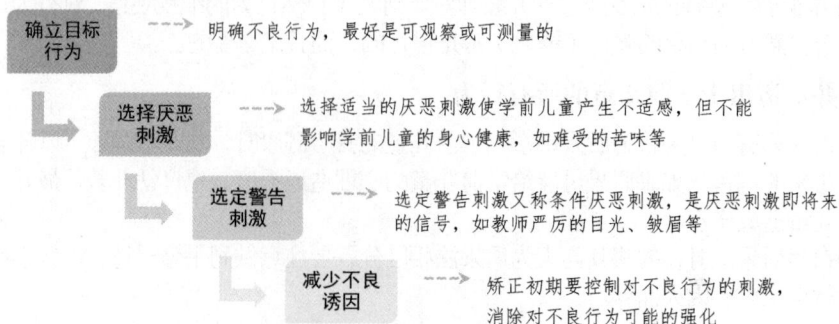

确立目标行为 ---→ 明确不良行为，最好是可观察或可测量的

选择厌恶刺激 ---→ 选择适当的厌恶刺激使学前儿童产生不适感，但不能影响学前儿童的身心健康，如难受的苦味等

选定警告刺激 ---→ 选定警告刺激又称条件厌恶刺激，是厌恶刺激即将来的信号，如教师严厉的目光、皱眉等

减少不良诱因 ---→ 矫正初期要控制对不良行为的刺激，消除对不良行为可能的强化

图 9-5　负强化法矫正程序

（三）惩罚法

惩罚法是指学前儿童在一定情景或刺激下产生某一不良行为后，及时使其承受厌恶刺激（又称惩罚物）或损失正在享用的正强化物，也就是将学前儿童的不良行为与某种不愉快的或惩罚性刺激结合起来，二者多次重复配对出现，使学前儿童以后在类似情景或刺激下，该不良行为出现的频率降低，甚至消除。

惩罚有 2 种类型，分别是谴责和暂停。

1. 谴责

谴责是指当学前儿童出现不良行为时，及时给予强烈的否定的言语刺激或警告语句，以阻止或消除不良行为的出现。谴责也可以采用肢体语言，如瞪眼睛、用力抓住等。需要注意的是，谴责行为或语句的后面必须偶尔地跟随别的惩罚刺激，否则谴责会失去其惩罚的作用。

2. 暂停

暂停是指当学前儿童表现出某种不良行为时，及时暂停其正在享用的正强化物，以阻止或削弱这种不良行为，或者把学前儿童转移到正强化物较少的情景中去。例如，学前儿童正在参与有趣的活动，若表现出不良行为，幼儿教师可以及时停止其活动，等到学前儿童表现良好时，再让其继续参与活动。

幼儿教师使用惩罚法时要慎重，通常要结合使用强化法，注意不能对学前儿童造成伤害。

（四）消退法

消退法就是通过停止对某种行为的强化，从而使该行为逐渐消失的一种行为矫正方法。这种方法是对问题行为不予注意、不予强化，使之渐趋减弱以至消失。例如，学前儿童借哭闹的方式引起大人注意，若大人对此不予理会，学前儿童哭得没意思了，就会自行停止此行为。

三、代币法

代币法是指用代币强化物来进行行为矫正的方法。以代币作为强化物，在任何场合下都可以使用，只要良好行为一发生即可发放，例如，学前儿童表现优秀时奖励其小红花、小贴画等。可以根据行为质量的好坏对代币进行增减，例如，发放给学前儿童标有数字记号的奖励卡，告诉其积累到一定的数量可以兑换喜欢的玩具等强化物。

代币法的实施步骤如下。

1. 确定目标行为

确定目标行为时最终要把焦点放在一个或一个以上所希望增加的良好行为上，并加以明确的界定，避免使用抽象和含糊的词语。

2. 建立基线

实施代币法前，必须根据特定的目标行为的反应特点选择合适的方法，测定基线数据，为矫正程序运行之后带来的行为变化提供比较基准。

3. 确定代币

代币必须是马上可以利用的实物或象征性的东西，如图 9-6 所示。

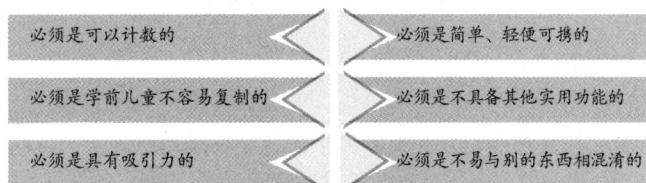

必须是可以计数的	必须是简单、轻便可携的
必须是学前儿童不容易复制的	必须是不具备其他实用功能的
必须是具有吸引力的	必须是不易与别的东西相混淆的

图9-6 确定代币的注意事项

4. 确定支持强化物

学前儿童在领取代币以后，必定会拿它来交换作为报酬的支持强化物。选择支持强化物时，既要考虑其强化价值，又要考虑购置这些强化物的经济价值。对学前儿童来说，玩具、读物，甚至帮助幼儿教师做事的机会都是常见的、容易获得的、可供选择的强化物。应尽可能广泛地使用不同的强化物，特别是在代币法执行的初期，可以使用一些可以发放和很快消费的支持强化物，如糖果、水果、饮料等。

5. 拟订代币交换系统

在实施代币法前，教师应拟订代币交换系统。代币交换系统应指出何种行为可以获得一个代币或几个代币（代币必须在目标行为发生后立即给予）；应给所有选定的有效支持强化物确定一个价值，让学前儿童知道积累多少代币才能换得相应的支持强化物；规定交换的时间、地点，并监督其交换过程。

6. 严格执行具体操作

要把计划告诉学前儿童，让他们了解操作的内容和要领，还要设计合适的储存柜陈列支持强化物。在发放代币时，友好的、微笑的赞许也要同时出现，且应告知学前儿童其得到代币的原因。在开始实行代币法时，教师应注意代币换取支持强化物的次数可以设置得多一些，然后逐渐减少。在履行职责时，幼儿教师应始终保持适当、稳定的情绪，以及操作的一致性。

7. 把代币制泛化到自然环境中去

当学前儿童的目标行为反应达到期望的满意程度后，还要帮助学前儿童脱离代币法，以适应自然环境。常用的方法有两种，一种方法是逐渐取消代币，即通过逐渐减少赢得代币的数量，或者逐渐延长目标行为产生和代币发放之间的时间来实现；另一种方法是逐渐降低代币价值，即通过逐渐减少一定量的代币可兑换的支持强化物的数量，或者逐渐延长获得代币和兑换支持强化物之间的时间来实现。具体采用何种方法，要因人而异。

四、模仿法

模仿法又称示范法、观摩法，指学前儿童基于观察学习，通过观察学习来增加、获得良好行为，减少、消除不良行为的一种行为矫正方法。它最早是由美国心理学家班杜拉于 1967 年提出来的，班杜拉认为学前儿童的许多行为并非通过直接实践或受到强化形成的，而是通过观察、学习产生共鸣，从而增加好行为或减少、消除不良行为。

模仿法的基本类型包括以下几种，如图 9-7 所示。

想象模仿法：通过描述让学前儿童想象所要模仿的行为，以达到改变其行为的目的

参与模仿法：让学前儿童观摩示范者的良好言行，指导学前儿童参与活动，实际演练有关动作的方法

模仿法类型

现场模仿法：让学前儿童在现实环境中观察示范者的言行，从而改变学前儿童的行为

影视模仿法：让学前儿童反复地观看有关的或特意录制的视频或影视片，以减缓焦虑或巩固良好行为

图 9-7　模仿法的基本类型

模仿法的基本步骤如下。

1. 选择要改变的行为

所选择的模仿行为必须是可观察和测量的，学前儿童有能力模仿的，可以清楚地分解为一个个小步骤的行为。例如，幼儿桐桐遇到不喜欢吃的食物就会哭闹，如桐桐不喜欢吃香蕉，喜欢吃苹果，当成人将香蕉拿给桐桐，桐桐开始出现情绪问题并想回避时，成人可以做出摆手的动作，同时说：

"桐桐不想吃。"随后再把桐桐喜欢的苹果拿给他。

2. 确定学习、模仿的楷模

楷模的特性对模仿效果的影响很大，所以确定的楷模要与学前儿童的年龄、性别相仿，越相仿就越容易产生好的模仿效果。例如，可以将学前儿童熟悉的名人、心目中的崇拜对象等设立为楷模。

3. 吸引学前儿童的注意力

在示范某种特定行为时，最好能给学前儿童语言暗示，以吸引其注意观察要模仿的行为。一般在学前儿童专心注意示范者时，紧接着立即示范想要他们模仿的行为。

4. 增加示范行为呈现的时间

示范行为不仅要清楚明确地呈现，还要缓慢地展示或者在示范中止前暂停一会儿，以增加示范行为呈现的时间，让学前儿童多一点时间观看示范行为。

5. 模仿行为产生后要立即给予强化

学前儿童每一次正确模仿或者做出与示范行为类似的模仿之后，都要立即给予强化。同时，要用口头赞赏的方式说明行为与强化之间的关系，让学前儿童明白其行为哪里是正确的。当学前儿童学会此行为以后，要改用间歇强化方式，以使其持续表现此行为。

6. 记录模仿情况

记录模仿情况时，只需在每次示范后记录学前儿童的模仿行为正确与否。必要时，可改进整个行为矫正方案，整个过程避免发火或训斥学前儿童。

五、游戏法

游戏是学前儿童的主要活动，是他们认识世界和自己的重要途径，是他们自我表达的有效手段。游戏中的学前儿童充满自由的天性和创造性。

游戏法是采用游戏的手段来矫正学前儿童心理行为异常的一种方法，是一种利用语言媒介手段来实现心理健康教育的心理学治疗技术。学前儿童的言语表达能力有限，对自身感受的理解和解释能力都远不及成人，因此疏导他们内心的困惑、悲愤、抑郁等心理问题时都有很大的困难。

国内外心理学家从不同角度出发，对游戏进行了多种类型的划分。根据游戏功能的不同，我们可以将学前儿童的游戏分为 4 类。

（1）机能性游戏

这类游戏着重于身体机能的发展，其中包括大肌肉运动，如跳舞、捉迷藏、跳绳等；促进认知发展的运动，如唱儿歌、讲故事等。

（2）体验性游戏

这类游戏是一种虚拟的游戏，一般以在现实生活中不能实现的事为主要形式，通过学前儿童的想象、操作来进行，其中包括角色扮演游戏，如"过家家"。

（3）获得性游戏

这类游戏是一种艺术性的游戏，可以使学前儿童的艺术能力得到发展，如听故事、看书、看动画、演戏、演木偶剧等。

（4）创造性游戏

这类游戏是指在成人的指导下，由学前儿童自己动手进行创造，如进行工艺（陶器、雕塑等）制作、剪纸、搭积木等。

游戏是学前儿童的主体性活动，学前儿童在游戏中可以自然地发泄其内在的心理冲突，以及用语言不能表达的情绪情感。幼儿教师要为学前儿童创设游戏环境，让学前儿童去做自己想做的任何事情，没有人评价其行为的对与错，没有人强制其做这做那，也没有人与其争夺玩具，他们想怎样玩就怎样玩，不用遵守任何游戏的规则。

在这种环境中，他们把真实的自我完全放开，尽情发泄心中的各种焦虑和抑郁，满足自己的各种欲望，释放紧张的情绪。学前儿童在现实情境中被压抑的、不能满足的欲望和需要得到了补偿，因此就会减少焦虑和抑郁，获得情绪上的松弛，发展自我力量，提高自制力，逐步实现自我控制，从而能较好地适应社会。

🔍 实战训练

某幼儿园小朋友丛丛4岁半，自小跟随爷爷奶奶生活，现在父母接她回来，她成了某幼儿园中班的插班生。丛丛刚入园时胆子特别小，性格比较孤僻，不愿意参加任何集体活动，也不喜欢跟其他小朋友讲话，不太合群。幼儿教师与家长沟通后，了解到丛丛对音乐比较感兴趣。

假如你是丛丛的幼儿教师，请你对丛丛的情况进行分析，然后针对丛丛的情况设计一份干预和矫正方案，要写出详细的实施过程。

第四节　学前儿童特殊教育

引导案例

小磊是幼儿园中班的小朋友，不管是集体活动还是自由活动，他总是喜欢一个人玩，而且他不爱讲话，只有必须要讲话时，他才简单地说出几个字，也不能流畅地表达完整的句子。如果他想喝水，只会简单地说："水，喝水。"他经常无法正确表达自己的需求和感受，导致与其他小朋友交流困难。在幼儿园中，他经常被其他小朋友排斥和孤立。

刘老师与小磊的家长沟通过后，了解到小磊对音乐特别感兴趣，于是针对他制订了一套个性化的教育计划。刘老师决定通过音乐教育来帮助小磊提升语言表达和社交交往能力。

在音乐课堂上，刘老师通过音乐游戏和角色扮演的方式，帮助小磊学习如何正确表达自己的需求和感受。随着时间的推移，小磊的语言表达和社交交往能力得到了显著提升。他不再被其他小朋友排斥和孤立，而且能够积极参与到集体活动中。

特殊教育是根据受教育者的身心特点和教育需要，采用一般或特殊的教学方法和手段，最大限度地发挥受教育者的潜能，使他们增长知识，获得技能，拥有良好品德，提升适应能力的一种教育。特殊教育是社会教育活动的有机组成部分。学前儿童特殊教育是指针对有特殊教育需求的学前儿童进行的教育和支持。有特殊教育需求的学前儿童主要是指在生理、心理或智力方面存在差异的儿童，包括身体残疾、智力障碍、自闭症等。

学前儿童特殊教育的重要性不容忽视。早期干预和适当的教育与支持可以使特殊儿童有机会克服他们的障碍，发展他们的潜能，并为将来的学习和生活做好准备。此外，学前儿童特殊教育还有助于促进社会的包容性和多样性，让每位学前儿童都能享有平等的教育机会。

一、认识特殊儿童

学前儿童特殊教育的对象即特殊儿童，"特殊儿童"的概念可以从以下两个方面来理解。

（一）传统"特殊儿童"

在传统观念中，人们对"特殊儿童"的理解有两种：一种是广义的特殊儿童，即普通儿童以外的各类儿童，包括英才儿童、智力障碍儿童、品行障碍儿童、沟通障碍儿童、情绪障碍儿童和学习障碍儿童等；另一种是狭义的特殊儿童，专指生理或心理发展有缺陷的障碍儿童，包括智力、视觉、听觉、肢体、沟通、情绪等方面发展障碍，及身体病弱、多种残疾等儿童，故又称"缺陷儿童"或"障碍儿童"。

（二）现代"特殊儿童"

与传统的理解不同，现代对"特殊儿童"的理解是"特殊教育需要儿童"。学前儿童特殊教育可以理解为对具有特殊需要的学前儿童提供适应其需要的教育。特殊儿童与正常儿童有显著差异，需要进行特殊教育才能满足他们的教育需求。

特殊儿童的个体之间差异明显，且存在着各种不同的特殊教育需要。这些需要涉及心理发展、身体发展、学习、生活等各方面，且表现为长期或一定时间内多于普通儿童的需要，其不仅包括对某一发展中的缺陷提出的补偿要求，也包括对学习有影响的能力、社会因素等方面的特殊需要。

特殊教育需要儿童是一群在生理或心理发展的一个或多个方面明显偏离普通儿童的发展水平，有特别的学习或适应困难，只有通过特殊的、能够满足其需要的教育，才能获得充分发展的儿童。

特殊教育需要儿童的两个主要特征：首先是表现为生理或心理发展的一个或多个方面，与普通儿童有明显的差异，且这些差异严重地影响了他们的学习或适应；其次是特殊教育需要儿童要想获得最大限度的发展，只有通过设计专门的课程、教材、教法、组织形式或设备，才能充分满足其教育需要。

例如，智力障碍、自闭症儿童需要增加康复训练课程，以提高生活自理能力。如果把握了特殊教育需要儿童的这两个特征，就容易判断哪些是普通儿童，哪些是特殊教育需要儿童，并由此实施能够满足其需要的教育，以促进他们的发展。

二、学前儿童特殊教育的目标

针对有特殊教育需求的学前儿童，幼儿教师要明确特殊教育的教学目标，制订特殊教育方案，给予他们特别的关注和照顾，帮助他们在各个方面得到全面的发展。

学前儿童特殊教育的目标如下。

（1）促进学前儿童身心健康发展。采用适当的教育方式和方法，引导学前儿童逐渐适应学习环境和节奏，同时增强其体育锻炼和健康意识，增强他们的身体素质和自理能力。

（2）帮助学前儿童增强认知和学习能力。根据学前儿童的特点与需求，结合个性化的教育方案，积极开展语言、认知、社交等多方面的教育培训，提升其学习效率和学习成果。

（3）提升学前儿童社会适应能力。幼儿教师通过情景模拟、角色扮演等方式，帮助学前儿童了解和适应社会规范和文化习惯，提高其社交能力和情感沟通能力，培养其独立生活的能力。

（4）促进学前儿童的运动发展。幼儿教师通过提供适当的体育和运动训练，帮助学前儿童发展身体协调性、平衡能力和精细动作技能。

（5）培养学前儿童的情感和行为管理能力。帮助学前儿童学会控制情绪、处理压力和适应变化，以提高他们的情感稳定性和行为表现。培养学前儿童的自信心和自尊心，帮助他们适应幼儿园和社会环境。

（6）增强学前儿童艺术素养和审美能力。幼儿教师通过音乐、美术、手工等多种形式的文化艺术教育，拓宽学前儿童的视野和感受世界的方式，激发其创造力和想象力，提高其艺术素养和审美能力。

三、学前儿童特殊教育的实施

学前儿童特殊教育的实施需要专业的幼儿教师和相关专业人士的参与。幼儿教师需要具备特殊教育知识和技能，了解不同类型的特殊教育需求儿童的特点和教育方法。此外，幼儿教师还需要施以耐心、关爱和理解，以便与特殊教育需求儿童建立良好的关系，并为他们提供适当的支持和指导。

常见的学前儿童特殊教育方法主要有以下几种。

（一）个别化教学

个别化教学是一种以适应并发展学前儿童的差异性和个别性为主导的教学方法，具体是指幼儿教师在教学过程中根据特殊儿童的能力、兴趣、需要和身体状况等设计不同的具体计划和方案，采用不同的教学资源、不同的教学方法进行针对性的教育。个别化教学注重针对个体的差异，通过一对一的教学，帮助他们克服困难，提高其各方面的适应能力。

个别化教学要满足特殊儿童适性化的潜能发展。首先，要求幼儿教师深入评估、分析特殊儿童个体自身各种能力的最近发展区，确定他们的教育训练目标和方法；其次，充分考虑他们之间的种种差异，根据他们不同的接受能力、知识水平因材施教。

例如，对不同程度的智力障碍儿童，幼儿教师应因材施教，制订的训练活动计划要有所不同。幼儿教师应采取一对一教学，在各项训练中遵从由易而难，由简单到复杂，从物大到物小，从少数到多数循序渐进地引导式针对性训练，如图 9-8 所示。

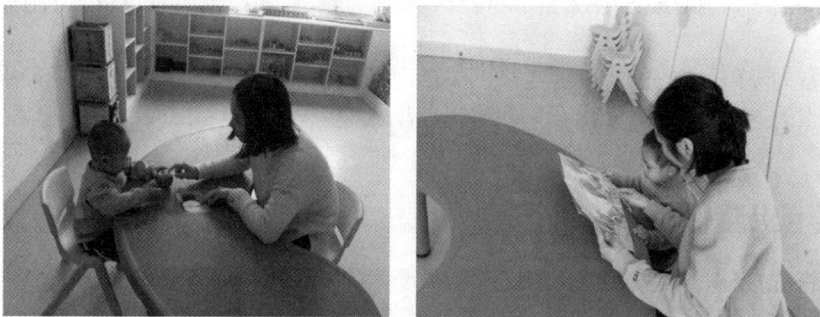

图 9-8　个别化教学

个别化教学作为特殊教育的一种教学方式，对特殊儿童提高认识、培养良好品德，调节人际关系、开发智力有着重要的作用。幼儿教师必须依据每位特殊儿童的需要设计出适合他们的课程，根据不同特殊儿童之间存在的个体差异进行个别化教育，可以针对每位特殊儿童的弱处和实际情况进行一对一教学，使其得到更全面、均衡的发展。

个别化教学对幼儿教师的要求比较高，因为针对不同的特殊儿童，需要更细心地观察，才能找出他们之间的差异，才能设计出有针对性的课程。幼儿教师只有对特殊儿童进行全面的评估和诊断，了解其发展水平、学习能力和特殊需求，才能为个别化教学提供依据。

（二）多感官教学

多感官教学是新西兰教育学家克里斯德·沃德将脑科学理论运用到教学实践中所提出的有效的教学方法：通过创设良好的教学情景，刺激特殊儿童眼、耳、口、手、脑等感觉部位，充分调动他们的视觉、听觉、味觉、动觉、感觉及直觉等参与学习，建立一系列教学活动的深刻记忆，用不同的信息形式展现教学内容，让特殊儿童运用多种感官参与学习，激发他们学习的兴趣，从而加深特殊儿童对事物的理解并提升学习效果。

多感官教学主要用于特殊教育领域。多感官教学强调受教育者运用各种感官，如视觉、听觉、触觉、嗅觉和味觉等，让信息的接收和学习更畅通、更完整。例如，让智力障碍儿童通过视、听、嗅等方式进行事物认知，提升其社会适应性，如图 9-9 所示。

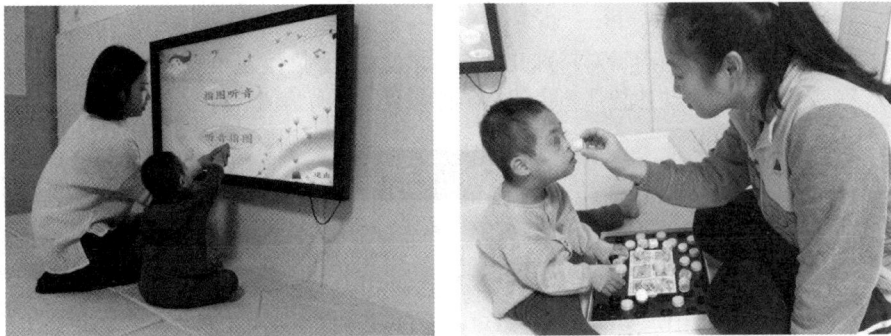

图 9-9　多感官教学

（三）小组教学

小组教学是以小组为基础的教学形式。小组教学法是指将特殊儿童分成若干小组，让他们相互合作、交流和分享知识的教学方法。在特殊教育中，小组教学法可以帮助特殊儿童更好地发挥自己的优势，增强自信心和自尊心，提升学习效果。

小组教学的本义不是分解教学任务，而是引导特殊儿童通过互助、合作、交流等方式完成任务，充分发挥特殊儿童的自主能动性，鼓励特殊儿童自主学习。在小组教学中，幼儿教师大多采用异质分组的方法，即幼儿教师将发展水平或学习能力不同的特殊儿童分在同一组内，通过小组内的互帮互助带动存在障碍的特殊儿童进行学习。

在采用小组教学法时，幼儿教师要注意强调合作性原则。合作不仅可以提高特殊儿童学习的积极性和创造性，还有利于培养他们的合作意识和团队精神。同时，在小组之间实行竞争机制能更有效地调动特殊儿童的参与热情，培养他们的竞争意识。

（四）游戏教学

游戏教学是指利用游戏来向特殊儿童传授知识、培训技能、矫正缺陷的一种教学方法。例如，对智力障碍儿童，教授他们某些知识性较强的内容时，采用传统教学方法他们不易理解和记忆，而运用游戏的方法既不会让他们感到枯燥，又能最大限度地调动他们的学习积极性。

游戏教学符合因材施教、巩固性、直观性、启发性等多项教学原则，但需要注意的是，该方法不适用于知识类的新授课，但可以在复习时使用。另外，游戏只是一种教学手段，切忌将游戏当作教学目标，而忽略了特殊儿童通过游戏活动所应掌握的知识或技能。

（五）康复教学

康复教学是在教学过程中，幼儿教师有意识设计的一些有助于有缺陷儿童功能康复的教学方法。例如，大部分智力障碍儿童同时伴有精细动作障碍，导致他们构音、手部功能等出现障碍，影响了他们的发音和书写。幼儿教师可以结合"听话与说话"教学开展唇、舌、腭等口腔功能的训练，以矫正特殊儿童的构音缺陷；可以结合"写字"教学训练特殊儿童手指、手腕的协调和控制功能，以发展特殊儿童书写时握笔、运笔的协调性。

（六）结构化教学

结构化教学是指为特殊儿童营造一个具体、清晰的学习环境，利用简单的程序表协助他们建立常规，又利用特意的视觉安排设立合适的工作系统，并以视觉作为教学的主导，使特殊儿童对环境和事物有较好的掌握，减少他们对环境和事物的混淆感，从而减少其行为问题的一种教学方法。这种方法对自闭症、沟通障碍、中重度智力障碍儿童的教育非常有效且应用广泛。结构化教学可以给特殊儿童构建一个适宜的结构化环境，帮助他们理解教学内容，从而更好地进行学习和适应融合集体的环境。

上述教学方法并未涵盖所有针对特殊儿童的教学方法，例如，还有借助技术和使用辅助工具等教学方法。在实际教学中，幼儿教师还会创造出许多科学而有价值的教学方法。

课后习题

一、选择题

1. 学前儿童攻击性行为，从发生的频率来分，可以分为（　　）。

    A. 目的性攻击和手段性攻击　　　　　B. 习惯性攻击和偶发性攻击

    C. 直接性攻击和替代性攻击　　　　　D. 主动性攻击和被动性攻击

2. 小强打了弟弟，妈妈没收了他一个月的零花钱，以后他再也不打弟弟了，这种方法是（　　）。

    A. 正强化　　　　B. 负强化　　　　C. 正惩罚　　　　D. 负惩罚

3. 在代币法的实际使用中，支持强化物不包括（　　）。

    A. 糖果　　　　B. 水果　　　　C. 饮料　　　　D. 口头赞美

4. 社会性交往中常见的问题行为不包括（　　）。

    A. 攻击性行为　　　　　　　　　　　B. 说谎行为

    C. 孤独症　　　　　　　　　　　　　D. 社交退缩性行为

5. 下列对自然后果法描述不正确的是（　　）。

    A. 适用于学前儿童的所有行为

    B. 能够让学前儿童体验自己行为的后果

    C. 必须与人为后果法相区分

    D. 幼儿教师适时介入，不能放任自流

二、判断题

1. 学前儿童问题行为是指妨碍学前儿童身心健康发展和良好品德的形成，给家庭、幼儿园乃至社会带来麻烦的行为。（　　）

2. 负强化法是指学前儿童产生某一种行为时，可以选择加强学前儿童对这种行为的厌恶刺激，以后在同样的情景下，该行为的出现率会升高。（　　）

3. 问题行为分为生理性问题行为、心理性问题行为和品德性问题行为。（　　）

4. 消退法是指通过停止对某种行为的强化，从而使该行为逐渐消失的一种行为矫正方法。（　　）

5. 游戏法是指学前儿童基于观察学习，通过观察学习来增加、获得良好行为，减少、消除不良行为的一种行为矫正方法。（　　）

三、简答题

1. 简述应对学前儿童问题行为的基本要求。

2. 简述学前儿童社交退缩性行为的应对策略。

3. 简述学前儿童特殊教育的目标。

10

第十章
学前儿童社会教育评价

知识目标

➤ 了解学前儿童社会性发展评价的意义与内容。
➤ 掌握学前儿童社会性发展评价的原则与方法。
➤ 了解学前儿童社会教育活动评价的意义。
➤ 掌握学前儿童社会教育活动的评价方法。

能力目标

➤ 能够对学前儿童社会性发展做出准确的评价。
➤ 能够对学前儿童社会教育活动从各环节出发做出针对性评价。
➤ 能够对学前儿童社会教育活动的活动对象做出恰当的评价。

素养目标

➤ 无论对事对人，都要从客观出发，公平公正地做出准确的评价。
➤ 定期回顾和反思自己的设计和决策，不断积累经验，提升教学能力。

　　学前儿童社会教育评价是幼儿教师依据学前儿童社会教育目标以及与此相适应的学前儿童社会性发展目标，运用教育评价的原理和方法对学前儿童社会教育的现象及其效果进行测定，分析目标的实现程度，做出价值判断的过程。学前儿童社会教育评价包括学前儿童社会性发展评价和学前儿童社会教育活动评价两个部分。前者是为了了解学前儿童的社会性发展状况，以便为社会教育活动的下一步开展提供依据；后者则是为了了解和监督实施社会教育活动的科学性、有效性等。

第一节　学前儿童社会性发展评价

引导案例

　　源源今年4岁半，上幼儿园中班。一天，源源和好朋友晨晨一起玩拍皮球的游戏，晨晨不小心摔倒了。源源立刻注意到了晨晨的情况，他赶紧走过去关切地问晨晨是否受伤了。晨晨点点头，表示手有些痛。源源立即跑去找朱老师，告诉朱老师晨晨受伤了，并请求朱老师帮助晨晨处理伤口。

　　朱老师快步走到晨晨身边，为他处理伤口，并安慰他不要担心。源源则坐在晨晨旁边，轻轻拍拍他的肩膀，安慰他道："不要害怕，很快就会好的。"晨晨慢慢停止了哭泣，他感激地看着源源，说道："谢谢你，源源！"

　　朱老师注意到源源在社会性发展方面的积极表现，他能敏锐地察觉到朋友的情绪变化，说明他具备了一定的社会情感意识和同理心，能够与他人建立积极的互动关系。

　　良好的社会性发展对学前儿童的身心健康和学习、智力等方面的发展都有着重要的影响。对学前儿童进行社会性发展评价是科学开展学前儿童社会教育的前提。

一、学前儿童社会性发展评价的意义

学前儿童社会性发展评价的意义主要体现在以下几个方面。

（一）有利于分辨学前儿童社会性发展的个别差异，做到因材施教

每位学前儿童都是独立的个体，社会性发展的水平也存在着差异，例如，有的学前儿童勇敢、大胆，跟陌生人"自来熟"，有的学前儿童却胆怯、害羞，不敢与他人交流等。幼儿教师要关注和承认学前儿童社会性发展的个别差异，满足他们的特殊需要，才能促进每位学前儿童在原有的基础上不断发展。

（二）有助于分析学前儿童整体社会性发展水平，制订科学的发展计划

学前儿童社会性发展的教育计划和具体目标应建立在了解本班级学前儿童的整体基础上，正确评价学前儿童的社会性发展水平，结合学前儿童的实际反馈，不断动态调整学前儿童社会性发展计划，使教育工作获得良好的效果。

（三）有利于家园合作，共同促进学前儿童社会性发展

评价具有反馈和改进的功能。评价可以为家长提供学前儿童社会性发展的信息，为加强和改进家庭教育工作提供依据。学前儿童社会性发展水平在一定程度上反映了家庭教育工作的优势和不足。对学前儿童社会性发展现状及原因进行分析，可以有效指导家长改进自己的家庭教育工作，更好地促进家园合作。

二、学前儿童社会性发展评价的内容

学前儿童社会性发展评价主要包括社会认知、社会情感、个性表现、社会交往能力及思想品德评价等方面的内容。

（一）社会认知

社会认知包括两个方面，一是对认知过程本身的认知，包括观察记忆、注意、推理、想象等过程；二是经过认知过程获得的社会性知识经验，包括对自己、周围的人和事，以及自己与他们和他们之间各种关系的认识，对不同社会行为、社会角色的理解，对处理与调整各种关系的行为规范的理解和掌握。

（二）社会情感

社会情感是人们对社会生活中客观事物的态度体验，是社会认知的产物，同时对认知活动的组织有动机作用。具有积极社会情感的人，在生活、事业中能及时调控自己的情绪，不断自我激励，锻造良好的人格。在学前阶段，学前儿童的社会情感主要包括其对集体和对周围关心自己的人的爱的情感表现，以及控制、表达和交流情绪情感的欲望和能力等。

（三）个性表现

个性表现是人类个体的性格与气质的综合表现，它与社会性发展水平互相影响、互相限制或互相促进。因此，对学前儿童进行包括自尊心、自信心、成就感、表现欲、坚持性、自制力等在内的各种个性特点的评价，也是在评价其社会性发展水平。

（四）社会交往能力

社会交往能力是个体社会认知、社会情感和个性特征的综合外在表现，主要指个体在与人交往和参与社会活动时所表现出来的行为技能，如分享、谦让、合作、助人等。在评价学前儿童的社会

交往能力时，可以从学前儿童的交往愿望与动机的强烈程度、进入交往和持续交往的方法策略的丰富程度，以及与周围伙伴的关系质量与交往效果等方面着手。

（五）思想品德

学前儿童思想品德发展包括关心周围人、爱集体、爱家乡、爱祖国、礼貌、诚实、爱劳动等，虽然有关学前儿童思想品德方面发展的研究在学前儿童社会性发展评价内容中比较少，但目前已成为重点研究的趋势与方向。

综上，对学前儿童社会性发展的评价应从社会认知、社会情感、个性表现、社会交往能力和思想品德着手。然而，在具体制定评价指标的过程中，评价者还要考虑学前儿童社会性发展与培养的总目标，以及各年龄阶段的目标，为不同年龄阶段的学前儿童制定不同的评价指标。另外，要遵循学前儿童社会性发展评价的公平性原则，获得真正有价值的学前儿童社会性发展资料。

三、学前儿童社会性发展评价的原则

学前儿童社会性发展评价需要遵循以下原则。

（一）目的性原则

目的是评价的向导，它引导学前儿童社会性发展评价的实施。学前儿童社会性发展评价的唯一目的，就是了解学前儿童社会性发展的特点及个体差异，为制订和调整学前儿童社会教育方案提供依据，使幼儿园、家庭实施的学前儿童社会教育更符合学前儿童社会性发展的需要，最终有效地促进学前儿童在社会性方面获得稳定、健康的发展。

（二）全面性原则

首先，必须拟定全面的评价指标体系，它能够涵盖学前儿童社会性发展的主要内容，反映学前儿童社会性发展的目标要求；其次，在收集学前儿童社会性发展的有关信息时，应该综合使用各种方法，在不同场合、通过不同途径全面收集所需资料。也就是说，幼儿教师在评价时不仅要了解学前儿童在幼儿园的表现，包括集体活动、区域游戏以及户外活动时的表现，还要了解学前儿童在家里、其他公共场合的社会性表现，以做出准确、科学的价值判断。

（三）客观性原则

客观性原则是指评价过程要采取实事求是的科学态度，依据客观标准评价学前儿童，保证评价结果真实有效，这样才能使教育工作更具针对性，更符合学前儿童社会性发展的需要。

（四）静态评价和动态评价相结合的原则

静态评价是考察学前儿童在某一时间段内发展的现实状况，即对已经达到的社会性发展水平进行判断，便于横向比较，但无法对学前儿童的进步情况和未来的发展进行综合分析。

动态评价考察学前儿童当前的发展相较于过去的进步情况，以及预测今后的发展趋势，便于纵向比较，但难以发现学前儿童的现实发展状况与评价标准之间的差距。

由此可见，两种评价原则各有优点，又各有不足，因此幼儿教师要将静态评价与动态评价结合起来使用，扬长避短，即评价时不仅要依据评价标准对学前儿童社会性发展的各个方面进行判断，还要认真分析学前儿童在每一方面相对于以前的进步情况。

四、学前儿童社会性发展评价的方法

学前儿童社会性发展评价的方法主要有观察法、情景测验法、谈话法、问卷法和社交测量法。

（一）观察法

观察法是指幼儿教师在自然状态下有目的、有计划地对学前儿童社会性行为进行直接观察，从中获得评价资料的方法。由于学前儿童的社会性发展主要表现在其社会性行为上，所以观察法是学前儿童社会性发展评价中普遍使用的方法，特别适合幼儿教师通过日常教育活动搜集学前儿童社会性发展的有关信息。例如，在学前儿童游戏和自由活动时间中，观察他们在结伴关系、分享行为、互助行为、攻击行为等方面的表现。

观察法又可细分为时间抽样法和事件抽样法，如图 10-1 所示。

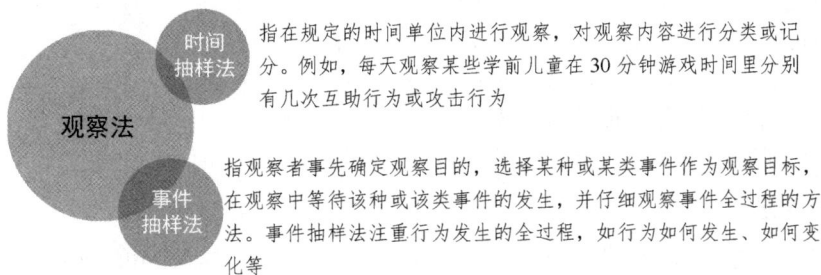

时间抽样法：指在规定的时间单位内进行观察，对观察内容进行分类或记分。例如，每天观察某些学前儿童在 30 分钟游戏时间里分别有几次互助行为或攻击行为

事件抽样法：指观察者事先确定观察目的，选择某种或某类事件作为观察目标，在观察中等待该种或该类事件的发生，并仔细观察事件全过程的方法。事件抽样法注重行为发生的全过程，如行为如何发生、如何变化等

图 10-1 观察法的类型

采用观察法进行社会性发展评价的优点是不对学前儿童的行为进行人为的干预和控制，幼儿教师与学前儿童都处在自然状态下，可以观察到学前儿童在日常生活中真实、典型、一般的行为，但是观察法比较耗时，且不可以重复，无法解决"为什么"的问题。

采用观察法时需要注意以下事项。

（1）要创造自然的观察环境和气氛。幼儿教师不要干预和限制学前儿童的活动，尽量避免被学前儿童发觉自己的观察意图，以防止学前儿童出现紧张或其他不自然的心理状态，以保证观察结果的真实性。

（2）观察目的要明确。幼儿教师应始终明确每次观察的任务和目的，选择与观察目的有关的行为和重要事实进行记录。

（3）观察记录要真实、精确，且不能忽视当时引发学前儿童社会性行为的环境、条件等变量。

（4）学前儿童的社会性行为往往因环境等客观因素的影响而发生变化，因此要避免由偶发行为得出结论。

（二）情景测验法

情景测验法是指按照研究目的控制和改变某些条件，将学前儿童置于与现实生活场景类似的特定情景中，由幼儿教师观察在该特定情景中学前儿童社会性行为的方法。例如，为研究学前儿童的分享行为，幼儿教师设计安排几组玩具有限的主题游戏，然后在游戏中观察学前儿童的分享行为。此外，还可以用语言、图片或视频等方式向学前儿童提出问题，让他们判断或解答。

情景测验法的优点是可以与幼儿园教育活动相结合，幼儿教师既可控制实验条件，学前儿童又可处于自然情景中，因此可以观察到他们的自然表现；缺点是学前儿童在一定情景下的行为反应不能完全作为他们在其他测验和生活情景中行为的精确预测。

采用情景测验法时需要注意以下事项。

（1）尽量使学前儿童处于自然状态，以求评价资料的真实性。

（2）所设计的情景尽量与学前儿童的日常活动情景相似，要是他们感兴趣的情景。

（3）设计和选择最适于研究学前儿童某一方面发展的活动或问题情景。

（三）谈话法

谈话法是指幼儿教师通过与学前儿童面对面的交谈，搜集学前儿童社会性发展资料并进行评价的方法。谈话可以是纯语言的形式，也可以是结合图片、图画故事等形式。例如，为了了解学前儿童对"好朋友"的理解，幼儿教师可以拟定的谈话内容为：谁是你最好的朋友？为什么他会成为你最好的朋友？好朋友之间会吵架吗？能骗好朋友吗？

谈话法的优点是能够快速了解学前儿童社会性发展中某些难以表现出来的认识问题，为全面评价学前儿童社会性发展提供丰富的资料；缺点是难以获取学前儿童情感态度、行为表现方面的资料。

采用谈话法时需要注意以下事项。

（1）谈话要有明确的目的，且始终围绕着目的来进行。

（2）谈话内容要在学前儿童的生活范围内，提出的问题要简单易懂。

（3）情景要自然，幼儿教师的态度要和蔼、亲切，避免学前儿童出现紧张情绪。

（4）谈话记录应在谈话后追记，或者把录音设备放在学前儿童看不到的地方。

（四）问卷法

问卷法是指通过由一系列问题构成的调查表收集资料，以测量学前儿童的行为和态度的研究方法。问卷法多用于向家长了解学前儿童在家庭环境中的社会性行为表现。

问卷法的优点是标准化程度高、收效快，能在短时间内调查很多研究对象，获得大量的调查资料，能对调查资料进行数据化处理，经济省时；缺点是得到的信息可能不够真实、准确。

采用问卷法时需要注意以下事项。

（1）让家长或学前儿童了解问卷的意图，消除顾虑，获取他们的信任。

（2）问卷的语言要明确、易懂。

（3）回答方式越简单越好。

（五）社交测量法

社交测量法是指幼儿教师通过某种特定方法了解某一特定团体的社交结构，以及该团体内人际交往模式的方法，主要用于测量人际交往，其主要作用在于可以了解某一团体内的人际交往状况、结构，以及各成员在该团体中的地位。

社交测量法的优点是能在比较短的时间内得到较多的学前儿童的同伴关系、同伴交往情况的信息，了解到不同年龄的学前儿童的社会结构和择友标准的发展特征，为幼儿教师的教育提供重要的参考；缺点在于只能提供学前儿童被同伴接受和拒绝的信息，而不能解释其他因果关系。另外，由于学前儿童年龄小，在做判断时容易受情景或某一特定事件的影响，因此在分析和得出结论时，还应与其他研究方法相结合。

适用于学前儿童同伴关系的社交测量法主要有提名法、配对比较法和同伴评定法。

（1）提名法

提名法是社交测量法中最常用的方法之一，是根据某一标准（如喜欢和谁做好朋友或不喜欢和谁做好朋友）从同伴团体中选出3—5名成员，然后对提名结果进行统计分析，找出同伴团体的社交结构。同时，还需要对学前儿童的择友标准进行分析，以查明不同年龄段学前儿童择友标准的变化。用提名法获得的分数包括同伴接受分和同伴拒绝分：同伴接受分越高，说明其在同伴关系中的地位越高；同伴拒绝分越高，则说明其在同伴关系中的地位越低。

（2）配对比较法

配对比较法是指向被测学前儿童提出某种标准，并将同伴配对呈现在被测学前儿童面前（如名字或照片），让被测学前儿童对每一对同伴做出比较和选择。例如，"这两个小朋友中你最喜欢和谁玩？为什么？"，经过配对比较和选择后，可以计算出某一被测学前儿童被接受和被拒绝的次数分数。该方法的优点是团体中每位学前儿童都有机会获得比较，缺点是花费时间多。

（3）同伴评定法

同伴评定法是指通过比较直观的方法让学前儿童对同伴的受欢迎程度和被拒绝程度做出评价。就是事先准备好 3 个盒子，花每个盒子上面贴上代表不同情绪的表情（如快乐的、悲伤的、平淡的），它们分别代表不同的分数，如 1、2、3 分，让学前儿童把自己最喜欢的、最不喜欢的、感觉一般的朋友分别放入相应的盒子内，最后统计出每位学前儿童在班集体中受欢迎和被拒绝的分数。

这种方法的优点是花费时间少、学前儿童感兴趣、能够比较全面地反映每位学前儿童在班集体中的受欢迎程度；缺点是易忽视了解学前儿童择友的标准。

总之，关于学前儿童社会性评价的方法，各有其优点与不足，幼儿教师应根据具体的研究内容选择评价方法，同时还应结合不同年龄段学前儿童认知发展的特征进行合理的评价。

🔍 实战训练

请同学们根据所学知识，运用两种不同的方法评价某班学前儿童的社会交往水平，并分析比较两种方法的评价结果，总结这两种方法的优缺点。

第二节 学前儿童社会教育活动评价

引导案例

任老师是幼儿园小班的一名教师，她今天组织的教学活动是由小朋友们自由分组，共同完成体现友谊主题的绘画作品。琪琪平时喜欢一个人玩，组成小组后，开始她有些不适应，也不和其他小朋友说话。坐在旁边的桢桢说："琪琪，你有什么好主意吗？"琪琪看着桢桢友善且信任的眼神："好朋友都喜欢拉手手。"就这样，她很快融入了小组中。

经过讨论后，大家都觉得琪琪的提议不错。于是，桢桢负责小组分工，琪琪负责画画，其他小朋友有的负责写字，有的负责装饰……大家忙得不亦乐乎。

很快，桢桢这一组就完成了任务。经过评选，他们的作品都非常出色，他们在图纸上画满了手牵手的小朋友，还有开心的笑脸，传达出他们对友谊的渴望和友谊带给他们的喜悦心情。

任老师对他们的合作精神和创造力给予了高度评价。桢桢在活动中展现了良好的组织能力，琪琪在合作中积极地与他人建立了良好的合作关系，与其他小朋友默契配合，共同解决了问题。团队人员都展现出良好的团队意识，互相支持，共同努力，最终完成了一幅非常优秀的作品。

对学前儿童社会教育活动进行科学的评价有助于提高教育活动的效率，促进幼儿教师的专业化成长。评价一次社会教育活动是否成功，可以从评价教育活动中的各环节入手，还可以从评价社会教育活动的对象入手，评价教育活动中的幼儿教师与学前儿童的表现。

一、学前儿童社会教育活动评价的意义

社会教育活动评价的意义主要体现在以下几个方面。

（一）提升学前儿童社会教育质量

学前儿童社会教育评价是实现学前儿童社会教育质量提升的重要手段。幼儿教师通过学前儿童社会教育活动评价，可以知道制定的目标、选择的内容是否符合学前儿童的年龄特点、已有的知识经验和现有的水平，实施的教育是否达到了预期的效果，等等。此外，还可以通过活动评价结果了解并提高学前儿童社会教育的质量。

（二）提高幼儿教师社会教育教学水平

学前儿童社会教育活动评价有利于帮助和指导幼儿教师不断总结教学经验，提高学前儿童社会教育教学水平。在评价过程中，幼儿教师可以反思哪些教学活动比较好，哪些教学活动不够好，哪些地方还需要改进以及如何改进，等等。评价的目的不仅是判断活动本身的优劣，还希望通过评价、宣传、学习好的社会教育活动改进不足，以积累社会教育教学经验，同时促使幼儿教师在教学过程中逐渐形成自己独特的教学风格。

（三）实施补偿教育和个别化教育的依据

学前儿童社会教育活动评价是实施补偿教育与个别化教育的依据。通过活动评价，幼儿教师可以找到自己教育教学中的薄弱环节，做好补救工作，可以有针对性地对学前儿童做好补偿教育和个别化教育。幼儿教师可以通过活动评价了解学前儿童在活动中掌握了哪些知识，发展了哪些技能，哪些学前儿童掌握得比较好，哪些学前儿童掌握得不够好，有利于开展针对性的个别教育。

二、学前儿童社会教育活动评价的内容

对学前儿童社会教育活动的评价可以从两个方面来进行，一是活动的各环节，二是活动对象。

（一）评价教育活动中的各环节

对学前儿童社会教育活动的各环节进行评价，必须从社会教育活动的组成要素展开评价，评价的主要内容包括对活动名称、活动目标、活动内容、活动准备、活动过程、活动效果和活动延伸的评价。

1. 活动名称评价

对活动名称的评价主要看社会教育活动名称是否能概括整个社会教育活动的内容、紧扣活动主题、符合学前儿童的认知发展特点，能否使用生动活泼的童趣化的、易于学前儿童理解和接受的语气，能否调动学前儿童的参与性和互动性。

2. 活动目标评价

活动目标评价包括对终极目标、阶段目标和具体活动目标的评价，这里主要指对具体活动目标的评价。活动目标应根据实际教学情况尽可能涵盖社会认知、社会情感、社会行为能力3个维度，并做到数量合适、难度适中、重点突出，具有可行性、可操作性。

活动目标在表述上要清晰、准确，活动结束时可以依次对照，检查活动目标是否已经实现，即是否提高了学前儿童的社会认知水平，是否丰富了学前儿童的社会情感，是否促进了学前儿童的社会行为能力的发展。

3. 活动内容评价

活动内容评价主要是分析幼儿教师是否根据活动目标、学前儿童的已有经验、认知规律以及心理特点对教学资源的内容进行合理调整、充实与组织，教授的是否是学前儿童必要的、能接受的、有益的知识经验；是否科学安排了教学程序，是否选择了合理的教学方法，是否突出了重点，是否突破了难点，是否抓住了关键；等等。

4. 活动准备评价

活动准备评价包括评价幼儿教师的物质、环境创设准备和学前儿童的物质、知识经验准备，因此评价者主要评价活动开展前幼儿教师的教育材料准备是否充分，种类是否丰富，材料的利用率是否足够高；教育活动环境的创设是否完善，是否具有暗示性，是否能引起学前儿童学习的兴趣；幼儿教师对于社会教育活动知识结构的准备是否到位，以及学前儿童对该方面社会性知识的掌握情况是否达到一定的水平。

5. 活动过程评价

活动过程评价是学前儿童社会教育活动的重要内容，也是对活动质量和幼儿教师教育能力的体现。评价者在评价活动过程时，首先要考虑活动过程是否完整，具体包括导入部分、基本过程和结束部分3个环节。其中，导入部分要最先出现，可以评价导入部分的形式是否合理、新颖，是否能够吸引学前儿童的注意，等等。

在对基本过程进行评价时，需要考虑教育过程是否面向全体学前儿童，是否尊重学前儿童的个体差异，学前儿童的主体地位是否得到体现，学前儿童是否有机会自主观察、体验、表达和操作，学前儿童参与活动的积极性怎样；幼儿教师是否尊重和充分考虑了学前儿童的意愿，是否得到其信任；运用的教育方法是否生动多样、变化灵活巧妙；等等。

在对结束部分的评价中，应评价幼儿教师是否引导学前儿童总结，如何引导，引导的效果如何，等等。

6. 活动效果评价

活动效果评价包括是否完成教育目标，学前儿童参与活动的程度，学前儿童的情绪是否愉快、是否具有与目标一致的行为习惯，以及与其社会性品质表现的一致性，等等。评价者还可以对活动的总体印象进行总结与评价，分析活动设计和组织中的得与失及其原因所在，并针对其中的不足提出改进的建议，为以后的活动设计和组织提供参考。

7. 活动延伸评价

活动延伸评价主要从活动的价值性和可持续性两个方面进行。在评价活动延伸时，首先，要评价活动的价值性，判断此活动延伸是否对学前儿童的心理和社会发展具有重要提升价值，而非单纯地为了活动延伸而进行延伸；其次，要兼顾活动延伸的可持续发展功能，判断是否为后面其他的教育活动提供了经验和心理支持；等等。

幼儿教师可以将学前儿童社会教育活动的不同环节以表格的形式进行针对性的评价，如表10-1所示。

表10-1　学前儿童社会教育活动评价表

评价项目	评价标准	评价等级			评分
活动名称 （8分）	（1）名称能够概括整个社会教育活动的内容； （2）名称能够突出活动主题； （3）符合学前儿童的认知发展特点，易于他们理解和接受； （4）使用生动活泼的童趣化语言，能够调动学前儿童的参与性和互动性	好	较好	一般	
活动目标 （20分）	（1）依据《指南》和《纲要》合理制定活动目标，目标完整，能够全面体现学前儿童社会性发展的要求，核心目标突出； （2）结合学前儿童的经验、兴趣、需要、年龄特点与实际发展水平制定目标； （3）目标明确，层次清晰，易操作； （4）注重长远的教育价值，有利于学前儿童终身学习和发展； （5）有利于培养学前儿童良好的行为习惯、兴趣及品质				

续表

评价项目	评价标准	评价等级	评分
活动内容（20分）	（1）与活动目标要求一致，将活动目标分解、落实到位； （2）贴近学前儿童生活实际，能够拓展他们的经验和视野； （3）难易适当，使每位学前儿童都能得到发展； （4）尊重学前儿童现有的社会性发展水平，具有一定挑战性		
活动准备（12分）	（1）物质准备、材料准备充分； （2）挖掘并利用多种教育资源，创设良好的精神环境； （3）幼儿教师对社会领域教育活动的知识准备到位； （4）对学前儿童社会性知识的掌握情况有充分的了解		
活动过程（20分）	（1）围绕目标组织活动，活动过程安排合理； （2）突出社会领域教育的特点，为每位学前儿童提供感受、体验的条件和机会； （3）及时对学前儿童的感受和体验进行有效指导，使学前儿童获得社会性发展； （4）关注所有学前儿童的表现，既要面向全体，又要尊重个体差异		
活动效果（20分）	（1）学前儿童对活动感兴趣，能够开心、愉快地参与活动； （2）学前儿童积极地观察、体验、操作和表达； （3）学前儿童与周围环境、同伴、幼儿教师之间能够积极地互动； （4）学前儿童在人际交往、社会适应方面有所发展，通过活动获取了新经验		
合计			

被评价人：_____　评价人：_____　日期：_____

幼儿教师在评价学前儿童社会教育活动时，需要注意以下事项。

● 活动环节设置与开展的适宜性。活动环节的设置与开展一般都有若干个环节，所以需要考虑以下问题：各个环节的存在是否有其必要，是否还缺少什么环节；各个环节的排列顺序是否恰当，结构是否清晰严谨、循序渐进、自然流畅。

● 时间分配的适宜性。时间分配是否合理，是否保证了重点内容的教学时间和学前儿童参与活动的时间。

● 教学方法和策略的适宜性。教学方法是否生动灵活，是否存在可替换或更好的教学方法；幼儿教师面对学前儿童的学习状况所采用的旨在激励、指导、传授、帮助、启发的具体策略是否合适；是否引导学前儿童积极主动地观察、体验、表达和操作。

● 幼儿教师对学前儿童关注的适宜性。是否面向全体学前儿童，尊重个别差异。

● 活动中互动的适宜性。师幼互动和学前儿童之间的互动是否充分而适宜；幼儿教师的引导是否有策略性，指导是否有针对性。

● 幼儿教师总结和评价的适宜性。幼儿教师在活动过程中及活动结束后，是否根据需要开展了适当的评价。幼儿教师的评价是否从需要出发，是否流于形式。

● 幼儿教师自我监控和调节的自觉性。主要表现为幼儿教师能否根据活动的动态情境、复杂性和多变性做出机智的反应，幼儿教师能否根据突发事件采取灵活的行动，等等。

（二）对活动对象的评价

活动对象主要包括学前儿童和幼儿教师。

1. 学前儿童

学前儿童是社会教育活动中的主体。在社会教育活动中，对学前儿童的活动评价主要包括以下几个方面。

（1）对学前儿童参与程度的评价。评价者及时评价学前儿童参与活动的状况，有利于幼儿教师及时发现组织教学活动时学前儿童的自主性发挥情况，并改进教育方法，激发学前儿童的活动积极性、主动性。学前儿童参与程度的评价包括学前儿童的积极性、主动性，注意力集中情况，思维活跃程度，等等。

（2）对完成活动目标情况的评价。这主要是对学前儿童与同伴、成人互动的情况，掌握相关社会知识、社会技能的情况进行评价。这种评价与活动目标密切结合，活动目标的实现与否成为评价指标体系的重要组成部分。

（3）对学前儿童整体社会性发展状况的评价，即在进行了一个阶段的社会教育后，对学前儿童的自我意识、社会认知、社会情感、社会行为技能、社会适应和道德品质等方面的发展情况进行评价。这种评价侧重于对学前儿童社会性发展总体水平进行评价，可以在一个阶段性社会活动开始和结束时进行，便于幼儿教师从整体上把握学前儿童的发展水平，对活动的效果有明确的了解，并对下一阶段的社会教育教学做出调整和计划。

2. 幼儿教师

在社会教育活动中，我们还应对幼儿教师教育活动的成果、幼儿教师教育行为、幼儿教师素质等方面进行评价。

（1）对幼儿教师教育活动的成果进行评价。对教育活动成果进行评价是根据幼儿教师所教的学前儿童的学习进展与行为变化来对幼儿教师的劳动价值做出判断。幼儿教师的教育活动的成果往往指学前儿童的学习进展与行为变化，但是，由于教育活动的成果既有学前儿童发展水平不均衡产生的差异，又有家庭、社会、幼儿园等不同环境造成的影响，所以仅根据教育活动的成果来评价幼儿教师是不全面的。

（2）对幼儿教师教育行为进行评价。对幼儿教师教育行为的评价直接针对幼儿教师教学工作的各个环节、教学过程的各个步骤进行，是幼儿教师评价中的主要类型。例如，幼儿教师的活动组织是否层次清晰、重点突出；是否能在活动中引导学前儿童积极思考，给予其充分发挥主动性、参与性和操作性的机会；是否能顾及并尊重全体学前儿童，又注重个体差异；是否注意观察学前儿童，并根据实际情况做出恰当的反馈；课堂气氛是否活跃，学前儿童在学习过程中是否轻松、愉悦；等等。

（3）对幼儿教师素质进行评价。对幼儿教师素质进行评价是指对幼儿教师专业发展所需的相关素质进行评价，包括对专业理念和专业知识的评价，具体体现在：是否具有社会教育相关知识的储备；是否具有一定的自然科学和人文社会科学知识；是否了解幼儿园社会教育的特点，是否具备基本知识教育和活动组织的能力；是否尊重学前儿童的人格，平等对待每名学前儿童，不搞歧视，不体罚，尊重个体差异。

⚙🔍 实战训练

请同学们利用实习机会，并结合所学知识，对自己之前设计组织的社会活动进行评价，可以从活动环节来评价，也可以围绕幼儿教师和学前儿童来评价。

课后习题

一、选择题

1. 幼儿教师可以向学前儿童提出问题，也可以解答学前儿童的问题，不受时间、地点和人物的限制。在课内或课外，个人或集体都可以采用，通过此方法以评价学前儿童社会性发展，这一方法是（　　）。

　　A. 讲解法　　　　　B. 讨论法　　　　　C. 谈话法　　　　D. 观察法

2. 按照研究目的控制和改变某些条件，将学前儿童置于与现实生活场景类似的特定情景中，由幼儿教师观察在该特定情景中学前儿童社会性行为的方法叫（　　）。

　　A. 情景测验法　　　B. 问卷法　　　　　C. 谈话法　　　　D. 观察法

3. 评价时考虑活动目标是否已经实现，即是否提高了学前儿童的社会认知水平，是否丰富了学前儿童的社会情感，是否促进了学前儿童的社会行为能力的发展，这属于（　　）。

　　A. 活动准备评价　　　　　　　　　　B. 活动内容评价
　　C. 活动过程评价　　　　　　　　　　D. 活动目标评价

4. （　　）是学前儿童社会性发展评价中普遍使用的方法，此方法适合幼儿教师通过日常教育活动搜集学前儿童社会性发展的有关信息。

　　A. 社交测量法　　　B. 观察法　　　　　C. 谈话法　　　　D. 问卷法

5. 对幼儿教师教育活动的成果、幼儿教师教育行为、幼儿教师素质等方面进行评价属于对活动对象中（　　）的评价。

　　A. 学前儿童个体　　B. 学前儿童小组　　C. 幼儿教师　　　D. 班集体

二、判断题

1. 学前儿童社会性发展评价有助于幼儿教师分析学前儿童整体社会性发展水平，制订科学的发展计划。（　　）

2. 学前儿童社会性发展评价既有对自我认知发展的评价，如自我意识、自信心等，还有对各种社会行为的评价，如交往行为、社会适应技能等，不包括对情绪情感发展水平的评价。（　　）

3. 学前儿童社会性发展评价的唯一目的，就是了解学前儿童社会性发展的特点及个体差异，为幼儿教师制订和调整学前儿童社会教育方案提供依据。（　　）

4. 采用谈话法对学前儿童社会性发展评价时，应注意谈话内容应在学前儿童生活范围内，提出的问题要有一定的难度，引发学前儿童深思。（　　）

5. 对活动延伸的评价主要从活动的价值性和可持续性两个方面来进行。（　　）

三、简答题

1. 简述学前儿童社会性发展评价的方法。

2. 简述学前儿童社会教育活动各环节的评价。

3. 简述学前儿童社会教育活动活动评价的意义。